本书为

陕西学前师范学院"教育学"重点学科资助成果

陕西高校青年创新团队"基础教育核心素养培育"（陕教函〔2022〕943号）

阶段性成果

重塑格局

国立西北联合大学的分合与流变

张　强　著

浙江大学出版社 · 杭州
ZHEJIANG UNIVERSITY PRESS

图书在版编目(CIP)数据

重塑格局:国立西北联合大学的分合与流变 / 张强
著. —杭州:浙江大学出版社，2023.6
ISBN 978-7-308-23773-4

Ⅰ．①重… Ⅱ．①张… Ⅲ．①国立西北联合大学—校
史—研究—民国 Ⅳ．①G649.29

中国国家版本馆 CIP 数据核字(2023)第 084298 号

重塑格局:国立西北联合大学的分合与流变
张 强 著

责任编辑 蔡 帆
责任校对 徐凯凯
封面设计 周 灵
责任印制 范洪法
出版发行 浙江大学出版社
      (杭州市天目山路 148 号　邮政编码 310007)
      (网址:http://www.zjupress.com)
排　　版 浙江时代出版服务有限公司
印　　刷 杭州宏雅印刷有限公司
开　　本 880mm×1230mm　1/32
印　　张 10.375
字　　数 252 千
版 印 次 2023 年 6 月第 1 版　2023 年 6 月第 1 次印刷
书　　号 ISBN 978-7-308-23773-4
定　　价 88.00 元

序

　　杭城正春时，柳绿风暖。收到张强博士的这部书稿，颇多感触。疏离中国教育史研究既久，其中甘苦自知。回忆的思绪，从陈学恂先生的书房，到老杭大图书馆的书库，及于浙大田家炳教育书院办公室，知识的承传与学术的纽带，由往而今。

　　张强博士于 2011 年跟随我攻读中国近现代高等教育史方向的博士学位。其时我的工作重点在西部发展研究院，倾力于西部大开发的战略研究与合作交流。他从甘肃来，刚刚参与过汶川灾后重建的志愿服务，且对大学史颇有兴趣。机缘巧合，我们最终选定国立西北联合大学的分合流变作为研究的主题，从而开启了一场师生互动的学术之旅。

　　中国近代高等教育制度的创立与曲折，与中国现代化进程的探索相辅相成。无论北洋西学堂的筹设，还是京师大学堂的建立，大学作为制度借鉴与文化实践的象征，具有特殊的研究价值。回顾中国大学发展历程的起伏，有的显赫长存，有的湮没无声。虽然变迁的样貌各异，其中的主线，始终表现为近代大学移植、调适和发展的现代转型。国立西北联合大学作为其中转瞬即逝的存在，较之国立西南联合大学的声望，它的隐而不彰和持续影响，无论在办学分合的得失，还是大学与社会的互动，都应该作为典型个案加以关注和反思。针对这一主题，张强博士立足历史梳理与现实关怀，并以"制度借鉴本土化"与"区域分布均衡化"的研究视角，上溯国立北平大学的出现，下及国立西北五校的分立，通过失踪者－流离者－扎根者的角色设定，系统呈现出国立西北联大的分合流变，以及其中蕴含的学术价值和教育反思，具有特定的现实意义。

翻阅书稿的过程，提供了学术回顾的契机。本书从选题到问世，见证了教学相长的合作历程。四年师生情谊，张强博士在学术领域热忱钻研，于生活方面自由通脱。即以本书而论，其思路与述说风格自具，然史料之充分与细致，仍然有待提升。念其初衷虽然力避与既有研究之重复，去粗而存精，但仍当在将来研究时多加留意，继续努力。

是为序。

周谷平

于浙江大学紫金港校区启真湖畔

目 录

绪 论

抗战军兴,为保存文化火种、传承教育事业,南京国民政府在卢沟桥事变之后,面对日军的大规模入侵,采取"战时要作平时看"的教育方针,开展了大规模的高等院校内迁行动,安置平津地区的流亡师生。其中,国立北京大学、国立清华大学、私立南开大学组成的国立西南联合大学与国立北平大学、国立北平师范大学、国立北洋工学院(含河北省立女子师范学院)组成的国立西北联合大学以其牵涉广泛、规模宏大,发挥了重要的教育作用,产生了深远的历史影响。两所联合大学分别汇集了华北高等教育界的优秀师生,播迁于烽火战乱,分设在西南、西北,各自谱写了战时文化救国的坚卓篇章,推动了内地高等教育的建设发展。当国立西南联合大学被作为大学精神的典范广为传颂时,同为战时联合大学的国立西北联合大学却相对沉寂无闻。本书选取国立西北联合大学作为观照对象,通过联大短暂存世、屡经改组的历程,上溯国立北平大学的组建,下及国立西北五校的分立:一方面以大学区制改革分析高等教育制度演进的国际互动;另一方面以大学校际分合梳理高等教育区域分布的国内调整。前者自西向东,呈现制度借鉴进程中的美欧消长;后者自东向西，冀望区域分布格局中的均衡实现。两种教育改革，经由全面抗战时期合组而成的西北联大发生联结，演绎了中国高等教育发展历程中的曲折篇章。

一、制度移植的历史反顾

作为后发型国家，中国高等教育的发展形态经历了由模仿到改造的探索历程。"亚洲高等教育体系是由两个现实塑造而成的。一是学校模式起源于国外，二是大学作为民族发展过程的一部分正面临着本土化的挑战。外国的各种模式之间有着相当大的差异，而各国对本土化的反应也是千差万别。"①新教育制度引入中国之后，社会各界对于高等教育本土化的应对，表现为传统的太学、书院遗产与近代的西方大学制度之间的冲突与融合，并先后发生了日、德、美、法等国教育制度在中国的引介与更迭。

1898 年，京师大学堂作为戊戌变法时期教育领域内的主要成就，取代了既往的"太学"传统，开启了国立大学的近代化历程。其办学初衷，遵照光绪皇帝上谕："嗣后中外大小诸臣，自王公以及士庶，各宜努力向上，发奋为雄，以圣贤义理之学，植其根本，又须博采西学之切于时务者，实力讲求，以救空疏迂谬之弊。专心致志，精益求精，毋徒袭其皮毛，毋竞腾其口说，总求化无用

---

① ［美］阿特巴赫：《比较高等教育：知识、大学与发展》，人民教育出版社教育室译，人民教育出版社，2000 年版，第 52 页。另见王承绪主编：《发展中国家高等教育模式的国际移植比较研究》，浙江大学出版社，2009 年版，分别介绍泰国、越南、马来西亚、菲律宾等发展中国家的高等教育制度移植与发展进程。类似欧美高等教育制度之间的互动见 Emily J. Levine, *Allies and Rivals：German-American Exchange and the Rise of the Modern Research University*, The University of Chicago Press, 2021.

为有用,以成通经济变之才。"①唯其取向,则在传统与现代之间
踟蹰踯躅。虽开风气,却未摆脱"中学为体,西学为用"的窠臼。
追溯历史传承,"北京大学是历代的'太学'的正式继承者,如北
大真想用年岁来压倒人,他可以追溯'太学'起于汉武帝元朔五
年(西历纪元前一二四年)公孙弘奏请为博士设弟子员五十人。
那是历史上可信的'太学'的起源,到今年是两千零七十二年了。
这就比世界上任何大学都年高了"②,其渊源可谓悠远;但就组织
机构与教学内容而言,二者又有显著差异:"今日中国之大学教
育,溯其源流,实自西洋移植而来,顾制度为一事,而精神又为一
事。就制度言,中国教育史中固不见有形式相似之组织;就精神
言,则文明人类之经验大致相同,而事有可通者。"③精神所寄,尤
在制度之常设与系科之发展,然后才有科学研究的持续与文化
学术之蓄积。处于转折时代的中国教育,必然要以域外的思想
制度,更新自有的传统架构。向谁学习?学习什么?成为中国
高等教育制度建设过程中无法回避的现实性问题。

高等教育制度借鉴的采择,受到多重因素的影响与制约。
甲午战争的失败引发国内震动,维新变法的诉求日益强烈。康
有为在《请开学校折》中表示:"今各国之学,莫精于德,国民之
义,亦倡于德,日本同文比邻,亦可采择。请远法德国,近采日
本,以定学制。"④张之洞在《劝学篇》中进一步强调了赴日学习的
优越性:"至游学之国,西洋不如东洋。一路近省费,可多遣;一

① 《光绪二十四年四月二十三日为举办京师大学堂上谕》,北京大学校史研究
室编:《北京大学史料第一卷:1898—1911》,北京大学出版社,1993年版,第43页。
② 胡适:《北京大学五十周年》,《北京大学五十周年纪念特刊》,出版地不详,
1948年版,第2页。
③ 梅贻琦:《大学一解》,《清华学报》,1941年第1期,第1页。
④ 康有为:《戊戌奏稿》,出版地不详,1911年版,第14页。

去华近，易考察；一东文近于中文，易通晓；一西书甚繁，凡西学不切要者，东人已删节而酌改之。中东情势风俗相近，易仿行，事半功倍，无过于此。若自欲求精求备，再赴西洋，有何不可？"①这种文化思想的亲缘性与距离费用的便利性，一方面促成了中国人留学日本的热潮；另一方面加速了中国近代文教制度的构建，从而对中国社会产生深远的影响。②清末民初各项学制的出台，是为制度学习借鉴的成果。既有制度的移介，加速了中国教育近代化的步伐，同时也产生了生搬硬套的弊病。针对民国初年新学制的颁行，"查新制小学教则，及课程表之科目时数，皆与日本明治年间文部省所发布者类似。然详查其配置之法，往往有彼邦适宜，而我国则否者。今概漫然从之，而不加以抉择可乎？"③通过学习与反思，日本教育观念和制度深刻影响了中国新教育事业的早期走向。

面对中国全方位向日本学习的潮流，留学美国浪潮的兴起引入了新的教育模式而与日本风气抗衡。美国"退还"庚子赔款催生了考选留美学生的运作。1909年，清政府外务部、学部提请设立游美学务处，开办肄业馆。"窃查光绪三十四年六月二十二日，外务部奏称美国减收赔款，经与驻京美使商定，自拨还赔款之年起，初四年每年遣派学生约一百名赴美游学，自第五年起，

---

①　张之洞：《劝学篇·外篇》，南菁书院重刊，1898年版，第6页。

②　相关论述见［美］任达：《新政革命与日本：中国，1898—1912》，李仲贤译，江苏人民出版社，2006年版；［日］实藤惠秀：《中国人留学日本史（修订译本）》，谭汝谦、林启彦译，北京大学出版社，2012年版；汪向荣：《日本教习》，商务印书馆，2013年版。

③　汪冠洋：《新学制之批评（小学制）》，《中华教育界》，1913年第9期，第16页。

每年至少续派五十名。"①由于生员数量的增加和功能的扩充，1910年12月21日，游美学务处申请外务部将留美肄业馆改为"清华学堂"，一方面培养留学人才；一方面训练大学研究科预备人员。1911年4月，清廷依议划拨清华园，建立清华学堂，分高等与中等两科，参照美国大学课程办理。其中深意，或如美国伊里诺大学校长詹姆士所说："如果美国在三十年以前已经做到把中国留学生潮流引向这一个国家来，并使这潮流扩大，那么，我们现在一定能够使用最圆满与最巧妙的方式而控制中国的发展，使用从知识与精神上支配中国领袖的方式。"②中国社会知识阶层直接向欧美学习的热情，与美国培植亲美人员的愿望结合，造就了一批游学美国的优秀学者，如梅贻琦、胡适、蒋梦麟、竺可桢等人。新势力的加入，为中国高等教育的发展，在日德思潮之外，引入了英美的影响。③此种思想重心的迁移，在教育中的体现尤为显著。1912年中华民国正式建立，亚洲第一个资产阶级共和国虽然名实不副，但"以日为师"的风尚在庚款留美、学术溯源的过程中发生转移，尤其巴黎和会与五四运动的交汇，使得英美文化受到更多的重视，伴以著名教育家杜威等人来华，国内学界留美学生势力高涨，催生了以"民主"和"科学"为旨归的"壬戌学制"，由于采取美国六三三分段法，因此又被称为"六三三学制"。从仿日到学美，制度的变动，呈现了不同思想观念和制度

---

①　外务部、学部：《会奏为收还美国赔款遣派学生赴美留学办法折》，陈学恂、田正平编：《中国近代教育史资料汇编·留学教育》，上海教育出版社，2006年版，第179页。

②　转引自舒新城编：《中国近代教育史资料（下册）》，人民教育出版社，1987年版，第1105页。

③　［美］叶维丽：《为中国寻找现代之路：中国留学生在美国：1900—1927》（第2版），周子平译，北京大学出版社，2017年版。

在中国教育场域的起伏消长。

一战前后，伴随"华工赴欧"与"勤工俭学"运动的兴起，法国教育思想制度的传入，另开气象，为中国高等教育制度的调整提供了新的思想资源与实践基础。国民政府的北伐以及张学良的东北易帜，结束了自袁世凯帝制崩溃以来北洋军阀割据的混乱局面，形式上实现了全国统一。南京国民政府前期的教育事业，处在战乱与破产的窘困境地，全国教育界因压迫而生独立的要求，由反思而有改革的愿望。前者基于生存的考虑，形成了"教育独立"的时代呼声；后者立足发展的前瞻，热衷于"大学区制"的借鉴引进。内部的改革需要和外在的制度吸引，通过蔡元培、李石曾等国民党元老的积极倡导，得以在政局甫定之际，以大学区制改革的形式得以确立。呼应于改革需要，高等教育层面先后有国立浙江大学的合组、国立中央大学的崛起，以及国立北平大学的动荡。袭取法国教育制度精髓，"大学区制"在中央以"大学院"统管全国的学术事业和教育行政，在地方以国立大学管理地区的教育文教事业，力图实现"教育学术化"和"学术研究化"。大学区制改革是中国高等教育史上开展"教育独立"和"学术自由"的积极尝试，但是在改组合并过程中，除了高等教育的内部纷争，机构改革造成的大学院、大学校体制与教育部、教育厅系统的隔阂，激发了新的矛盾。中等、初等教育界因为大学区偏重高等教育也发出反对的声音。历经实施过程中的持续波折，1929 年 7 月 5 日国民政府教育部令北平、浙江两大学区限于本年暑假内停止，中央大学区限于本年底停止，大学区制改革宣告结束，法国高等教育制度在中国的本土实践无疾而终。

从 1898 年至 1949 年，半个世纪的高等教育制度演进，呈现了异域制度文化与中国教育传统、理想设计与现实需要之间的互动与冲突。"不可否认,在中国大学的迅疾转型中,本身就缺乏西方大学与生俱来的追求本体价值的象牙塔精神。由于救亡图存的现实需要,富国强国的时代诉求,工具理性主义在中国大学现代化进程中成为主导力量。"①这种"工具理性主义"在制度引介层面的反映,即对不同社会和文化背景下教育制度的选择与更易。立意高远的制度改造虽然轰轰烈烈,转眼即陷入沉寂,改革的成败得失并没有得到系统的反思与制度的改进,累积的教育问题也未能妥善地化解。国立北平大学作为参照法国学制进行教育改革的见证者与失踪者,纠合了改革的雄心、人际的纷争、政学的博弈,但是未能获得深入细致的考察。立足制度移植的宏大主题,细究具体大学的现实运作,作为国立西北联大前身的国立北平大学有必要纳入研究的视野,从而有助于更为完整地把握中国高等教育制度演进的曲折历程。

二、区域格局的考察视角

1935 年地理学家胡焕庸发表《中国人口之分布》,编制了从瑷珲至腾冲的"胡焕庸线",界分东南与西北:"则此东南部之面积,计四百万方公里,约占全国总面积之百分之三十六;西北部之面积,计七百万方公里,约占全国总面积之百分之六十四。惟人口之分布,则东南部计四万四千万,约占总人口之百分之九十六;西北部之人口,仅一千八百万,约占全国总人口之百分之四。"②中国高等教育区域格局的调整需要,即根源于广阔的疆域面积和失衡的区域发展。从地理空间而言,不同区域的物产气

---

① 周谷平等:《中国近代大学的现代转型:移植、调适与发展》,浙江大学出版社,2012 年版,第 355 页。

② 胡焕庸:《中国人口之分布》,《地理学报》,1935 年第 2 期,第 43 页。

候不尽相同；就社会发展比较，沿江沿海地带经济发展水平远超内陆边远地区；观学术文化起伏，西北地区文教事业的疲敝与东南地区文教事业的繁荣对比鲜明。种种因素在高等教育发展方面的直接体现，即区域差异基础之上大学机构设置的不均与失衡。

"区域"可以从地理、经济、政治、文化等层面加以认识和理解。一般而言，区域是根据一定的地理和经济特征而对人类社会的活动空间进行的划分。按照国家对地方进行管理的空间单元划分，依次有省、市、县、乡等类型的行政区域。从我国的自然环境和经济地理出发，则形成了不同的区域划分方案，如以自然地理为基础的东部、中部、西部的划分；按照经济区位形成的东北、华北、华中、华东、华南、西北、西南格局。区域的划分标准虽然有异，但仍基于一些共同性质的考量：①区域内某种事物的空间连续性，如行政区域在权力延伸上的连续性，经济区在经济活动联系上的连续性等；②区域内某组事物的同类性或联系性……同时，区域内的同类性总是高于区域外的同类性。① 因此，具有空间连续性和事物共同性的区域，成为包含自然特征与社会结构的认识单位，范围也可大可小。落实到教育区划层面，董泽芳、沈百福运用"教育经济区域"的概念对此加以解说，即"所谓教育经济区域是指在综合了各地的教育发展水平和社会经济发展水平后划分出的一种特定意义的区域，它反映了这一地区教育发展与社会经济发展的综合水平"。② 运用这种包含综合性

---

① 张金锁、康凯：《区域经济学（第 3 版）》，天津大学出版社，2009 年版，第 11 页。

② 董泽芳、沈百福：《教育经济区域划分与高教投资差异分析》，《华中师范大学学报（人文社会科学版）》，2000 年第 3 期，第 21 页。

指标的区域划分概念,讨论全面抗战前后国民政府努力推行的高等教育区域调整,即可从不同教育经济区域出发,深入思考中国高等教育的区域布局问题。

晚清以降,民国肇造,中国高等教育事业在政权鼎革、社会发展、思想碰撞的动荡时代起伏不定,由此产生的大学分布格局成为当时教育发展的重要内容。按照许美德对于中国大学百年文化冲突的理论阐释,"性别分布图""知识分布图"与"地理分布图"构成了中国大学发展的三个基本主题。① 本书关注的高等教育区域格局调整议题,即侧重地理分布的角度,分析全面抗战前后高等教育在特定时期由于空间转移而发生的组织变动和文化影响。

高等教育分布格局的调整,实为开展高等教育区域规划和区域整合的过程。从国家方针到地方运作,"区域规划的核心理念是克服行政区和管理部门的人为分割,从全区的整体利益出发,发挥整体优势,推动社会经济的可持续增长"②。由于不同地区社会经济发展水平的差异,势必需要在特定时期和范围进行合理的资源配置,因此区域高等教育的均衡分布和有序发展成为需要正视的历史遗留与现实困境。民国以来,分区发展的高等教育格局构想逐步推行。1915 年袁世凯政府颁行《特定教育纲要》,拟议将全国分为四个学区,"每区设大学一所,每校分科,暂不必六科皆备,以互相辅益为主"③,从而平衡各地区高等教育

---

① ［加］许美德:《中国大学 1895—1995:一个文化冲突的世纪》,许洁英译,教育科学出版社,1999 年版。

② 胡兆量、韩茂莉编著:《中国区域发展导论(第二版)》,北京大学出版社,2008 年版,第 73 页。

③ 《特定教育纲要(1915 年 1 月 22 日)》,璩鑫圭、唐良炎编:《中国近代教育史资料汇编・学制演变》,上海教育出版社,2006 年版,第 768 页。

发展。北伐之后，南京国民政府推行大学区制，亦立足不同区域整合地方教育。由于政治纷争和改革缺陷，经过短暂试验后大学院宣布取消，分区建设大学统理教育发展的尝试亦无疾而终。此后的高等教育区域分布格局，则表现为沿江沿海大都市高等教育的膨胀和内陆地区高等教育的匮乏。教育畸形发展的结果，导致教育资源有限的中国社会造就了大批的"高级游民"，大学生毕业即失业；而内陆地区由于缺乏人才，各项建设事业无法开展，导致国内经济凋敝、民生窘困。1941年姜琦在《西北大学是一块基石又像一颗钢钻》一文中，分析中国大学区域分布的不平衡性，认为"这许多大学，无以名之，名之曰'线的大学'，极端地说，可以名之曰'点的大学'，它并没有顾到一面，更未曾顾到全面之设置"[①]，强调建立"面的大学"，改变大学聚集江河诸流域及铁路诸干线的分布格局。

立足区域立场，中国教育近代化研究受到学界的长期关注，出现了一系列代表性著作，其中以李国钧主编的《区域教育的历史研究》和田正平主编的《中国教育近代化研究丛书》，聚焦区域教育发展与社会的互动。[②] 通过立足区域的教育研究，"无论是历史上还是当代，中国教育发展的区域不均衡现象都是普遍存在的。通常人们总是把造成这种不均衡的原因归结成政治、文化、学术、军事、外来冲击等等所发挥的作用不同，并可以在相当

---

① 姜琦：《西北大学是一块基石又像一颗钢钻》，杨德生主编：《西北大学教育理念文选》，西北大学出版社，2004年版，第40页。

② 该系列包括曹运耕：《维新运动与两湖教育》，湖北教育出版社，2003年版；李琳琦：《徽商与明清徽州教育》，湖北教育出版社，2003年版；马镛：《外力冲击与上海教育》，湖北教育出版社，2003年版；以及张彬：《从浙江看中国教育近代化》，广东教育出版社，1996年版；董宝良、熊贤君主编：《从湖北看中国教育近代化》，广东教育出版社，1996年版。

抽象的层面上提供一些证明或推测"①。随着研究的深入,聚焦
高等教育区域分布的现实问题,这种不均衡的现状及其原因得
到进一步探究。"以抗日战争为分界线,中国近代高等教育体系
由抗战前'东强西弱,呈阶梯状分布'的格局转化为抗战后'东西
强,中部弱'的格局。"②这种格局之变的具体历程,则有余子侠、
冉春的《中国近代西部教育开发史:以抗日战争为重点》,立足战
时情境宏观考察了西部教育事业的发展以及均衡化的进展。③
基于特殊的地理环境与迫切的社会诉求,高等教育区域布局的
议题在当代得到持续的关注与分析。立足现实需要,研究者或
者从制度建设入手,借鉴国际高等教育发展战略和政策保障机
制的启示,探讨在地方社会经济、地域环境及历史条件制约下区
域高等教育跨越式、点－轴、特色化、自主化的发展战略与政策
保障;④或者从经济学的立场分析,探讨高等教育投入与产出的

---

　　①　吴宣德:《中国区域教育发展概论》,湖北教育出版社,2003 年版,第 1 页。
　　②　宋争辉:《中国优质高等教育资源区域分布非均衡化的历史演变与现实思考》,《高等教育研究》,2012 年第 5 期,第 23 页。另见李涛:《民国时期国立大学数量及区域分布变迁》,《华东师范大学学报(教育科学版)》,2014 年第 2 期;李木洲、刘海峰:《民国时期国立大学的设立与分布》,《高等教育研究》,2014 年第 4 期;刘国瑞:《我国高等教育空间布局的演进特征与发展趋势》,《高等教育研究》,2019 年第 9 期;黄启兵:《我国高校设置变迁的制度分析》,南京师范大学博士学位论文,2006 年,亦对分区布局原则加以分析梳理。
　　③　余子侠、冉春:《中国近代西部教育开发史:以抗日战争为重点》,人民教育出版社,2007 年版。
　　④　郝瑜、孙二军:《区域高等教育发展战略与政策保障:基于建设"高教强国"的视角》,社会科学文献出版社,2014 年版;另见朱雪文:《中国高等教育区域分布研究》,华东师范大学博士学位论文,2002 年。

区域差异以及区域协调发展问题；[①]亦有直接关注区域内高等教育发展的深入研究。[②] 从历史的考察转入现实的关切，高等教育区域均衡发展的问题，实则由来已久。

通观国立西北联大的改组与消失，这种由"外源"激活"内生"的高等教育区域补偿机制，成为中国东西部发展失衡背景之下，国家力量主导高等教育区域分布均衡的有效手段，亦是中国高等教育制度建设过程中应对挑战的"本土化"特色。"外源性"教育资源的被动迁入，需要"内生性"教育力量的积极参与，才能获得高等教育事业的可持续发展，改善东西部经济文化差距造成的高等教育发展失衡困境。由宏观到微观，国立西北联大作为"区域格局调整"的典型个案，其前身后续的变化，集中反映了高等教育区域均衡的改革尝试而有深入研究的价值。

三、追溯与重塑：聚焦西北联大

大学是高等教育制度与多元教育思想汇通融合的场所，承载着民众的关注和国家的期望，尤其"位于高等教育系统顶端的精英大学，也充当着对人加以分类、调节流动性并证明专家资历的'滤网'，充当着经济资本和社会资本的'孵化器'，充当着官方

---

① 崔玉平：《区域高等教育的经济学分析》，黑龙江人民出版社，2011年版。另见王姝珺：《我国高等教育区域发展不平衡的经济学分析》，《湖南师范大学教育科学学报》，2013年第3期；张燕燕、王孙禺、王敏：《我国高等教育资源区域分布历史演变驱动因素与作用机制分析》，《清华大学教育研究》，2013年第2期。

② 刘国瑞：《东北高等教育的现实困境：演进、致因与思考》，《高等教育研究》，2021年第9期；卢晓中、陈先哲：《粤港澳大湾区高等教育集群发展：理论审思与实践策略》，《大学教育科学》，2021年第4期；李硕豪、王婉玥：《我国中西部高等教育结构性差距指数分析》，《高等教育研究》，2020年第8期。

知识和新的观念合法化的世俗的'神殿'。"①立足于此,过往有关
大学的研究范式和知识进展,构成把握中国高等教育发展过程
的有效途径。转瞬即逝的国立西北联合大学因其办学过程的波
折与历史书写的局限,长期游离于学者和大众的视野之外,未能
获得充分的关注。伴随大学研究的深入和教育主题的拓展,西
北联大的办学历程、分合缘由、价值意义得到充分探讨,日益丰
富的研究成果奠定本书研究的起点与基础。

(一)大学史研究概述

中国高等教育起步既晚,又迫于国事衰微、局势动荡,可谓
先天不足,后天失调,始终在调和中西与适应时代的纠葛中蹒跚
而行。自 1895 年天津西学堂出现,至 1898 年京师大学堂建立,
逐渐形成了具有国立大学、省立大学、私立大学(包括教会大学)
等不同类型的大学格局,其发展历程也受到学界的积极关注。②
大学发展的流变,尤其是国立大学的变迁演进,作为中国高等教
育发展的缩影,其研究领域与研究范式也在不断变动发展。立
足于国立大学的历史和现状的研究,从宏观到微观呈现出社会
一国家一大学的不同层次,内容涉及社会与大学的相互关系、大

---

① 〔美〕詹姆斯·阿克斯特尔:《生产智慧:现代大学的兴起》,何本国译,生活·
读书·新知三联书店,2022 年版,第 421 页。

② 关于中国近现代高等教育史的整体性研究成果极为丰富,代表性的著作即
有金以林:《近代中国大学研究:1895—1949》,中央文献出版社,2000 年版;〔加〕许美
德:《中国大学 1895—1995:一个文化冲突的世纪》,许洁英译,教育科学出版社,1999
年版;曲士培:《中国大学教育发展史》,山西教育出版社,1993 年版;田正平、商丽浩
主编:《中国高等教育百年史论——制度变迁、财政运作与教师流动》,人民教育出版
社,2006 年版;杨东平编著:《艰难的日出:中国现代教育的 20 世纪》,文汇出版社,
2003 年版。

学内部的组织运作、大学师生的行为表现等方面。① 依据已有的文献资料和不同的研究路径,整理已有研究的学术成果,寻求理解国立西北联大的切入视角,是为笔者梳理当前中国近现代大学史研究理路的立意所在。

现有大学史研究的书写体例,一般分为叙事性的陈述与分析性的研究。前者包括了大学自身编纂的校史、亲历者撰写的回忆录、个人日记等介绍性文字;后者则为专业研究者从历史学、教育学、社会学等学科角度出发撰写的学术性论著。大学史的研究方面,"已有的研究大体有两种路数,一是教育政策、制度与措施的研究,一是各校的校史研究"②。比较而言,前者过于宏大,疏于细节而显得呆板;后者受时代和观念制约,视野有限,仅以学术成就与革命传统示人,内容丰富但缺乏反思。③ 随着研究的深入,学界在大学研究和书写范式领域力图弥合这种或失于大、或失于寡的状态,侧重于宏观和微观的结合、社会与学校的互动、政治与学术的纠葛等方面,从学校的独特性和社会的复杂性,深入思考大学发展的内外因素,从而形成了一系列相关著

----

① 民国时期的私立大学,包括教会大学的研究,作为另外的研究领域,在此暂为搁置。

② 王东杰:《国家与学术的地方互动:四川大学国立化进程(1925—1939)》,生活·读书·新知三联书店,2005年版,第7—8页。

③ 本书研究对象所及的校史研究包括:北京师范大学校史编写组编:《北京师范大学校史:1902—1982》,北京师范大学出版社,1982年版;北洋大学—天津大学校史编辑室:《北洋大学—天津大学校史》,天津大学出版社,1990年版;关联芳主编:《西北农业大学校史(1934—1984)》,陕西人民出版社,1986年版;西北大学校史编写组:《西北大学校史稿》,西北大学出版社,1987年版;西安医科大学校史编辑委员会编:《西安医科大学五十年》,内部资料,1987年版;《西北工业大学校史》编写组:《西北工业大学校史》,西北工业大学出版社,1995年版;刘基等主编:《西北师范大学校史:1902—2012》,教育科学出版社,2012年版。

作。整体性的分析，以叶文心《民国时期大学校园文化（1919—1937）》为代表。立足文化、社会和政治关系的重组和大学的内在逻辑组合机制，作者对北京、上海、南京、广州等地的大学，按照政治背景与学术传统进行区分，呈现了民国时期区域性大学在各自背景下迥异的文化性格：

> 1927 年以后，中国高等教育领域中出现了三种不同的学术文化范式。在五四反传统的高潮退却之后，北京仍然是中国传统官绅文化的中心，体现了国学的最高境界。上海则调和本土和西方的文化风格，伴随着城市中产阶级的兴起，成为新式都会专业精英文化的所在地。在南京，教育理想的推动者既非传统的文人，也非新式的商人，而是以国民革命为己任的技术官僚和政治干部。①

此种分析虽有理想形态建构的局限，但不失为将整体把握、区域研究、个案分析相结合的研究范例。通过考察城市传统与大学文化的互动，体现民国时期高等教育学术文化范式的多元面貌。

更多的研究则通过大学个案的聚焦，一方面深入到学校内部观察师生活动；另一方面拓展至社会领域探讨校园内外的互动与冲突。台湾"中研院"近代史研究所开展的"抗战前大学教育研究"的计划，聚焦国民党十年建设时期的大学发展。例如黄福庆的《近代中国高等教育研究：国立中山大学（1924—1937）》

---

① ［美］叶文心：《民国时期大学校园文化（1919—1937）》，冯根夏等译，中国人民大学出版社，2012 年版，第 122－123 页。类似研究参见何睦：《象牙塔与摩登都市：近代天津的大学成长与城市发展》，社会科学文献出版社，2021 年版；王春林：《地域与使命：民国时期东北大学的创办与流亡》，社会科学文献出版社，2019 年版。

在学术与党治并存的情境下全面探讨了中山大学的发展进程。[①]苏云峰的《从清华学堂到清华大学:中国高等教育研究》由历史沿革入手,将校长、教师、学生整个纳入大学这一社会组织中加以统合与分析,涉及大学生活的方方面面,呈现了清华大学的国立化、学术化及政治化交叠的历史过程。[②] 大陆方面,王东杰的四川大学研究,通过考虑中央(政府)、地方(军人)权力集团和学术界(大学)在四川大学国立化进程中的不同表现,"希望从地方的层面上观察中国现代国家与大学这样一个学术和教育机构的互动"。[③] 许小青的《政局与学府:从东南大学到中央大学(1919—1937)》侧重于处在特定时代社会结构之中的大学变动,以校长去留体现中央与地方、学术与政治之间的张力;以经费为焦点体现中央政府与地方政府的博弈,从而以更为宽广的研究视域将近代大学纳入整体史的研究。"就学校外部而言,注意考察国家政治制度和政党政治兴起的影响;就学校内部而言,注重分析校长、教授和学生三个不同群体对于大学发展的基本倾向。"[④]以上研究,突破了以往单纯的校史叙事模式,而从更为专

---

① 黄福庆:《近代中国高等教育研究:国立中山大学(1924—1937)》,"中研院"近代史研究所,1988年版。

② 苏云峰:《从清华学堂到清华大学(1911—1929)》,生活·读书·新知三联书店,2001年版;苏云峰:《从清华学堂到清华大学(1928—1937)》,生活·读书·新知三联书店,2001年版。

③ 王东杰:《国家与学术的地方互动:四川大学国立化进程(1925—1939)》,生活·读书·新知三联书店,2005年版,第16页。

④ 许小青:《政局与学府:从东南大学到中央大学(1919—1937)》,中国社会科学出版社,2009年版,第16页。同类研究,另见刘超:《学府与政府——清华大学与国民政府的冲突及合作(1928—1935)》,天津人民出版社,2015年版。[美]魏定熙:《权力源自地位:北京大学、知识分子与中国政治文化,1898—1929》,张蒙译,江苏人民出版社,2015年版。蒋宝麟:《民国时期中央大学的学术与政治(1927—1949)》,南京大学出版社,2016年版。

业的角度深入分析大学与社会的互动,尤其关注于大学在国立化进程中反映出来的学术与政治、地方与中央的张力。以上取向体现了教育史研究的一种趋势,即"教育史学家必须细心把握航向,力图克服一种倾向,即只注重学校,而忽视学校所处的社会,因为学校依附社会,是社会的代表"①。

立足大学与社会的互动,已有研究路径重点关注于国立化、中心化,从大学"上升"的角度考察教育与政治的关系。对照分析,受限于战争情境的国立西北联合大学及其子校的改组过程,其"从中心到边缘"的空间位移并最终留驻西北,呈现了国立大学适应社会需要而被动进行的"地方化""边缘化"过程。这种逆向流动,虽然是战争带来的偶然后果,但是接续中国高等教育区域格局调整的历史进程,则可以从偶然事件的背后发现或显或隐的必然需要。尤其是战后复员时期多元利益主体之间关于大学迁留所发生的博弈,为研究大学自治与社会发展之间的关系提供了典型的例证和有益的思考。

(二)全面抗战时期大学内迁概述

1937 年 7 月 7 日,卢沟桥事变标志着抗日战争的全面爆发,中国高等教育进入迁徙辗转的特殊时期。上溯至"九一八"事变,东北大学的流亡最早揭开了国内高校战时内迁的序幕。② 随着战争威胁的加剧,7 月 17 日蒋介石在庐山发表《对于卢沟桥事

---

① [俄]萨里莫娃等编:《当代教育史研究与教学的主要趋势》,方晓东等译,教育科学出版社,2001 年版,第 43 页。

② 王春林:《地域与使命:民国时期东北大学的创办与流亡》,社会科学文献出版社,2019 年版。关于东北流亡学生的救济,见余子侠、王海凤:《抗日战争时期国民政府对入关东北学生的教育救济》,《华中师范大学学报(人文社会科学版)》,2017 年第 2 期。

件之严正表示》：“如果战端一开，那就是地无分南北，年无分老幼，无论何人，皆有守土抗战之责任，皆应抱定牺牲一切之决心。”①严峻的国内外局势之下，国民政府为了养成抗战建国人才，面对实施“战时教育”“国防教育”的呼声，坚持“战时要作平时看”的教育方针，实施大学内迁计划，以收容战区青年，维持高等教育的正常运转。地处战区的大学，依次向西南、西北及东南内陆迁移，构成了全面抗战时期我国高等教育格局的全面性调整。根据统计，战时内迁高校 100 多所，其中迁入西南地区 61 所（四川 48 所，其中重庆 32 所），迁入西北地区 11 所，其余迁入东南、华南等后方地区。② 全国范围内的大学内迁，彻底改变了既有的高等教育格局，重塑了中国学术研究的基本面貌。

全面抗战时期大学迁徙的深度研究，受到不同层面的关注。③ 具体的研究领域，可以从三个方面加以分析，即宏观的整体把握、中观的区域分析，以及微观的个案关注。整体性的研究立足战时情境和全国范围，具体描述全局性的迁移过程，分析战

---

① 《蒋委员长对于卢沟桥事件之严正表示》，萧继宗主编：《革命文献·中国国民党宣言集（第 69 辑）》，文物供应社，1976 年版，第 313 页。

② 侯德础：《抗日战争时期中国高校内迁史略》，四川教育出版社，2001 年版，第 71—72 页。战时高校内迁分布情况见《全国专科以上学校内迁及其分布统计表》，中国第二历史档案馆编：《中华民国史档案资料汇编·第 5 辑·第 2 编·教育》，凤凰出版社，1997 年版，第 745—749 页。

③ 徐国利、汪锋华：《近二十年抗战时期高校内迁研究述评》，《民国研究》，2016年第 1 期；刘书：《近二十年来关于抗战期间我国高校内迁问题研究综述》，《河北理工大学学报（社会科学版）》，2008 年第 3 期。

时高等教育政策的演变,思考大学内迁改组产生的价值意义。[①]中观的区域分析则从不同区域和不同高校的安置与运作,分区探讨大学内迁产生的影响和价值。[②] 微观的个案专注,则是作为迁徙具体承担者的高等院校,基于不同的办学基础和迁徙环境,呈现出同仇敌忾的斗争意志与弦歌不辍的办学精神。此种细致入微的内迁大学纪事,多以大学校史、个人回忆录和纪念集的形式出现。[③] 这些基于个人亲历的回忆性资料,为全面抗战时期高校内迁的研究提供了丰富的素材,呈现了战时的大学生态,涵盖教学生活、文娱活动、党团矛盾、家国情怀等不同方面。小说和传记作为一种传播载体,借助文学的形式表现了战时大学师生

---

　　① 　详细分析见 Hubert Freyn. *Chinese Education in the War*. Ch'eng Wen Publishing Company,1974;庄焜明:《抗战时期中国高等教育之研究》,中国文化学院博士学位论文,1979 年;侯德础:《抗日战争时期中国高校内迁史略》,四川教育出版社,2001 年版;余子侠:《抗战时期高校内迁及其历史意义》,《近代史研究》,1995 年第 6 期;梁严冰、方光华:《抗日战争与中国高等教育》,《高等教育研究》,2015 年第 10 期。

　　② 　如余子侠、冉春:《中国近代西部教育开发史:以抗日战争时期为重心》,人民教育出版社,2007 年版;党彦虹:《抗战时期高校内迁与陕西高等教育的发展》,西北大学硕士学位论文,2004 年;韦升鸿:《抗战时期高校迁桂研究(1937—1945)》,广西师范大学硕士学位论文,2016 年;陈文林:《抗战时期高校内迁韶关对粤北社会发展的影响》,《韶关学院学报(社会科学)》,2021 年第 7 期;任祥:《抗战时期云南高等教育的流变与绵延》,商务印书馆,2012 年版。

　　③ 　如王觉源编:《战时全国各大学鸟瞰》,独立出版社,1941 年版;中国人民政治协商会议西南地区文史资料协作会议编:《抗战期间内迁西南的高等院校》,贵州民族出版社,1988 年版;陈明章编:《学府纪闻·国立西南联合大学》,南京出版有限公司,1981 年版。此外《学府纪闻·国立北京大学》《学府纪闻·国立北平师范大学》《学府纪闻·国立武汉大学》《学府纪闻·国立北洋大学》等也含有内迁办学的相关记述。

的生活,尤其生动鲜活。① 通过以上方式,内迁大学的战时面貌得到了广泛的传播。专业性的学术研究在战时大学方面进行了多方面的挖掘。② 同类研究既关注大学机构与地方政府的互动,又侧重大学内迁对地方文化的影响,研究对象涵盖国立大学、省立大学、私立大学(包括教会大学),以点带面呈现战时高等教育的面貌和特征。

　　遭逢战争侵袭的危难环境,改变了高等教育发展的正常轨迹,催生了特殊的战时高校联办的组合模式。"其时在办学形式上,或两校合并办理,或多校联手合作,或尽自身既有能力广纳他校师生,或倚一校现有条件抱团渡险御敌,由是呈现了世界教育史上罕见的烽火岁月高校合作办学的历史景观。"③其中一种,即由战时流离的多所学校组成的联合大学模式。以本书研究的国立西北联合大学为参照,同时期设立了声名卓著的国立西南联合大学,以及半年即分的复旦—大夏联合大学和设而未成的

---

① 如以国立西南联大为背景,鹿桥:《未央歌》,台湾商务印书馆,1984年版;宗璞:《野葫芦引(1—5卷)》,香港中和出版有限公司,2019年版;岳南:《南渡北归》,湖南文艺出版社,2011年版。关于武汉大学的战时生活,见齐邦媛:《巨流河》,生活·读书·新知三联书店,2011年版。

② 如王奇生:《战时大学校园中的国民党:以西南联大为中心》,《历史研究》,2006年第4期;石慧霞:《抗战时期的厦门大学——民族危机中的大学认同》,厦门大学出版社,2012年版;蒋宝麟:《抗战时期中央大学的内迁与重建》,《抗日战争研究》,2012年第3期;韩成:《抗战时期内迁高校的地方化——以光华大学成都分部为例》,《抗日战争研究》,2014年第3期;何方昱:《资源配置与权力之争:以战时浙江大学内迁贵州为中心》,《近代史研究》,2016年第1期;李娟:《华西坝教会五大学联合办学研究》,西南大学硕士学位论文,2010年;刘峻:《同济大学内迁对李庄体育发展的影响研究》,成都体育学院硕士学位论文,2019年;史继忠:《大夏大学对贵州文化教育的贡献和影响》,《贵州文史丛刊》,2020年第1期。

③ 余子侠:《抗战时期高校联办的历史解析》,《河北师范大学学报(教育科学版)》,2015年第4期,第12页。

国立东南联合大学。① 作为应对战时困境的大学联合系统,联大师生的学术研究与日常生活、联大组织内部的互动碰撞、联大传统与政府意愿的冲突,构成研究的重点所在。以国立西南联大为例,它以雄厚的师资队伍、高深的学术水平、卓绝的奋斗精神,以及丰富的历史书写,成为备受瞩目的对象,其研究成果也极为丰富。以专门性的研究著作而言,就有杨立德的《西南联大教育史》、西南联合大学北京校友会编的《国立西南联合大学校史》、易社强的《战争与革命中的西南联大》、郭建荣主编的《国立西南联合大学图史》等一系列著作。根据《西南联大研究论文索引》的分析,有关西南联大的研究内容主要分为校友对联大生活的回忆;对西南联大办学成就、人才培养、人物学术思想的研究以及教育史、抗战史研究中涉及西南联大的内容。以1978—2008年为时段,论文数量由1979年的1篇扩展至2000年之后的250篇,研究数量与研究内容都得到扩充,"西南联大"研究俨然成为显学,为学术界所瞩目。② 研究领域则集中在"杰出人物与联大精神""大学制度与办学实践""人才培养与历史贡献"等方面。③ 这种历史书写与专题研究,就其意义而言,充分发掘了西南联大的办学经验与精神实质,为当前中国高等教育发展提供了积极的历史经验与办学参考。

　　值得深究的是,美誉盛名之下的检讨与反思,同样是研究西

---

① 关于国立东南联合大学办学历程的详细分析,见李莉:《抗日战争时期的国立东南联合大学:1941年12月—1943年7月》,暨南大学硕士学位论文,2007年。

② 迟玉华等主编:《西南联大研究论文索引》,云南人民出版社,2010年版;另见迟玉华主编:《西南联大文库研究总揽》,云南人民出版社,2007年版。

③ 伊继东、冯用军:《中国西南联大研究三十年(1978—2008)——一种词频计量分析》,《清华大学学报(哲学社会科学版)》,2009年第4期。

南联大不可缺失的补充。① 回归特殊的历史情境,分析办学成就的有限范围,复原其本来面貌的努力,一方面了彰显战时西南联大的教育实绩;另一方面亦避免将当下的感性情绪投射到不可重现的大学形态。

(三)西北联大研究概述

伴随全面抗战时期大学内迁叙事的日益丰富,总体性论著和专门性研究不断深入,尤其以西南联大为著。"抗日战争中,于颠沛流离中弦歌不辍的,不仅是西南联大。可后人谈论'大学精神',或者抗战中的学术文化建设,都会以西南联大为例证。作为史家,我承认此例证很有说服力;但同时我更想强调,还有很多同样可歌可泣的'大学故事'。"②国立西北联合大学作为其中的"故事"之一,随着校史研究的深入与大学精神的发掘,受到关涉高校的重视与专业学者的关注。其曲折的办学过程、复杂的成败得失以及后续的持续影响,成为丰富大学研究、深化大学精神的典型例证。

作为与西南联大并立的大学联合体,短暂存世的西北联大长期游离于专业研究者的视野之外,影响有限。③ 相关的叙述,散见于北京师范大学、天津大学、西北工业大学、西北大学、西北师范大学等高校的校史,未能得到充分的发掘和认识,仅作为学校发展历程的一段曲折。较之学界对西南联大的研究,可谓支

---

① 见熊贤君:《被高估了的西南联合大学》,《河北师大学报(教育科学版)》,2022 年第 3 期;田正平、潘文鸢:《教育史研究中的"神话"现象——以蔡元培和国立西北联合大学为个案的考察》,《高等教育研究》,2017 年第 4 期。

② 陈平原:《抗战烽火中的中国大学》,北京大学出版社,2015 年版,第 122 页。

③ 谷雪艳:《鲜为人知的西北联合大学》,《文史精华》,2007 年第 3 期;姚远等:《西北大学的两个历史源头》,《西北大学学报(哲学社会科学版)》,2000 年第 3 期。

离浅薄(见图 1、图 2),存在时间短暂,办学成就不彰,是为主要

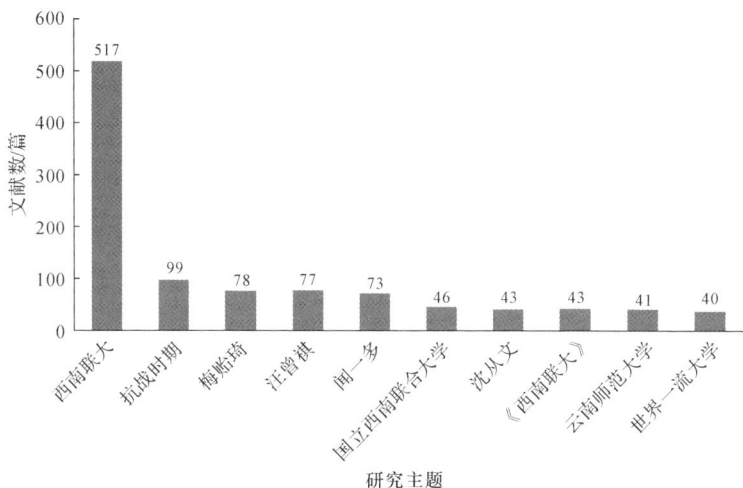

图 1 中国知网收录"西南联大"研究主题的文献分布(截至 2022 年 9 月)

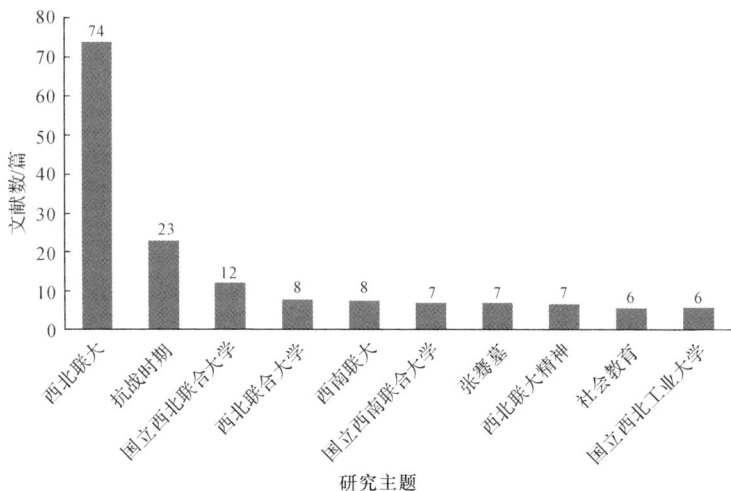

图 2 中国知网收录"西北联大"研究主题的文献分布(截至 2022 年 9 月)

因素。观照西北联大解体的事实,其表面原因可以归结为人事的纷争、资源的有限、政治的压迫等方面。但是如果将其置于民国时期中国高等教育的分布结构和西北发展的现实要求之中去理解,西北联大初合即分的遭遇背后有着深刻的历史根源和迫切的现实需要。本着一种客观精神与同情理解,从西南联大的荣光与神话之外,关注被遮蔽的西北联大之存亡,自可通过比较的视角,补充现有联合大学研究的缺憾,厘清高等教育区域结构调整的历程。"今天在西北的不少高等院校均与西北联大有直接源流和传承关系。从某种意义上来说,没有西北联合大学,就没有今天的西北高等教育。"[①]不同于西南联大的整体迁离,战时西北联大迁入内地,以北平大学、北平师范大学和北洋工学院等基干院校为支撑,对于西北地区的高等教育发展提供了机构的引入和人才的支持。抗战胜利之后,虽然北平师范大学、北洋工学院迁离复校,但由西北联大分离出的国立西北大学、国立西北工学院、国立西北农学院、国立西北医学院(战后并入国立西北大学)和国立西北师范学院,构建了西北地区完整的高等教育体系。因此,西南联大之失、西北联大之得,需要从更长的时段与更大的范围上重新加以探讨,"我们必须时时注意区分长期持续的运动和短暂的爆发,后者在其产生的时刻就会被察觉,而前者则在跨越一段时间距离后才能被发现"[②]。这种思路,有助于从高等教育区域格局调整的角度重新认识两所联大不同的历史作用,同时对内陆地区高等教育的内生性发展与外力性推动加以

---

① 方光华:《为什么要纪念西北联大》,《西北大学学报(哲学社会科学版)》,2012 年第 3 期,第 9 页。

② [法]布罗代尔:《论历史》,刘北成、周立红译,北京大学出版社,2008 年版,第 37 页。

细致的分析。

2012 年 9 月西北大学召开的"西北联大与中国高等教育发展论坛"首次明确提出发掘西北联大历史意义、传承西北联大办学传统、推进我国高等教育事业发展的研究主题,并形成了《西北联大与中国高等教育发展论坛文集》,汇集了国内专家学者对于西北联大这一民国高等教育机构的初步认识。接续这种发掘传统与研究热情,截至 2021 年东北大学举办第十届"西北联大与中国高等教育发展论坛",形成了围绕西北联大的研究群体,提供了丰富的研究成果。①

分析已有的研究成果,"从研究内容上看,学者们对西北联大的研究主要涵盖了成立背景、高教体系、下设机构及学科、相关人物、办学精神等方面,重点研究了抗战时期西北联大的高等教育、科学教育及其对西北高教乃至中国高教事业的启示及贡献。从西北联大研究的演进过程可以看出,近年来更多学者开始关注当今高校对西北联大精神的传承"②。除了单篇的论文,系统性的论著不断呈现,并以张再军的《西北联大:抗战烽火中

---

① 魏书亮、姚远:《西北联大研究的十年回顾与反思——基于西北联大与中国高等教育发展论坛举办以来的学术成果考察》,《河北师范大学学报(教育科学版)》,2022 年第 5 期。

② 焦慧芳:《西北联大的研究进展与趋势——基于 2011—2018 年文献的计量统计与知识图谱分析》,《第七届西北联大与中国高等教育发展论坛论文集》,西安,2018 年,第 355 页。另见胡乐乐:《西北联合大学研究的现状、存在问题与未来展望——基于"中国知网"收录文献的统计与分析》,《第七届西北联大与中国高等教育发展论坛论文集》,西安,2018 年。

的一段传奇》与姚远的《西序弦歌：西北联大简史》为代表。① 虽
然初步的研究仍存缺憾，但从补足中国高等教育发展变迁图景
的角度，西北联大研究以其特殊性开拓了新的研究领域。

　　国立西北联大作为战时情境下的联合大学，集战时状态的
大学生活、校际合并的相互融合、大学合分的制度变更、学术传
统与社会需要的诉求张力、高等教育区域结构调整等问题于一
身，自具体到抽象，从历史至现实，具有值得深入理解与反思的
空间。已有的研究，一方面深入细致地呈现出战时联大的办学
图景；另一方面初步涉及联大在高等教育区域格局调整中的意
义和价值。立足已有的研究成果，系统整合西北联大办学历程
的前身与后续，将其纳入中国高等教育发展变迁的历史进程，聚
焦高等教育"国际化"与"本土化"过程中的冲突与调适，在
"What"陈述的基础上，努力探求"How"与"Why"的答案，是本
书的重点所在。

----

① 　张在军：《西北联大：抗战烽火中的一段传奇》，金城出版社，2017年版；张在
军：《西迁南渡北未归：抗战时期的西北联大》，西北大学出版社，2022年版；姚远：
《西序弦歌：西北联大简史》，陕西人民出版社，2020年版；姚远：《衔命东来：话说西北
联大》，西北大学出版社，2018年版。

第一章　风起法兰西：制度借鉴与国立北平大学

　　抗日战争全面爆发之后，作为北平四所国立大学之一的北平大学遵照南京国民政府教育部指令，全校师生与北平师范大学、北洋工学院及北平研究院（后未加入）奉命移布西北，组建国立西安临时大学。未几，西安临大再迁汉中，改称国立西北联合大学，与远在昆明的国立西南联合大学遥相呼应，共同成为肩负人才培养任务、实施抗战建国的文教堡垒。1939年8月，国立西北联合大学改组，以北平大学院系师资为依托，重建国立西北大学。抗日战争胜利后，受战争影响而西迁南移的平津高校纷纷复员，原北平大学师生积极呼吁原址复校，虽多方奔走，未获首肯。自此，国立北平大学几经变迁离乱，最终成为中国高等教育发展史上的"失踪者"。

　　一所大学生命的赓续与消失，只是时代变动的沧海一粟，而视野下移获致的教育反思，则为中国高等教育发展提供了历史印迹与改革鉴镜。国立北平大学－国立西北联合大学－国立西北五校的组织变迁，呈现出1928年至1946年间中国高等教育制度变迁与机构分合的图景：其初纷乱，继则昂扬，终归缓和，表现了制度借鉴的曲折成败与区域分布的格局变动。追本溯源，国立北平大学作为南京国民政府以大学区制改革推行教育发展的产物，借鉴法国学制，体现了时人关于高等教育制度建设的改造规划，亦为此后高等教育的结构调整提供了组织铺垫。虽然因时代的局限与理念的冲突，北平大学区经过短暂试验即行结束，而其直接遗产，即是艰难辗转、无迹可寻的国立北平大学。为了深入了解由法国到中国的高等教育制度借鉴，完整把握从华北到西北的高等教育格局调整，需要将北平大学区以及应运而生的北平大学纳入研究的视野，分析高等教育制度移植的本土化改造，探讨高等教育区域调整的均衡化尝试。

第一节　京师大学校始末

自 1916 年袁世凯去世至广州国民政府北伐前后，北方政局动荡，京津地区教育事业在政治压迫和经济窘困的冲击下举步维艰。军阀政权的更迭反复，使京津地区的大学在此境地下备受摧残。1926 年，段祺瑞政府制造"三一八"惨案，枪杀爱国学生，缉捕进步人士。经过两次直奉战争，1927 年 6 月张作霖在北京就任北洋军政府陆海军大元帅，成为当时名义上的国家最高统治者。北京军政府随后任命刘哲担任教育总长。此时奉系势力虽然在政治博弈中暂居优势，但面对各方势力包围，军政府只是勉强维持，无心亦无力改进彼时处于危机中的教育事业，仅以强权与武力为凭借，打压进步力量、维持反动统治，负面影响多于建设成就。从北洋政府时期的社会环境到张作霖军政府时期的教育举措，以京师大学校的建立为中心，呈现出了政局动荡中的京津教育事业状况。考察此种环境下的教育诉求，有助于了解该时期的教育发展走向，获知南京国民政府教育部改革北方高等教育的时代背景。

一、北洋军阀统治时期的高等教育概观

北洋军阀统治时期，政治的失序、经济的复苏和思想的繁荣在军阀混战、地方割据的时代背景下交织起伏。第一次世界大战中列强无暇东顾，促成了中国民族资本主义的繁荣；巴黎和会的外交失败，激发了民众尤其是知识界的民族主义热情；混乱的政治局面则为思想界的开放与繁荣提供了折冲樽俎的舞台。虽然有宪政共和的制度框架，而政府的实际运作则始终以军事实力的消长为转移。

面对混乱的政治局势和艰难的经济状况，北洋军阀政府时期的高等教育既有国立院校的举步维艰，也有民间办学的蓬勃发展。军阀政府专注于军事力量的扩充和政治权力的攫取，无心扶持也无力控制教育事业的发展。1920年，北京国立专门以上八校教职员因经费无着、薪资积欠，举行争取教育经费独立运动。虽然有北京政府教育部依照国务会议决议，确定以国家兴办所得税的七成拨作教育经费，但流于一纸空文。1921年3月，北京国立专门以上八校教职员再次向北京政府索薪罢教，相持半年，影响波及湖北、江西、安徽、陕西、四川等省。虽然政府无力举办教育，但是工商业繁荣催生的人才需要和内忧外患激发的时代反思促成了高等教育领域私立大学的迅速发展。"军阀们所造的国家混乱和不统一局面，却为思想多元化和对传统观念的攻击提供了绝好的机遇，使之盛极一时。中央政府和各省的军阀，都无法有效地控制大学、期刊、出版业和中国知识界的

其他组织。"①借此契机，中国高等教育事业呈现出繁荣的表象。1926年，蔡元培在《十五年来我国大学教育之进步》一文中指出："总算起来，有八十几所。虽其中程度不及大学而冒用大学之名的很不少，然而名副其实的，只要有四分之一，也就十倍于民国元年了。"②军阀时代的战局离乱和政府更迭，为当时高等教育的发展提供了相对宽松的空间，同时民间力量的加入为这种发展提供了物质基础，从而在政府无力举办教育事业的窘境之中，促成了高等教育院校数量的增加。但是，这种暂时的繁荣缺乏稳定的环境，也无法提升高等教育的质量。争取教育经费的独立、获得学术自由的保障，成为彼时有识之士迫切希望解决的两大问题。1922年全国教育独立运动会在北京高等师范学校召开成立大会，并发表教育独立宣言："神圣之教育事业，竟飘摇荡漾于此卑污龌龊之政治军事之漩涡中，风雨飘摇，几濒破产，此吾人所以不能不作'教育独立'之呼声，以期重新建设精神生活之奠也。"③在残酷的现实与将来的期望之间，吁求改革教育的呼声日益高涨。

随着张作霖驱逐直系力量进入北京成立军政府，奉系军阀开始短暂执掌政权。京津地区自"五四"以来即成为各种思潮汇聚之地，同时由于受到当时国民政府北伐的影响，大学师生常与军政府发生或明或暗的对立和冲突。其时，教育部直隶于大元帅，管理教育学艺及历象事务。军政合一的集权体制，不问社会

---

① ［美］费正清编：《剑桥中华民国史（1912—1949）》（上卷），杨品泉等译，中国社会科学出版社，1994年版，第314页。

② 蔡元培：《十五年来我国大学教育之进步》（1926年10月10日），高平叔编：《蔡元培教育论著选》，人民教育出版社，2017年版，第534页。

③ 《全国教育独立运动会宣言及章程》，《北京大学日刊》，1922年3月6日，第3版。

之现实需求,惟以个人好恶或集团倾向影响政策的走向,其左右教育事业尤为明显。素以关东绿林习气为核心的奉系军阀内部,难有具备现代教育理念的明达之士,其教育政策趋于保守,积极提倡尊孔读经,命令京师大学各部科取缔男女同校,致函京师公立小学命令男女生分别座位。种种行径,无不违背共和之精神而维持旧日之流弊。为了加强思想控制,北京军政府列名单通缉新文化名人,"自张作霖入关,传说开出的黑名单上有一百多人,平日在社会上露些头面的人都在内"①。1927年4月6日,京师警察厅突袭苏俄使馆,拘捕了李大钊等人,并以勾结苏联政府、与冯玉祥国民军秘密联系、作为国民党和共产党北方领导人进行颠覆政府活动的罪名,将李大钊等人悉数处死。肃杀的政治氛围严重威胁到北京知识分子的生存安全,导致北京各大学知名学者纷纷南下,"语堂先生以北京站不住,将往就厦门大学文科学长,邀我同去办研究所"②。因此,厦门大学请到了很多北京大学人士,顾颉刚、鲁迅等先后到达,继有沈兼士、张星烺、孙伏园、罗常培等人。同时恰逢武汉大学亟需充实教师队伍,武大校长王世杰力邀北大旧人南下。在彼时肃杀的氛围中,北京文教界人士呈星散之势。

二、京师大学校始末

京津地区为我国近代高等教育事业发源地。盛宣怀于1895年在天津创办北洋西学堂,分头等学堂(大学本科)与二等学堂(大学预科),并于1899年毕业第一届学生。"天津北洋西学学

---

① 顾颉刚:《顾颉刚自传》,北京大学出版社,2012年版,第102页。
② 顾颉刚:《顾颉刚日记(第一卷:1913—1926)》,联经出版事业公司,2007年版,第744页。

堂之创建,实为中国第一所新式大学的诞生"[①],是为国人自办大学之先声。1898 年京师大学堂的建立,则从制度与组织方面确立了我国国立大学的雏形。"无论从学校建制、学生规模,还是从课程设置来说,北京大学(京师大学堂)从 1898 年创办时起,就是当时中国仅有的一所真正的大学。"[②]虽然存在着建制先后的争议,但从地方到国家层面,京津地区的高等教育在萌芽伊始,即占据先机。几经变迁,京师大学堂先后设立仕学馆、师范馆、译学馆、医学馆、实业馆。1909 年,晚清政府改师范馆为优级师范,脱离大学管辖,即成北京师范大学前身。后来开展的分科大学筹建计划,分别设置了经(后并入文科)、文、法政、医、格致(后改称理科)、农、工、商各科,逐渐形成北洋政府时期的北京国立八校:北京大学、北京高等师范大学、北京女子高等师范大学、北京法政大学、北京农业大学、北京工业大学、北京医科大学、北京美术专科学校。1924 年秋,女师大发生反对校长的风潮,延宕至久,未能妥善解决。鉴于学潮难治,1925 年 8 月 6 日北洋政府决议解散女师大,另设女子大学。此后教育部派员强制接收女师大,在原址开设国立女子大学,任命胡敦复为校长。女师大学生极力反对该项决议,成立校务维持会坚持斗争,另寻新址开课,保持学校不坠。[③] 经此事变,北洋政府时期北京国立九校的

---

① 北洋大学－天津大学校史编辑室:《北洋大学－天津大学校史》,天津大学出版社,1990 年版,第 23 页。

② 郝平:《北京大学创办史实考源(修订版)》,北京大学出版社,2008 年版,第 315 页。

③ 魏元晋:《北平大学女子文理学院及其前身女子大学》,全国政协文史资料委员会编:《文史资料存稿选编·教育》,中国文史出版社,2002 年版,第 80－83 页。关于女师大风潮的研究另见吕芳上:《从学生运动到运动学生(民国八年至十八年)》,"中研院"近代史研究所,1994 年版。

高等教育格局得以形成。

其时,北方教育在军阀混战中日益凋敝。1927 年 8 月,教育总长刘哲借口北京各校"无法整理,学风颓败。欠费过多,尤不易办理"[①],力主合并国立九校。8 月 31 日,北京军政府教育部公布《国立京师大学校组织总纲》,规定该校以教授高深学术,养成硕学闳材为宗旨,分设文科、理科、法科、医科、农科、工科六科及师范部、女子第一部、女子第二部、商业专门部、美术专门部五部。[②] 这一决策激起北京教育界的强烈不满。面对反对之声,刘哲实行拉拢与压制的双重手段,声言九校旧有教职员赞成合作者不予更动;反对者亦不勉强,各随其便。当时的斗争过程,据千家驹记述:

> 某日,刘哲在教育部召见,学生代表鱼贯而入,见刘哲在太师椅上,办公桌前,摆好八副纸笔。刘哲一一问代表姓名毕,又问家在何处,北京有无亲属? 代表们均感到莫名其妙,哪知刘哲将桌子一拍,大喊:"我要把你们统统枪毙,你们把遗嘱写下来,好叫家属来领尸!"代表们面面相觑,莫知所措。此时教育次长林某在旁,他是扮白〈红〉脸的,他说:"总长发脾气了,你们快下去吧,不要自找苦吃。"于是代表们一言未发,一个个溜了出来,一幕反对合并的风潮,就此结束。[③]

9 月 20 日,强行改制的京师大学校在教育部礼堂举行总开

---

① 《北京九校合并近闻》,《申报》,1927 年 8 月 16 日,第 7 版。

② 《京师大学组织总纲昨日下午公布》,《晨报》,1927 年 9 月 1 日,第 2 版。

③ 千家驹:《我在北大》,陈平原、夏晓虹编:《北大旧事》,北京大学出版社,2018 年版,第 237 页。请愿过程的叙述,另见刘洁:《与千家驹先生谈历史人物》,《传记文学》,1990 年第 4 期。

学典礼,刘哲兼任校长并作演说,提出此后的办学宗旨为保存旧道德,取法新文明,并宣布此后禁用白话文、禁止学生入党、解散各校学生会、要求学生入校须填具切结式的志愿书。同时恢复戒尺体罚、教师缺课扣薪、禁止集会请愿,如违抗即以武力惩处。9 月 25 日,北京军警包围搜检国立及私立大学,捕去学生三十余人,并枪决学生赵全霖、陈国华等十人。[①] 此种强力政策,虽前后仅维持一年,但是严重影响了北京高等教育的发展,让这座"文化城"蒙上阴影。

京师大学校的建立,是奉系军阀高压政策的产物,受到北京教育界的普遍抵制,造成京津地区高等教育的萎缩,严重危害了自由开放的学术风气,削弱了北京作为文化教育中心的地位。随着国民革命军北伐的逼近,该项举措因政局的更替而被扫除。京师大学校由国民政府大学院代表接收,开始在新政府主导下进行新一轮的调整。这种借助政府强力开展大学改造与合并的行动,在此后波诡云谲的社会变动中得到承继,成为政治、文化力量角逐争锋的舞台。

第二节　大学区制的出台与波折

随着国民政府北伐的推进,1927 年前后的中国社会,教育改革与政权易手并进。大学区制的应运而生,既受惠于政局的变动,同时也源于蔡元培、吴稚晖、李石曾等国民党元老的直接倡议。随着大学院的成立及江苏、浙江、北平大学区制的试行,以法国大学区制为范本的教育改革渐次推进。在缺乏现代高等教

---

① 丁致聘编:《中国近七十年来教育记事》,商务印书馆,1935 年版,第 146 页。

育发展环境的中国社会,教育改革的积极探索与异域思想的引进吸收,促成了中国高等教育事业在制度张力的变动中缓慢发展。北平大学区作为改革试点之一,体现了教育独立和区域格局调整并进的特征。改革的出台、实施的波折及最终的结果,呈现了该时期平津地区的教育动向与变迁轨迹,显示出南京国民政府时期开展高等教育制度借鉴与调整高等教育区域格局的初步努力。

一、大学区制改革的动因

大学区制改革是南京国民政府初期在教育领域实施的制度性转向。经由蔡元培、李石曾、吴稚晖、张静江等国民党元老的倡议和支持,制度改革借助政治权力在国民党控制的地区得以实施。分析此次改革的动因,实为理解大学区制何以实施的关键。其中的法国元素和国内诉求,从中国的社会现状和教育的发展需要出发,结合高等教育的分区发展和教育独立的制度设想,确立了改革的基本立场。

(一)个人先驱:李石曾的"起点"作用

大学区制改革,因蔡元培"教育学术化"和"学术研究化"的理想诉求,而被认为是追求教育独立与学术自由的积极尝试。因为与蔡元培就北平大学区制的设置问题发生冲突,李石曾长期以负面形象示人,其在大学区制改革中发挥的作用也隐而不彰。其实,无论作为对法国思想文化有深刻认识的留法学人,还是组织留法勤工俭学、创办各类学校,李石曾在大学区制改革前后都具有举足轻重的影响。"实际上,李、蔡相比,正是前者最先深入了解法国教育制度,并极力宣扬推崇,对于推进这一教育实验活动发挥了更大的作用。"①虽然在教育改革过程中蔡元培与李石曾发挥的作用各有侧重，但李石曾的"起点"作用不可否认。作为大学区制改革主导者的蔡元培亦曾坦言："中法两国学术上文化上之关系，……近三十年，则有吾友李煜瀛君、夏循垍君等。李君发起俭学会与勤工俭学会，留法人数渐多；又发起华法教育会，而招待留法学生之机关，渐趋周密。"②立足具体的历史情境，以 1902 年李石曾的赴法留学为标志，中法文化交流开启了新局面。作为思想、制度引进的关键性人物，李氏在思想引介到实践操作的双重努力，为大学区制改革提供了思想资源与实践例证，是为此后教育制度改革的先驱。

游学法国期间，李石曾吸收了"互助论"的思想，并以此作为开展社会改造的指针。1906 年从蒙城农业实用学校毕业后，李石曾转入巴黎巴斯德学院。在此期间，他遇到法国地理学家邵可侣（Élisée Reclus），经其推荐接触了克鲁泡特金的《互助论》、陆谟克（Lamarck）的《生物互助并存论》及居友（Guyau）的《自然道德论》，初步有了"互助论"的思想萌芽。通过对蒲鲁东思想的深入研究，李石曾以蒲氏的"联邦论"作为落实其思想的制度依托，积极提倡分治合作。他认为"蒲氏主张合作主义，反对集权主义（Centralisme）。合若干自由之人民为县乡，合若干自由之县乡为省区，合若干自由之省区为邦国，合若干自由之邦国为世界，此由合作主义达到自由平等之世界也"③，从而贯彻个人、地

---

① 刘晓：《李石曾与中华民国大学院》，《中国科技史杂志》，2008 年第 2 期，第 145 页。

② 蔡元培：《在里昂市爱友市长招待会上演说词（1924 年 10 月）》，高平叔编：《蔡元培教育论著选》，人民教育出版社，2017 年版，第 515 页。

③ 中国国民党中央委员会党史委员会编：《李石曾先生文集（上册）》，中国国民党中央委员会党史委员会，1980 年版，第 248 页。

方及世界的自由精神与合作理念。这一认识，激发了他积极实践以互助和联合为特色的地方改革事业。1917年蔡元培就任北京大学校长，力邀李石曾与吴稚晖前去任教。吴坚辞不就，李石曾则担任了生物学及社会学教授。在此期间，他在北京城郊积极开展了一系列的社会文化建设活动：

> 自民国七年开始，我与三五同志如蔡孑民、夏坚仲、顾孟余、段子均诸先生，及法医家贝熙业博士，曾于故都西北郊区，以碧云寺与温泉村为宛平县开七十新村社会建设之场所；如大中小学、疗养院、合作社、农村银行、图书馆、职业教育、传习所、男女各校，相当普遍；公路电话电力等公用事业，亦由吾人得到军政经济社会文化各方之热心赞助，成效甚速；西人与村民几认为神话；盖社会事业进行之神速若此者，极少能与伦比，值得以专书详记之。①

借助个人影响和倾力推动，李石曾立足本土实践，吸收域外思想，开展以西山温泉事业为代表的社会建设试验和以中法大学为核心的文化教育活动，产生了深远的社会影响。其事业包括北京中法大学、上海药学专修科；大学下设中小学部，包括高级中学校、商业专科、孔德学校、西山温泉中学校、碧云寺小学校、温泉小学校；特设部包括中法图书馆，中法大学陈列馆，西山天然疗养院，温泉天然疗养院，第一、二、三农林试验场，两个测候所，天文台，磁力台等，逐渐形成了一个机构完备、互相衔接的小型学区，初步尝试在中国情境中试验法国大学区制。"盖中法大学虽依据中国学制，然亦采取法国之所长。即法国大学包含

---

① 中国国民党中央委员会党史委员会编：《李石曾先生文集（下册）》，中国国民党中央委员会党史委员会，1980年版，第141页。

大中小各校，使有衔接之效。不似他国学制，大学只就中学以上之学课而言。中国大学固亦有附设中小学部，然不过为一校之附属。至北京中法大学，大中小各校并立，远及数十里，实亦大学区之制，……于此言之，不仅关于一校，实亦一种学制之试验也。"[①]此番工作，为李氏在南京国民政府初期试验大学区制提供了组织基础和操作经验。

李石曾在法国的实践经验以及由此形成的思想观念，确立了其在推介法国思想与制度方面的引领地位。凭借丰厚的人际资源和社会声望，及游走于中法文化界之间的努力，他从西山"温泉事业"起步，借助里昂－北京中法大学等一系列高等教育机构和附设中小学，开始了法国大学区制在中国的初步尝试，得风气之先。这种思想引介与实践努力，通过联合革命同志，顺应时代变动，为法国大学区制在中国情境中的移植，提供了思想的先导和实践的例证。

（二）集体共识：留法群体的合作功效

以李石曾赴法为先导，逐渐在巴黎、里昂聚集了一批以社会改造为使命的革命同志。他们因共同的留法经历和相近的思想倾向，致力于借鉴法国经验实施社会改造与教育改革，以求平等、自由、博爱精神在中国的传播。这种植根于私谊和公义的关联，传播了革命思想，培养了学术人才，同时也为南京国民政府时期的大学区制改革提供了思想资源与人才基础。

这一革命群体中，蔡元培、吴稚晖、张静江、李石曾等人志趣相投，成为至交，并因共同的革命行动和社会理想，形成了"民国四老"的关系格局。他们在推翻清政府的革命事业和民国建立

---

① 石曾：《中法大学概况》，《中法大学半月刊》，1925 年第 1 期，第 26 页。

之后的政治变革中,发挥了举足轻重的作用。这种交往,立足于门生故旧的私谊:1892 年吴稚晖赴京参加会试时即拜谒李石曾父李鸿藻。1902 年在沪期间,李石曾在张园旁听演说会时认识了恰是其父门生的蔡元培。张静江的岳父姚炳然亦是李鸿藻门生,李石曾因此经人介绍认识了张静江。同时,共同的游学志向也成为他们彼此的纽带:李石曾与张静江一见如故,随即立定了"世界之游"的志愿与计划。1902 年,"我们的信约终于我二十二岁,他二十六岁的年底实现;我们同登'安南'号法国邮船,由上海到马赛一个月海上生活,确定了我们的新人生观与一生的共同事业。"①赴法前夕,李石曾经上海拜望吴稚晖,以示钦慕。吴稚晖建议其去往法国后,应多协助国内青年留学海外,使留学生愈多愈好。李石曾对此深表赞同,二人欣然订交。至于蔡元培,留德赴法亦是不遗余力,积极求取新知,以图力矫时弊。这种在私人交往和留学共识方面的契合,初步奠定了他们相互合作、共谋社会改造的基础。

　　1902 年至 1907 年间,李石曾、张静江在法,吴稚晖因《苏报》案被通缉而赴英,蔡元培往德,四人因此有机会同学共进,彼此交流。1907 年 1 月,吴稚晖、张静江、李石曾等在 1906 年成立世界社和组织中华印字局的基础上,筹备《新世纪》周刊,发表反清言论,鼓吹革命,宣传无政府主义,推动中西文化交流。当时,吴稚晖、李石曾、汪精卫、褚民谊等为刊物提供文稿,张静江从事商业贸易为刊物提供经费。当年 5 月,蔡元培随同出使德国大臣孙宝琦赴德留学后也参与其中,并做精神上的呼应和文字上的

---

　　① 中国国民党中央委员会党史委员会编:《李石曾先生文集(下册)》,中国国民党中央委员会党史委员会,1980 年版,第 68 页。

供给。该群体以周刊为载体,致力于启发民智,提倡人道,发刊宗旨云"本报议论,皆凭公理与良心发挥,冀为一种刻刻进化,日日更新之革命报"①。同人之间,"吴(稚晖)、李(石曾)久居法国,常与无政府党人游,而宗尚其主义。更得张静江之助,于一九〇七、八年发行《新世纪》于巴黎,斥强权,尊互助,于各国政府,皆无恕词。对满洲更恣情毒詈,杂以秽语,使中国从来帝王神圣之思想,遇之如服峻剂,去其积滞。吴、李于民族革命,亦热心致力,与后之高谈'安纳其'主义,不问政治是非者殊科。精卫与孑民、溥泉(按即张继),亦渐有无政府之倾向;惟溥泉比较浪漫,不若精卫、孑民之通,而自然有节也。"②围绕《新世纪》周刊,蒲鲁东、巴枯宁、克鲁泡特金、拉马克等人的学说获得传播,并对诸位参与者产生重大影响,促使李石曾、吴稚晖等人对实际政治的相对疏离和对社会事业的积极投入。二次革命失败后,面对袁世凯的通缉,国民党主要成员纷纷避祸欧洲,吴稚晖、蔡元培、汪精卫、曾仲鸣等人先后赴法。通过编译书籍,办理俭学,留法的革命力量进一步加强,形成了以"四老"为核心的国民党上层集团。"南京国民政府成立后,元老主导的教育学术事业即为新政权的组成部分"③。虽然后来出现裂痕,但是在南京国民政府初期立足私谊与学缘的声气互通和政治合作,为蔡元培、吴稚晖、李石曾等人实践无政府主义互助论、推行社会改造与教育改革提供了保障。

这种思想上的共识,进而促成了实践中的合作,尤其是蔡元

---

① 《〈新世纪〉发刊之趣意》,《新世纪》,1907 年第 1 期,第 1 页。

② 胡汉民:《胡汉民自传》,传记文学出版社,1982 年版,第 75 页。

③ 蒋宝麟:《"党国元老"、学界派系与校园政治——中央大学首任校长张乃燕辞职事件述论(1928—1930)》,《社会科学研究》,2013 年第 3 期,第 173 页。

培与李石曾在文教领域的合作,推动了留法俭学事业的迅速发展。民国初年蔡元培就任教育总长,李石曾创办俭学会,两人由此开始了在教育领域的深入合作。在蔡元培的支持下,北京安定门内方家胡同北的顺天高等学堂校舍旧址成为留法预备学校的校址,招收学生补习法文以作留法准备。当一战爆发,留法学生陷入困境,李、蔡二人组织留法西南维持会,接济困难学生,帮助他们渡过难关,维持留法教育的继续进行。1915 年 6 月,李石曾与吴稚晖、张静江等人发起勤工俭学会,并于 1916 年 3 月联合蔡元培、法国人欧乐筹组华法教育会,6 月 26 日举行成立会。其组织目的有四端:一曰扩张国民教育,二曰输入世界文明,三曰阐扬先儒哲理,四曰发展国民经济。以此为纽带,在蔡元培、李石曾、吴稚晖等人的努力下,众多勤工俭学学生奔赴法国,半工半读。这些行动为法国思想与制度的输入创造了条件,充分体现了中法文化的交流与互动。通过这一系列活动,伴随着留法勤工俭学和里昂—北京中法大学的扩充,在以"四老"为核心的上层力量之外,进一步壮大了留法学术力量。从 1912 年留法俭学会的建立,经过华法教育会、留法勤工俭学会,大批知识青年通过勤工俭学渠道进入法国半工半读,或者进入高等学府继续深造。1917 年 1 月,蔡元培就任北京大学校长,邀请留法学人入校执教,计有李石曾、李书华、萧瑜、林镕等人。其后在北大,留法学人势力渐增。"蔡先生组织教授会,定出教授治校的办法,因此教授就有了权。权之所在成了争夺的目标,于是马上分成'英美派'和'法日派'两大系,用团体的力量做斗争的工作。校里要请一位教员,他如是美国留学的,那么'法日派'里必定提出一个他们的人,要求同时通过;'法日派'如果先提出,'英美派'也必要这样以保持其平衡。"①北大以外,1920 年北京中法大学在西山碧云寺成立,设立服尔德学院、孔德学院、居礼学院、陆谟克学院。1921 年里昂中法大学于 10 月开学,招收了从北京、上海、广州录取的 105 名学生。自此以后,留法学人逐渐在学术界成为一支重要力量,致力于传播新知、钻研学术。

以 1902 年李石曾等人赴法为始,随着赴法勤工俭学的起落以及中法大学体系的建立,中法文化交流通过输送华工、派遣勤工俭学学生、出版报纸杂志等方式,建立起紧密的联系,取得了显著成效。"法国的学术和思想虽然在 17、18 世纪由西方一些传教士传入中国,19 世纪又通过少数留欧学生以及近代传媒,诸如报刊、杂志等,输入中国,但这些传播都有很大的局限性,而 20 世纪中法教育合作事业在促进法国学术和思想在中国的传播中所起的作用,无论是在广度和深度方面,都是以往数个世纪无法比拟的。"②虽然其时纷乱的政局未能提供一个稳定的舞台以供彼辈施展,但国民革命事业的推进以及留法人士在国民党政府中作用的日益彰显,为此后他们在教育领域开展制度改革作了铺垫。这一铺垫,体现在文化方面是思想学术的交流,反映在政治领域是领导集体的形成。通过这种文化理想与政治权力的合流,其渐与国内纷乱政局中的社会要求相呼应,共同致力于实现国家的统一与教育的独立。

（三）制度支持：国民政府的策应

教育制度改革设想的落实,在个人倡导与集体共识的基础

① 顾颉刚：《顾颉刚自传》,北京大学出版社,2012 年版,第 99 页。
② 葛夫平：《中法文化教育合作事业研究（1912—1949）》,上海书店出版社,2010 年版,第 389 页。

上，尤其需要执政力量的配合协作。"我们要认识到，浪漫主义固然能引起人的奇思瑰想，但在政治场域中实践浪漫主义，确实需要极为特殊的政治/文化资本以及相关语境的水到渠成。"①承袭法国浪漫主义之平等、自由、博爱理念以求教育独立的大学区制改革，尤其需要特殊的政治/文化资本支持。北洋军阀时期政权更迭频繁，战乱不息，教育界经费支绌，濒临破产，政府无心亦无力充实教育，惟以武力整肃而使其服从。有志于改革教育事业的蔡元培、李石曾等人在此政潮跌宕、教育破产的困境中勉力维持，努力传播新知，洗刷政治，期以协作共治的教育路径实现社会改造。其行动立场，在思想制度而非权力官位，在改造政治而非参与政治。这种取向，促成了国民政府内部权力格局的划分，为大学区制改革提供了具体操作的政治支持和现实语境。

大学区制改革所需要的政治/文化资本，建基于共同从事革命事业形成的紧密联系。"民国四老"中，善于经商的张静江资助革命甚为有力。孙中山称："自同盟会成立后，始有向外筹资之举矣。当时出资最勇而多者，张静江也。倾其巴黎之店所得六七万元尽以助饷。"②1921年蒋介石致张的手书中亦言"季陶为我益友，而公则为我良师也"③，从中可见张氏在国民党权力结构中的地位。李石曾于1906年8月通过张静江的介绍，加入中国同盟会。1909年6月，孙中山抵达巴黎并参观了李石曾创办的豆腐公司，对其赞誉有加："吾友李石曾留学法国，并游于巴氏高氏之门。以研究农学而注意大豆，以与开（万国乳会）而主张

---

① 叶隽：《异文化博弈：中国现代留欧学人与西学东渐》，北京大学出版社，2009年版，第103页。

② 孙文：《孙文学说》，华国印书局，1919年版，第152页。

③ 万仁元、方庆秋主编：《蒋介石年谱初稿》，档案出版社，1992年版，第55页。

豆乳。由豆乳代牛乳之推广,而主张以豆食代肉食,远引化学诸家之理,近应素食卫生之需,此巴黎豆腐公司之所由起也。"[1]过往相从中,李石曾积极支持革命理想,并热心参与革命活动。1912年孙中山辞去临时大总统职而就任筹划全国铁路总办,李石曾与孙中山晤谈,议定孙中山筹划全国铁路,李石曾筹划全国教育文化,通过交通、教育事业的并进而实现国家的富强。随着二次革命的失败与军阀混战的更替,以上计划都无法得到落实。至于蔡元培、吴稚晖,亦是以革命为志业,积极投身国民革命。迨至南京国民政府成立,国民党掌握国家政权后,吴稚晖、李石曾等人亦获得了施行其社会理想的舞台。按照当时分工,李石曾坦言:"蒋、谭诸公等从事军政权要,吾人则致力文化经济建设事业。"[2]在文化理想与政治权力相互纠合的场域内,吴稚晖、李石曾等人以笃行其实、不务其职的姿态进行教育改革。据曹聚仁观察:"国民党主政这二十年中,国民党的元老派,包括吴稚晖、李石曾、蔡元培、朱家骅这几位元老在内,他们似乎和当权派取得了如次的谅解:凡属于北京大学、教育部、中央研究院的人事任免,得由元老派全权做主,因此,国民政府时期,这三个文教机构,都属于北京大学的势力圈子。"[3]这些国民党元老作风、气派各有不同,但在根本观念上趋于一致,皆推崇教育之作用,以期社会之进步。蔡元培与李石曾虽然在北平大学区的设置上出现龃龉,并有派系夺权之嫌,但就倾力推动大学区制以求教育独立、学术发展的初衷而言,并无二致。

---

① 孙文:《孙文学说》,华国印书局,1919年版,第60页。

② 李石曾:《稚晖先生六十年来公谊私交之关系》,杨恺龄:《吴稚晖先生纪念集续集(逝世十周年纪念特辑)》,文海出版社,1975年版,第15页。

③ 曹聚仁:《我与我的世界》,人民文学出版社,1983年版,第485页。

通过北伐，国民政府由囿于两广一隅而执掌中枢，获得合法政府的地位，也开启了政权鼎革之后的制度建设进程。教育方面，立足以党治国方针，国民党的"党化教育"思想在北伐前后渐趋发达，训练学生而为一党之用。1925年1月，广东国民党中央执行委员会致函广东大学："服务教育机关之职员有入党必要，……一、所有该局（教育局）职员，均劝令一个月内加入本党，逾期不入者须提出正当理由。如有决意反对本党主义者，应分别撤换停职。二、暑假后所有市立学校校长应以党员为必备资格，所有教职员应尽先聘用合格之党员等因，随将决议函转省署令行教育厅，分别咨令各教育机关，遵照办理在案。"[1]其意图，不外以教育作为党的事业，通过对教育的控制达到统一思想、巩固政权的目的。1926年2月广州国民政府设立的教育行政委员会，实际承担了掌管中央教育机关、指导地方教育行政的职责，其方针政策亦以"党化"为方向。1927年4月，南京国民政府成立，增派蔡元培、李石曾和汪精卫三人为教育行政委员会委员。经此变动，钦慕法国大学区制的国民党元老蔡元培与李石曾以教育改革实践其教育理想，而教育制度建设之取向也随之更易，力求通过大学区制避免政治的纷扰而求得教育的独立。国民党中央执行委员会政治会议于1927年6月7日通过了蔡元培提出的变更教育行政制度案，"以大学区为教育行政之单元，区内之教育行政，由大学校长处理之。凡大学，应设研究院，为一切问题交议之机关"[2]。由此，拉开了大学区制改革的序幕，也启动了以"学治"代替"党化"的初步尝试。

---

[1]　舒新城：《民国十四年中国教育指南》，商务印书馆，1926年版，第323页。

[2]　蔡元培：《提请变更教育行政制度之文件（1927年6月7日）》，高平叔编：《蔡元培教育论著选》，人民教育出版社，2017年版，第542页。

考察这一过程，从"党化教育"向"教育独立"之转折，一方面可以归因于南京国民政府初期的内部斗争在教育领域造成的权力真空；另一方面也是由于蔡元培、李石曾、吴稚晖等人从其教育理念出发而进行的积极努力。他们无意参与实际的政治斗争，将关注点置于教育改革和社会改造层面。其努力的集中体现，即是大学区制的试行。文化理想与政治权力的结合，促成了新一轮教育制度改革政策的出台。

（四）时代呼声："教育独立"的社会思潮

教育改革的实行，始终立足于现实情境的要求和制度改造的需要。其时，政治与经济问题干扰着教育事业的正常运作。1924年5月北京政府为了解决北京高校的经费问题召开内阁会议，通过发行特种国库券100万元为北京八所国立专科以上学校经费。9月北方发生战事，此款被拨归军用，北京国立八校又因经费无着，延期开学。舒新城对此表示："社会为一种有机组织，各种活动都相互有间接或直接的关系。年来教育独立之声已盈溢耳中，但实际上姑无论现在紊乱的中国，教育几完全为政治活动之附属品，即政治清明，教育亦不能不受政治底影响，不过其程度有差异而已。"①面对教育事业的发展困难，有识之士忧心忡忡："中国的教育已快到破产的时期，也不全是杞忧罢。从改建学校以来，中国的教育，现在总算最危险了！试就北京、武昌、上海、广州几个大都会加以考查，教育界不是奄奄一息，就是空泛虚浮，这不是很可怕的危机吗？"②有鉴于此，全国各地纷纷要求教育经费独立，保障教育事业，摆脱生活与政治方面的压

---

① 舒新城：《民国十四年中国教育指南》，商务印书馆，1926年版，第1页。
② 刘薰宇：《中国教育的危机》，《教育杂志》，1927年第1期，第1页。

迫。其时由经费缺乏引发的制度反思,形成了教育改造与政治改造并进的认识,催生了"教育独立"的时代诉求。

"教育独立"思想的形成发展,始终伴随着经济上的匮乏与政治上的动荡。作为上层建筑的教育事业,无法脱离政治而存在。在兵灾政争不断、政权更迭频繁的社会情境中,学校师生既受压迫,教育政策时无定见,于纷乱中求中立,自是题中之义。"教育界觉得政府之不可靠,于是有'教育经费独立'的要求。后来因宗教及政党问题在教育上引起种种纠纷,于是乃由教育经费独立,推广及于教育离政治宗教而在立法上行政上完全独立。概括说来,教育独立的思想是由于'政教冲突'而产生。"[①]倡言者基于时代乱象,希望在经费来源和制度保障方面,形成教育独立于政治和宗教的态势。早在1912年蔡元培就区别了"隶属于政治者"和"超轶于政治者"的两种教育类型。1922年他更是旗帜鲜明地提出了《教育独立议》:"教育是帮助被教育的人,……不是把被教育的人,造成一种特别器具,给抱有他种目的的人去应用的。所以,教育事业当完全交与教育家,保有独立的资格,毫不受各派政党或各派教会的影响。"[②]主编《教育杂志》的李石岑当年亦发表《教育独立建议》,主张教育经费与教育立法、教育行政皆行独立,"鄙意在今日研究此问题,首在教育行政机关根本改造。改造之法,在中央废除教育部,在地方废除教育厅,……盖今日国情需要,在联邦,不在单一;教育尤在因地制宜,不可执

---

① 　舒新城编:《近代中国教育思想史》,中华书局,1929年版,第258页。
② 　蔡元培:《教育独立议(1922年3月)》,高平叔编:《蔡元培教育论著选》,人民教育出版社,2017年版,第397页。

一以范全国"。[①] 以上议论，为制度改革提供了舆论上的准备。

南京国民政府前期的全国教育事业，处在战乱与破产的窘困境地，因压迫而生独立的要求，由反思而有改革的愿望。前者基于生存的考虑，形成了"教育独立"的时代呼声；后者立足发展的前瞻，热衷于"大学区制"的借鉴引进。内部的改革需要和外在的制度吸引，通过蔡元培、李石曾等国民党元老的积极倡导，得以在政局甫定之际，以大学区制改革的形式正式确立。这两大愿望的合流，也为南京国民政府成立后开展教育改革提供了现实操作的必要性与可能性。

二、大学区制的起落

经过长期的组织和酝酿，随着南京国民政府的成立，教育制度改革正式展开。在政局不靖、地方割据的中国情境中，吸收苏俄政治理念的国民政府采取法国大学区制的教育独立改革，本身就存在矛盾与冲突。但是，"当时国民政府方以全力应付军事，对于教育事业，尚无具体计划，余与李、张、吴诸先生以教育不可无主管机关，又不愿重蹈北京教育部以官僚支配教育之覆辙，因有设立大学院之主张"[②]。通过文化理想与政治权力的结合，蔡元培、李石曾等人开始大学区制在中国的尝试。观察当时的社会环境，其理想设计与现实情境之间可谓悬隔甚远。

（一）制度的设想

大学区制的设想，民国初期即有初步的规划。1915 年颁行

---

① 李石岑：《教育独立建议》，教育杂志社编：《教育独立问题之讨论》，商务印书馆，1925 年版，第 1 页。

② 蔡元培：《关于大学院组织之谈话（一九二八年四月十二日）》，高平叔编：《蔡元培全集（第五卷）》，中华书局，1988 年版，第 216 页。

的《特定教育纲要》拟议将全国教育加以分区,"高等师范学校,应由教育部统筹全国定为六师范区,于其区内就适宜地点各建一校,其经费由部款支出。……大学校,全国定为四区,就适宜地点建设,由部款支出。……每区设大学一所,每校分科,暂不必六科皆备,以互相辅益为主。六科之中,应以理、工、医、农为先,文、商次之,法又次之"。[①] 这种区域划分的设想,立足我国幅员辽阔、地区差异显著的实际情况,希望通过这种制度安排促进教育发展,兼顾内地需要。1923 年 11 月,留法归来的周太玄发表《我国教育之集中统一与独立》,主张以法国大学区制为依据,将全国划为十学区,"每区择适中及重要地点,设一区学院、一国立大学及一区教育会议,综理一切高等教育、中级教育、国民教育、社会教育、平民教育及其他特种教育等等。各区学院及大学,均统属于教育部;但其内部组织及更改,则应有最高教育会议将其议定之条例,交教育部颁布执行之"。[②] 种种设想,皆从区域发展角度出发考虑高等教育的统筹规划与分区发展问题。

1927 年 6 月 4 日,国民政府教育委员会向中央政治会议提交了由蔡元培等人领衔的呈文,请求变更教育行政制度。经过讨论,国民党中央政治会议审议通过该项提案。1927 年 7 月国民政府正式颁布《大学区组织条例》,规定"全国依现有之省份及特别区,定为若干大学区,以所在省或特别区之名名之,如浙江大学、江苏大学等。每大学区设校长一人,总理区内一切学术与

---

① 《特定教育纲要(1915 年 1 月 22 日)》,璩鑫圭、唐良炎编:《中国近代教育史资料汇编·学制演变》,上海教育出版社,2006 年版,第 767—768 页。

② 周太玄:《我国教育之集中统一与独立》,《教育杂志》,1923 年第 11 期,第 6页。

教育行政事项"。① 从制度构想到提案通过，一种制度上的吸引
在价值理念方面表现为摒除神权、君权的法国制度与民国建国
理念的契合。对于经历多次封建复辟、尊孔读经的中国社会而
言，结束军阀割据造成的混乱必须由军事而达政治上的统一，确
立民主共和的理念需要通过教育而致思想上的更新。如前所
述，随着北伐的推进，蔡元培、李石曾、吴稚晖等热心教育的民国
元老，将个人的文化理念与国民党的政治权威相结合，响应国内
教育界的"教育独立"思潮，从而在部分区域开展了大学区制的
制度试验。

　　按照大学区组织条例，全国依据省份和特别区定为若干大
学区，以所在省或特别区之名命名。每大学区设校长一人，总理
区内一切学术与教育行政事项。就组织机构而言，大学取代教
育厅行使行政与学术职能。其下设机构，包括作为地区立法机
关的评议会、办理行政事务的秘书处、作为大学研究专门学术最
高机关的研究院，以及负责不同教育阶段的高等教育部、普通教
育部和扩充教育部。这种制度设计的初衷，一则力矫"行政制度
之不良"而造成的大学教育之纷乱与一般教育之不振；再则期求
"设施教育得有学术之根据"。② 以上两旨，前者从时局混乱导致
的教育破产出发，侧重制度的重建；后者从教育结构内部的衔接
配合入手，关注发展的需要。对于中国教育而言，外部军阀混战
导致经费不足、人事变动频繁；内部结构不合理导致大中小学教

---

① 《大学区组织条例》，宋恩荣、章咸编：《中华民国教育法规选编（修订版）》，江
苏教育出版社，2005年版，第62页。

② 《国民党中央政治会议关于以大学区为教育行政单元咨（1927年6月7
日）》，中国第二历史档案馆编：《中华民国史档案资料汇编·第5辑·第1编·教育
（一）》，凤凰出版社，1994年版，第23—24页。

育的衔接和布局堪忧。1912年，时任教育总长的蔡元培与次长范源濂即就发展教育事业的先后次序进行过一番讨论。范源濂提出："小学没有办好，怎能有好中学？中学没有办好，怎能有好大学？所以我们第一步，当先把小学整顿。"蔡元培则坚持："没有好大学，中学师资哪里来？没有好中学，小学师资哪里来？所以我们第一步，当先把大学整顿。"①大学区制的提出，则以分区大学统摄地方教育事业，既可有统筹规划之布局，又可收行政学术之统一，可谓化解教育发展次序矛盾的积极尝试。此外，独立于官僚体系之外的大学区制，同样着力于解决大学资源和学术自由的问题，积极回应了民国时期"教育独立"的社会诉求。大学区制谋取教育经费独立和教育行政自主的尝试，体现了蔡元培等人在政局紊乱的情境中维持教育独立健康发展的良苦用心。一个对外独立、对内融通的教育制度改革，由此登上中国教育舞台。

由于当时国民政府实际控制范围有限，因此先期通令在广东、浙江、江苏三省试行。由于广东申请暂缓，经教育行政委员会商讨，"惟广东方面，中山大学由广大改办时筹备近年，成立未久，一旦改制，未免变更太速，且现距下学年开学不远，筹备亦恐不及，似应照原提案人建议，准其暂缓实行"②。随后，在重新改组东南大学和筹建浙江大学的基础上，江苏与浙江正式开始大学区制的改革试验。由于北京当时仍为奉系军阀掌控，其施行尚在其后。

---

① 崔志海编：《蔡元培自述》，河南人民出版社，2004年版，第85页。
② 《教育行政委员会关于广东暂缓试行大学区制呈》，中国第二历史档案馆编：《中华民国史档案资料汇编·第5辑·第1编·教育（一）》，凤凰出版社，1994年版，第30页。

　　大学区制改革以大学作为教育行政机关，力图实现学术研究与教育管理的统一。这种以法国模式为范本的尝试，以大学为核心，统摄小学、中学教育以及教育行政事业。其立意，是希望在经费匮乏、结构失调的教育领域建立统筹规划、互动沟通的独立教育体系。它以经费独立为基础，以行政独立为手段，强调"教育科学化、劳动化、艺术化"。这种制度改革尝试将大学、中学、小学纳入统一的大学区范围之内，进而通过教育学术研究与教育具体实践的结合，将研究成果迅速地应用于实际，并将教育实践中的问题通过学术研究的方式加以解决，避免不同学习阶段之间的错位，可谓立意深远。

　　大学院和大学区的层级结构，形成了从中央到地方的独立教育体系。中央的大学院统一领导全国教育行政和学术研究。地方废除教育厅，不同省区分别设置一所大学管理全区的教育文化事业。对于受政潮战乱影响的中国教育而言，这种制度设计，是希望在教育行政领域内实施专家治理模式。1879年担任法国第三共和国公共教育部部长的费里曾向议会提交一份涉及公共教育最高审议会的法律草案，强调"这是一个旨在改进国民教育的重要的委员会。为了使最高审议会名副其实，首要条件是它必须拥有能胜任者，而且必须属于教育界"。[①] 参照法国的大学区制改革，对浸润官僚文化日深的中国教育界，无疑产生巨大的冲击。它改变了教育系统内部的利益分配格局和集团力量对比，同时也在分区发展高等教育事业方面进行了积极尝试。

---

　　① ［法］米诺：《第三共和国历届教育部长的事业》，张人杰译，瞿葆奎主编，张人杰选编：《教育学文集·法国教育改革》，人民教育出版社，1994年版，第18页。

（二）实施的波折

大学区制改革在制度和观念上对既有的教育制度产生了重大的触动。为了避免行政干预，协调各级教育，这种制度设计以独立的大学院作为中央教育行政机构，以大学区内的大学进行地方教育事业的规划和管理，强调大学在学术研究和行政管理方面的双重职能，凸显了大学作为地方教育事业发展中枢的作用，兼及区域教育发展的特殊性。但是，就教育系统自身而言，作为一个复杂的综合体，处于不同立场的利益主体都有各自不同的考量。处在大学区制核心的大学由此成为不同利益集团竞争和各种矛盾冲突的焦点。与此同时，大学又负有指导基础教育和社会教育的使命，从而给大学增加了额外的行政负担。这一困境，既有高等教育特别是大学自身发展需要解决的问题，例如中央大学的易名风波和北平大学的合并风潮；同时包括了高等教育发展与其他教育阶段之间的冲突，如中央大学区中等学校联合会由于大学区制忽略中等教育而请求设法变更制度的诉求。考察这一过程，有助于深入理解大学区制改革在制度引进中所进行的取舍以及制度落实时所遭遇的困境。

按照《大学区组织条例》，大学区以所在省或特别区之名命名。率先实施大学区制改革的浙江、江苏两省，开始大学的改组和机构的重置。当时为了纪念孙中山，各地大学皆以中山为名，先后有了广州国立第一中山大学、武汉国立第二中山大学、杭州国立第三中山大学、南京国立第四中山大学、开封国立第五中山大学，以及设于海外的莫斯科中山大学，同时甘肃、广西也在积极筹办中山大学。为了避免名称上的混淆和切近大学区制的安排，根据蔡元培的提议，各地中山大学一律以所在地命名，只保留广州中山大学以示对孙中山的纪念。这一消息发布，首先引发了以大学命名争议为焦点的江苏大学区风潮。之前，国民革命军占据南京后，以东南大学为首的江苏省内九校被合并改组为综合性的"首都最高学府"——国立第四中山大学。随着大学区的建立，第四中山大学理当更名为"江苏大学"以符合制度要求，各方对此皆表不满。学生组织"改定校名请愿代表团"，声称"江苏素称富庶之区，而南京实为人文之薮。况今者党治恢宏，新都肇建，全国人才，咸集于斯，学术中心舍斯奚属"①，强烈要求更改校名为"国立南京大学"，以示脱于一省之囿而为首都大学、学术中心之地位。由于大学院置之不理，学生继续组织请愿，寻求支持，甚至于1928年4月13日抬着"江苏大学"校牌游行至大学院请愿，蔡元培斥之以儿戏举动，引发更大规模的抗议。面对风潮，吴稚晖提议以"首都大学"之名作为缓冲。消息传出，各方认为以吴稚晖之地位，"首都大学"之称谓恐将为事实。但又有国民党江苏省委员马饮冰主张更名"中央大学"，以为"中央二字，何等冠冕，何等堂皇，故吾国人不欲造成全国之中心学府则已，否则，除该核正名为中央大学也，实别无相当之名称"②。这番变动，体现了"大学之名不单纯地反映出字面的含义，背后更多反映出不同主体对这所大学的地位、前途的意识和定位的差异"③。当中央大学形势初定，平津地区由于大学区制改革引发的合并风波，再度来袭。

　　1928年6月初，国民革命军进逼北京，张作霖政府倒台。为

---

① 《四中大学生对更改校名意见》，《民国日报（上海版）》，1927年12月24日，第4版。

② 马饮冰：《读分区大学问题余议后》，《民国日报（上海版）》，1928年4月26日，第4版。

③ 许小青：《政局与学府：从东南大学到中央大学（1919—1937）》，中国社会科学出版社，2009年版，第125页。

了恢复平津地区遭受摧残的教育事业,国民政府大学院院长蔡元培特派高鲁等人接收北京文化教育机构。自此,华北地区的高等教育进入新一轮的调整。作为大学区改革主导人物的李石曾出于统一北方文教事业的立场,倡设北平大学区。彼时,他创办了中法大学等教育机构,被称为"中法系"。同时,他利用教育款掌控中国农工银行、收购成舍我《世界日报》为其言论机关、收买上海世界书局股份并自任发行人,如果再掌控北平大学区,就可以主导北方的教育权。[①] 1928 年 7 月 19 日,国民政府会议议决:北平国立各校合组为国立中华大学,以李石曾为校长。8 月 16 日,大学院大学委员会开会讨论北平大学区案。蔡元培鉴于苏浙两省试行大学区制后问题甚多,而北平大学区的设立又与他原来主张实行大学区制的思想相背离,因此表示反对。而李石曾一方则极力推行,"谓大学区制为世界最良好之教育制度,江浙试行之无良果,乃办理者不得力,且谓石曾先生对此案决不让步"[②]。会议最终通过了李石曾提出的《北平大学区组织大纲》,议决设立北平大学区。翌日,蔡元培呈文辞去本兼各职以示"不合作"态度,未被接受。9 月 21 日,国民政府议决国立中华大学改称国立北平大学,包含北京大学等各校,并通过北平大学区组织大纲,管辖河北、热河两省,北平、天津两特别市。大纲草案由李石曾代表大学院大学委员会列席国府会议加以说明,将北平大学预算经费定为每月国币 30 万元,暂以十分之一为研究院经费。于是北平研究院和北平大学的设立遂在国民政府会议上获得通过。其后国民政府任命李石曾为国立北平大学校长,

---

① 吴范寰:《李石曾与北平大学区》,全国政协文史资料研究委员会编:《文史资料选辑·第 34 辑》,中国文史出版社,1980 年版,第 16 页。
② 《蔡元培辞职离京》,《申报》,1928 年 8 月 18 日,第 3 版。

李书华为副校长,合并前北京国立学校及天津国立北洋大学为国立北平大学,设大学委员会北平分会为国立北平大学最高审议机关。

合组国立中华大学的决议传出,激起北平各校不满。北京大学师生从 1928 年 6 月北伐成功之时,即组织复校委员会,以恢复北大原有的名称及组织为目的。11 月 20 日,李石曾离开南京北上,引发激烈的反抗风潮,尤以北大为甚。北大学生早于 11 月 17 日即宣布停课护校,并发布宣言:"北京大学之有特殊情形,完善组织,及历史上之成绩,国际间之地位,而允宜独立。北平大学区之因人设制,易使学阀把持,学术官僚化,及顾此失彼,弊端百出,破坏全国教育行政统一,而应受反对。"[1]斗争矛头直指李石曾。为了表达意见、体现护校决心,北大学生在复校委员会的领导下,于 11 月 29 日举行了游行示威:

> 上月二十九日下午一时,北大学生会,召集学生举行游行示威运动,参加者约百余人,至二时许,抵怀仁堂西四所北平大学校长办公处,当将该处全部捣毁。事先外间本有北大学生将捣毁办公处之传说,因该校当局,深信大学学生,均有相当修养,且绝不愿借用军警力量,故学生抵校时,毫无抵抗,仅于二十分钟以内,即将各屋捣毁完毕,计正房东房客室门房约五尺方三分厚之玻璃,均全成粉碎,一切陈设,均被砸毁,文书簿籍,狼藉满地。大学委员会北平分会,及北平大学校长办公处两招牌,亦碎成数段。……学生离办公处后,复至干面胡同李煜瀛宅,大学夹道李书华宅,因

---

① 《北大复校运动发表宣言》,王学珍、郭建荣主编:《北京大学史料第二卷:1912—1937(上册)》,北京大学出版社,2000 年版,第 53 页。

警备司令部已闻讯赶往弹压，故仅将李书华宅捣毁一部分而去。[①]

12月1日，李石曾派军警数百人，保护接收人员往北大接管，亦被武装学生赶走。教育部为此致电北京大学："查大学区制，为革新教育之一种试验，系奉中央明令颁行，其有无流弊，自非推行以后，非便遽判，乃以少数学生公然反对，自非有所误会，即属别有作用。……北方大学区制试自北平，亦欲以前北京大学之精神，行远自迩，融会北隅，各校离合，乃以人才财力制度，互为准绳，惟宜是适。"[②]蔡元培与蒋梦麟亦出于故旧感情规劝学生，力求风潮妥善解决。值此混乱之际，吴稚晖致函李书华，提议"将北大旧有三院，加一'北大学院'名义，及由副校长兼任北大学院院长，以示保留北大独立性质"[③]。虽然北平女子大学、北平师大、北洋大学持续反对合并，国立北平大学最终得以建立。其组织架构，"后经中央略变原定计划，最后乃改组为学院十一，附校五；其名称次序则：一、北大学院；二、法学院；三、第一工学院；四、第二工学院；五、第一师范学院；六、第二师范学院；七、农学院；八、医学院；九、女子学院；十、艺术学院；十一、俄文法政学院；十二、附属中学；十三、附属女子中学；十四、附属小学；十五、附属女子小学；十六、附属蒙养园"[④]。北平大学校长由李石曾担

①　《北大办公处被毁详情》，《民国日报（上海版）》，1928年12月6日，第3张第4版。

②　《风波突起之北大》，《教育杂志》，1929年第1期，第179页。关于该时期大学风潮的详细研究，见许小青：《北伐前后北京的国立大学合并风潮（1925—1929）》，《中山大学学报（社会科学版）》，2010年第1期。

③　李书华：《李书华自述》，湖南教育出版社，2009年版，第59页。

④　国立北平大学校长办公处：《国立北平大学一览》，北平震东印书馆，1932年版，第2页。

任，李书华任副校长。至此，国立北平大学组织架构系统完备，自成一体，但缺乏协调与沟通的校际改组，在经费、人事以及大学传统方面的冲突，进一步加剧了平大院系之间的纷争和矛盾。

高等教育内部纷争之外，教育机构改革造成的大学院、大学校体制与教育部、教育厅系统的隔阂，早在北平大学区建立之前即激发了冲突与矛盾，中等、初等教育界因为大学区偏重高等教育也发出反对的声音。1928年8月国民党二届四中全会上，经亨颐等人即在会议上提交了《设立教育部案》，反对借官僚腐败而改部设院的制度安排，集中反映了时人对大学区制的不同意见。其理由：

（一）官制不统一；

（二）大学院制其精神为人才集中，程度提高，但与普及教育本旨不合；

（三）学术与教育是两项事，大学非教育，教育行政机关不是专管学术；

（四）大学制本是试行，据目前事实试验之结果，可谓专注重学术，忽视教育；

（五）小学迁就大学，国民经济能力不足，初小教育基础落空，与本党儿童本位之旨大相违背。[1]

基于以上考量，经亨颐等人力主废止大学院，重设教育部统筹全国教育。争议声中，教育行政方面的龃龉和不同教育群体之间的矛盾，使得大学区制在具体实施时，遭遇到极大的阻力。

---

[1] 《经亨颐等在国民党二届五中全会上提请设立教育部案》，中国第二历史档案馆编：《中华民国史档案资料汇编·第5辑·第1编·教育（一）》，凤凰出版社，1994年版，第47页。

从教育行政角度来看,以大学院和大学为核心的教育管理系统,虽然立意高远,但是与传统官制不符,同时涉及观念的冲突。蔡元培为求"教育独立"而推崇专家治教,但在经亨颐看来,就学理言,"科学家即教育家,不承认教育本身为科学";从行政说,"教育机关自有教育机关的本职,绝非是仅仅提倡学术、提高程度,便算尽其能事。教育行政方针,不尚专精而尚普及,不在最高学府而在最低学地"。如此观照,"故大学院制,可谓科学霸占教育制"①。郭春涛等人亦提交撤销大学院改设教育部的提案,对于"中华民国大学院"的名称,"窃以为此种不伦不类之名称,对内对外易起人疑。盖以大学院而冠以'中华民国'字样,究竟隶于国民政府乎? 抑独立于国民政府之外乎? ……古云:'名不正则言不顺。'故中华民国大学院有改为国民政府教育部之必要。"②从名义到职能,作为中央教育行政管理机关的大学院,自始至终都备受争议。

地方行政层面,大学作为大学区的核心,总理大学区内一切学术与教育行政事宜。立足学术和研究的顶层设计,其试图沟通三级教育系统,并实现教育问题的专业研究和专家管理,但事实上造成了高等教育与基础教育之间地位的不平衡,引发各地抗议,其中以中央大学区的反对最为激烈。1928 年 6 月中央大学区中等学校联合会向教育部提交大学区制忽略中等教育的呈请,认为"吾苏试行大学区制一年,于兹教育行政之重心,系于大

　　① 《经亨颐等在国民党二届五中全会上提请设立教育部案》,中国第二历史档案馆编:《中华民国史档案资料汇编·第 5 辑·第 1 编·教育(一)》,凤凰出版社,1994 年版,第 45 页。
　　② 《郭春涛、刘守中等在国民党二届五次全会上提议撤销大学区改设教育部案》,中国第二历史档案馆编:《中华民国史档案资料汇编·第 5 辑·第 1 编·教育(一)》,凤凰出版社,1994 年版,第 47—48 页。

学，各级教育事业同受一系之羁勒，故大学一起变动，凡中小学校及地方教育莫不为所牵制，而呈杌陧不安之状。此其贻害于党国前途至深且烈"①，并以易受政潮牵涉、行政效率低下，特别是经费不公问题为理由，要求尽快停止大学区制。

在各方持续反对之下，1929 年 7 月 5 日教育部令北平、浙江两大学区限于当年暑假内停止，中央大学区限于当年底停止，大学区制改革至此宣告结束。大学区制改革作为中国教育制度演进过程中的重要一环，体现了时人借鉴、输入欧美制度的努力，自有其理论与实践的价值。"民国大学院与大学区制改革可谓是中国传统学术文化选择并试图深度融合西方学术文化的必然结果。从德国的纯粹理性，到美国的实用主义，再到法国的工具理性，清晰地显示了这种文化选择的历史逻辑。"②尤可关注者，是为制度层面的突破。此番"以学治教"的改革尝试，与此前国民党"以党治教"的方针相悖，却在南京国民政府初期取得优势并得以实施，首次在教育制度层面为"教育独立"提供了保障。个中缘由，首先在于李石曾、吴稚晖、蔡元培等人以改造社会为己任，从法国革命精神与无政府主义理论中寻求思想资源，以期实现教育独立的理想；通过面向海外而着眼国内的改革取向，借助政治联合的操作方式，他们获得了开展改革所需的政治/文化资本；当这种改革愿望与"教育独立"的社会思潮合流，新制度的推行也就具备了一定的社会基础。虽然因时代条件的限制以

---

① 《中央大学区中等学校联合会关于大学区制忽略中等教育请设法变更呈》，中国第二历史档案编：《中华民国史档案资料汇编·第 5 辑·第 1 编·教育（一）》，凤凰出版社，1994 年版，第 39 页。

② 茹宁：《民国大学院与大学区制改革的价值重估》，《高等教育研究》，2013 年第 2 期，第 85 页。

及改革自身存在的问题，大学区制的改革努力功亏一篑，但其分区发展和教育独立的制度设计，为此后的改革提供了实践的例证与观念的铺垫。

第三节　国立北平大学的建制

随着大学区制的结束，立意高远的教育改革改弦更张。"教育学术化"与"学术研究化"的改革预设，以教育部的重新设立和各省教育厅的恢复为标志，无果而终。蔡元培、李石曾设想的高等教育分区发展的尝试，也未能取得预期效果。这场轰轰烈烈的改革成果之一，即是在纷繁扰攘中建立了国立北平大学。"北平之能成为文化教育区域，是由于北平的好些文化教育机关的努力所致。北平大学即是其中之一，它并且是中国教育制度革命的产物。"①北平大学的频繁分合与人事变动，体现了北平大学区制在平津地区实施的波折，反映了院校合并引发的校际张力。随着高等教育制度的逐渐稳定，平津等地高校云集的现象开始受到社会的批评，引发了关于高等教育区域分布格局的思考。从国立北平大学的组织变迁和院系文化着眼，可以更加深入理解北平大学的办学实绩，以及此后变动的历史远因。

一、北平大学的组织变迁

北平大学的艰难建立，透露了宏观制度层面改革在具体院校合并过程中的困难。如前所述，李石曾致力于北方地区的社会改革与教育事业，在江浙试行大学区困难重重的情况下，仍然

---

① 宇维：《介绍北平大学》，《世界日报》，1945年9月29日，第4版。

极力倡导北平大学区的建设。为了回应反对之声，国立中华大学先是更名国立北平大学以合于大学区制，后设置北大学院以示北大的独立性质。经过反复的斗争与妥协，最终合并改组了北平国立九校及外交部俄文法政专门学校、天津北洋大学、保定河北大学，建立了具有十一个学院和五所附校的国立北平大学。其规模宏大，用意深远：

> 我们以为首都既在南京，北平应为教育与学术重心。推行大学区制的目标，即以北平国立学校与天津北洋大学原有人才和设备，加以充实和扩大，使成为一个完善而合理的大学，负起大学教育与学术研究的责任。同时使河北高等教育与北平高等教育发生联系，一面使北方普通教育与高等教育亦得以彼此衔接。[①]

这一立足北平大学区制改革的校际合并，随即改变了平津地区的高校格局。初建的北平大学依托雄厚的政治资源和庞大的学校规模，一时与同样经过整合的中央大学南北呼应，成为故都与新京的大学典范。然而，北平大学校区地理位置分散，"由于北平大学是一个组合体，没有独立、集中的校园，北平大学各个学院校区众多，广泛分布在北京城内的各个地方，历史上北平大学校舍也经常搬迁，许多校舍借用王府、寺庙甚至民房开展教学活动"[②]。此外，北平大学各学院历史传统的差异，导致平大没有因为外部形制的统一而实现组织内部的融合，反而由于合并各校之间地位的不对等，形聚而神散。"该校既为法大等校的集

---

① 李书华：《李书华自述》，湖南教育出版社，2009年版，第92页。

② 白欣、张志华等：《国立北平大学历史地理遗迹探考——为西北大学110周年校庆而作》，《西北大学学报（自然科学版）》，2012年第1期。

合体,故各院的历史长短不同,其各院行政,亦完全独立。校长办公处,除对外发生作用外,对于各院绝不加干涉。"①合组之初,北京大学师生因北大历史上之成绩与国际上之地位,对合并力持反对态度,以为如兼并他校或可考虑,但与他校合并则实难从命。因此北平大学建校初始,北大学院就以其独立的姿态存在,实为推行大学区制的权宜之计。此外,北洋工学院、北平师范大学等校也时存分离之心。

大学区制改革的宣告结束,引发北平大学内部院校的独立诉求。1929 年 8 月 7 日行政院会议议决:国立北平大学研究院改为国立北平研究院;国立北平大学北大学院改为国立北京大学,国立北平大学第一师范学院改为国立北平师范大学;国立北平大学第二工学院仍令划出独立,并组织国立北洋大学筹备委员会(筹备期间称为国立北洋工学院)。国立北平大学艺术学院改为国立北平艺术专科学校。国立北平大学本部剩余各学院合组为一个新的国立北平大学。此后,北平教育界学潮复起,北大、师大以外各校也纷纷要求复大独立。对于此项呼声,时任教育次长的马叙伦表示:"各校请求改大,教部以其与大学条例不符,碍难允许。至要求独立,只须至相当时期,由教部考察斟酌,当可办到。查大学条例,独立学院与大学同等,不过内容所包含不同而已。"②依此拒绝了各校的复大请求。

以十二所校院合并为始,继之以五大一院的分立告终,此次大学合并与改组历程,固然由于政策失误导致的院系叠加未能实现质量提升,究其根本则是强制性的大学合并没有顾及大学

---

① 《国立北平大学》,新晨报丛书处编:《北平各大学的状况》,新晨报出版部,1930 年版,第 84 页。

② 《马叙伦谈北大复校运动》,《申报》,1929 年 9 月 2 日,第 11 版。

的历史传统及其自身诉求。组成北平大学的关涉校院，北京大学、北平师范大学、北洋大学以其深厚的历史传统和领先优势，不接受学校从名称到形制的散失，并较之其他各校具有办学上的优势。传统上的优势大学，"它们有其他院校所没有的权力或特权，通常包括较多的院校自治，可以控制自己的预算，拥有授予某些学位和证书的权利；它们比其他院校有更多的资源和物质资助；它们的招生标准和学位要求一般来说也比较高"①。以上各校，其声誉名望和学术地位，皆可独当一面，当然不甘丧失其独立地位，最终实现了复校的目的。艺术学院拟设国立艺术专门学校，因学生反对，教育部下令暂时隶属北平大学。经此变动，截至 1930 年 4 月，国立北平大学乃由法学院、工学院、农学院、医学院、女子师范学院、女子学院、俄文法政学院与艺术学院八个学院组成。

此后，随着政策的进一步调整，1931 年 2 月教育部令女子师范学院及其附属学校与国立北平师范大学合组，女子学院改称女子文理学院。1932 年教育部令俄文法政学院改称商学院并招收商科新生，其后令艺术学院即行结束，单独筹办国立北平艺术专科学校。至 1933 年，北平大学基本完成了合并以来的校际整合，形成了六学院一附校的组织结构，即女子文理学院、法学院、医学院、农学院、工学院、商学院和附属高级中学。1934 年，教育部令平大法学院与商学院合组成为法商学院，至此形成了全面抗战之前北平大学五学院一附中的组织结构。

作为北平大学区制改革的余绪，北平大学的组织结构变迁

①　[美]伯顿·克拉克编：《高等教育新论——多学科的研究》，王承绪等译，浙江教育出版社，2001 年版，第 132 页。

纷繁，体现了教育制度改革对关涉大学的冲击以及大学对此的应对。通过考察这一过程，可以管窥院校合并中相关学校的不同反应，从而在高等教育分层理论的立场上认识和理解高校地位和院系自治问题。北平大学的内部变迁，为此提供了鲜活的例证。这种不加区别的合并，终于造成了其内部的分裂，也影响了其学科特色的彰显与学术地位的确立，进而使其始终呈现出松散联合的方式，无法实现学科之间的交叉融合。同时，由于因袭此前各校的院系建制，北平大学的系科设置亦存在重复建设、各自为政的问题，也使其成为此后国民政府教育整顿的对象。

二、北平大学的组织文化

北平大学的各组成院系，经由专门学堂改为专科学校，并于20世纪20年代升格为大学，具有悠久的历史和显著的特色。"它所包括的几个学院与其他各大学多不相同，而另具特色，譬如女子文理学院，在中国各大学中专为女子设立一个学院仅北平大学有。法商学院（以前是法学院，后教育部令俄文商学院合并）可以说是研究新兴社会科学唯一的学院。而且又是全中国学习俄文唯一的最高学府。农学院在北平各大学中仅只北平大学有，这些都是北平大学的特色。"①虽然名义上处在统一管理之下，北平大学的各院系实际仍然具有较大的自主性和独立性，形成了以学院为单位的学校运作机制。"1933年进入工学院时，北平大学校部在中南海西门内，所属的工学院、农学院、医学院、法商学院、女子文理学院位置极为分散，各学院独立性很强，校部

---

① 《北平各大学介绍》，《舒城旅平学会会刊》，1937年第1卷，第68页。

很少过问。"①由于定位的不同，北平大学各学院呈现出了截然不同的特色。从制度性的纷乱变更转入日常性的学术生活，通过考察各学院的院系设置与师生生活，不同学院的学术取向与风格特色，有助于加深对北平大学的了解与认识。

（一）女子文理学院

北平大学女子文理学院的前身为1925年8月设立的国立女子大学，随着政局变动先后改组为国立京师大学校女子第二部、国立北平大学文理学院分院、国立北平大学女子学院。1931年2月学校奉部令改为北平大学女子文理学院，下设文史系、哲学教育系、经济系、数理系、化学系和音乐专修科、体育专修科，范文澜担任院长。其办学历程，"当中迭经险阻，日在风雨飘摇中；幸赖学生家长会与学生奔走呼号，竭力协助，及当局之坚忍卓决（绝），惨淡经营；虽屡经颠仆而终莫能摧毁而遏抑之"②，得以持存不息。

女子文理学院的特殊定位，使其以培养学校教师及贤妻良母为旨归，风气平易纯良，学生静思好学，并没有贵族化的习气，于生活中朴实，在学习上投入：

> 每当檐前小鸟唱出黎明之歌的时候，那满浴着清晨的气氛的校园里，在假山旁，在树荫下，在石凳上，就点缀着不少的人影。外国拼音字的音调，从每个嘴唇中迸出来，和小鸟们的歌声交相酬应，一个是在背诵雪莱的诗，一个是在朗

---

① 李承文：《怀念我的母校——北平大学工学院》，《北京大学校友通讯·北京大学/北平大学工学院百年院庆专刊》，2003年版，第236页。

② 国立北平大学校长办公处：《国立北平大学一览：女子文理学院》，北平震东印书馆，1932年版，第2页。

诵萧伯纳的文章,她是在念卢梭的名著,另一个她在读嚣俄的作品……①

由于学生的性别结构和家庭出身,20世纪30年代以来的思想动荡对女子文理学院的冲击较小,其回应也趋于和缓:

> 北平一般人的批评,都说前女子师范学院的学生是"新女性派",而女子文理学院的学生是"闺秀派"。……因为女子学院的学生是"闺秀",所以她们对于政治,都不大热心。什么会,什么社,她们虽有,但并不发达。……她们的闲暇,很少用在衣着上的争艳斗奇;假如有,她们都是用来温习功课。②

学习之外,女子文理学院的师生亦积极关注社会生活,投身民众教育,体现了深切的社会关怀:

> 校内附设的民众夜校,是由师生共同捐款,由学生主办的。全校学生八班,二百四五十人,有七班都是十四岁以下的失学儿童,当然男女俱有;有一班则为成年妇女班,年纪小的是十五六岁的也有,二十多岁的也有,但也有秃了顶已经是祖母身分(份)的老太太。③

女子文理学院的办学特色,造就了其在中国高等教育体系中的特殊地位。其办学期间,为女性提供了接受高等教育宝贵

---

① 李季谷:《北平大学文理学院生活片段》,《中学生》,1937年第76期,第94页。

② 中国学生社编辑:《全国大学图鉴》,良友图书印刷公司印行,1933年版,第50页。

③ 李季谷:《北平大学文理学院生活片段》,《中学生》,1937年第76期,第97页。

的机会，同时也培养了一批女性知识分子参与到中国社会的文化生活中。

（二）法商学院

北平大学法学院前身为 1912 年由法政、法律、财政三校合并而成的北京法政专门学校，后于 1926 年奉令收编被解散的中俄大学学生，因此规模较大，除法律、政治、经济三系外，并有俄文经济、俄文法律两系。随着政局渐入正轨，学院也在曲折变动中得到一定的发展。1933 年前后，"现在已经过两年之久了，其间虽然只领到一年零四个月的经费，和碰上空前的外患及天灾，但是我们学校的设备，并不因之而停顿，……不敢轻于作一前后今昔的较量。仅可说学生方面，比以前好些，教员方面，比以前负责些，职员方面，比以前规矩些"①。与女子文理学院的温和正好相反，在民族危亡和左翼思潮的影响下，北平大学法学院（1934 年 7 月与商学院合并成立法商学院）成为北平地区学生运动的中心之一：

> 三十年代初，北平大学法学院汇聚着一批比较知名的进步教授，院长白鹏飞先生肯于容纳信仰马克思主义的学者。一九三二年，我在北平大学法学院任教不满一年，我记得，当时在该校列名的教授中有李达、陈启修（豹隐）、陈翰笙、许德珩、章友江、王思华、李光忠等人。平大法学院的学生也特别活跃，在当时的抗日救亡运动中，没有什么活动少

---

① 白鹏飞：《两年来之回忆及今后之希望》，北平大学法学院：《国立北平大学法学院两年来事务报告》，北平聚兴印书局，1933 年版，第 2—3 页。

得了该校法学院学生参加。①

作为法学院院长的白鹏飞，始终从民族和国家的前途设想，坚持思想进步和学术自由的立场，不以思想的见解和立场为取舍，但问学术的深度和实质。"学问的任务，是在探讨真理，是要随社会的发展，对于未来未知的东西，作不断的追求的"，而且"学问这种东西，在本质上，就是具有几分危险性。何以故呢？学问的任务，是在探讨真理，……同时，学问只要是本乎它固有的任务和良心，不断的进化，那么，它多少总是带有一种革命性的"。② 他认为只有通过对既有秩序和文化的怀疑和反对，才能取得思想的进步，因此聘请了许多进步教授。在这种开放自由的学校环境下，法学院成为左翼思想的阵地，《国立北平大学学报·法学专刊》分别刊登了陈豹隐的《商品的价值》、章友江的《代议制民主政治的前途》、王之相的《苏联及苏联宪法》、刘世传的《美国对俄政策》和何台孙的《帝国主义没落的现阶段》等文章，开展马克思主义思想的研究与传播。华北危机期间，北平大学法商学院学生自治会于1935年12月加入北平各校的通电行列，要求政府誓死反对"防共自治"，讨伐叛逆殷汝耕，开放人民言论、结社、集会之自由，处处呈现进步性和革命性。

为了加强学术研究，学院在有限的办学条件下筹设研究室，"采购最新法律政治经济方面有关现代事实的书报，且设指导教师，使师生除上课时间外，有接近钻研的机会，以期发扬自动研究的精神，提高治学的兴趣，而领导一般热心向学的学生向学术

---

① 侯外庐：《韧的追求》，生活·读书·新知三联书店，1985年版，第34－35页。

② 白鹏飞：《发刊词》，《国立北平大学学报·法学专刊》，1933年第2期，第2页。

的道上走去"①。经过筹备选拔,计有合格学生 88 名,先期安排 7
位导师担任指导工作,鼓励其从事具体问题的研究,以期将来在
学术界发挥重要作用。

（三）医学院

北平大学医学院的前身是创建于 1912 年的国立北京医学
专门学校。作为彼时中国依靠自己力量创办的第一所专门传授
西方医学的国立学府,该校当时即设有解剖实验室、化学实习
室、病理组织实习室、内科检查室和助产练习所。1923 年学校升
格为国立北京医科大学校,先后改制成国立京师大学校医科和
国立北平大学医学院,致力于研究高深学术,培养医学专门人
才。依托于医学院的附属医院,设备完善、人员齐备,当时仅次
于北平协和医院,在医学研究和疾病治疗等方面都有不俗的
表现。

医学院的学风优良,学生潜心医学知识的学习,较少参加社
会活动,形成了钻研医学的学院特色:

> 医学院的学生,多半比较勤奋,每天除上课外,便在实
> 验室和图书馆里工作,度浪漫生活和作政治活动的,可说极
> 少。他们的课外活动,主要的是学社的组织。现存的团体,
> 有医光,新生命,唯生三社。三社的宗旨,差不多都是研究
> 与发扬新的医学,同时还都在北平报纸上,编辑一种医学
> 周刊。②

---

① 《筹设研究室》,北平大学法学院:《国立北平大学法学院两年来事务报告》,
北平聚兴印书局,1933 年版,第 50 页。

② 中国学生社编辑:《全国大学图鉴》,良友图书印刷公司印行,1933 年版,第
52 页。

研究态度方面，虽然北平大学医学院尚属年轻，但是在徐诵明、吴祥凤、徐佐夏等人的带领下，办学成绩斐然。学院一方面开展人才培养；另一方面展开学术研究。"第就医学而言，若治疗、若卫生，其间之一事一物，无不具有复杂之对象。欲加研究，除科学方法之不可或缺，其于是等复杂对象之确认，自应以本国之人最占利便，兴言及此，近代医学之亟须国人自起钻研，更待何言"①，学院同仁积极在学校年刊及中外杂志发表医学研究文章。

社会服务方面，医学院师生积极参与战区救护。1933年热河战役爆发，学院师生在中国红十字会北平分会华北救护委员会的指导下，组织救护队投身伤员救治工作，并于1933年6月参与重伤医院的治疗和救护工作。在此过程中，师生得到了实践的锻炼，其服务精神受到了军事委员会北平分会的肯定，也在社会层面产生了积极的影响，

（四）工学院

北平大学工学院的前身是1903年创办的京师高等实业学堂，1923年经教育部批准改为北京工业大学，其后历经京师大学校工科、北平大学第一工学院，于1929年8月改名为北平大学工学院。学院历任院长有俞同奎、王季绪（代）、程干云、孙国封、徐诵明（兼）、张贻惠等。国立八大时期，北工大英文名称为National Institute of Technology，简称NIT，学校致力于成为美国麻省理工学院（MIT）一样的工科名校。

学院设有机械工程系、纺织工程系、应用化学系与电机工程

---

① 吴祥凤：《弁言》，国立北平大学医学院：《国立北平大学医学院二十周年纪念刊》，北平友联中西印字馆，1934年版，第1页。

系，课程内容兼容学理研究与实用技术。"机电两系，多注重于学理之研究；织化两系，则偏重实用技术及改良制造。"[1]师资队伍方面，则有物理学教授夏元瑮、机械系教授潘承孝、电机系教授余谦六教授等；留法归来的张汉文（原天津东亚毛纺厂的总工程师）教授毛纺，留英的麻沃畬教授漂染，都是一时之选，可谓名师汇集。"冯（简）、夏（元瑮）、潘（承孝）从国外留学后回国任教，用的英文原版教材，内容已从原子、分子结构讲授，当时已是最新的了。"[2]由于工科院系的性质，为了培养学生的实际操作能力，工学院每个科系都设有本专业的实习基地和工厂，如设于校园内的机工厂、铸工厂、电工厂、化工厂、机织工厂、材料实验室及专业实验室。工学院还积极开展校外参观。如 1935 届机械系学生，一年级时参观平绥铁路（原京张路）；二年级时去天津参观津浦铁路天津机厂、大沽造船厂、北洋工学院等；三年级时则有学生分配到胶济铁路青岛四方机厂实习一个月。[3] 纺织系学生亦从一年级开始，就在学校实习工厂操作以及前往京津地区的纱厂参观实习。通过理论学习与实地参观，进一步提升了工学院学生的实际操作能力。

学习之余，工学院的课外活动也很丰富。学校文体活动发达，文艺演出队排演过短剧《一只马蜂》，曾将俄罗斯名曲《伏尔加船夫曲》作为演出曲目，广受欢迎；体育方面，工学院也有出色的表现：

---

① 大公记者：《平津几个工学院之调查Ⅰ：北平大学工学院》，《科学》，1935 年第 6 期，第 981 页。

② 柳贻诗：《回忆北平大学工学院》，《北京大学校友通讯·北京大学/北平大学工学院百年院庆专刊》，2003 年版，第 239 页。

③ 梁铭常：《长相忆，永难忘——怀念母校北平大学工学院》，《北京大学校友通讯·北京大学/北平大学工学院百年院庆专刊》，2003 年版，第 228 页。

篮球、足球、排球、女子排球知名度很高,经常打入决赛圈,篮球能与师大队争冠军;足球与燕大队争冠军;排球、女子排球也时常赢得胜利。在校内常有班级比赛,体育活动异常活跃,游艺室的乒乓球台甚至两堂课间的 10 分钟,人们也去打两下,有的水平相当高。冬天的冰场则更引人入胜,吸引着大批溜冰爱好者。夏天游泳爱好者多去中南海游泳场游泳。工学院自己开过运动会,也参加北平市的运动会……①

工学院亦有光荣的革命传统,1926 年"三一八"惨案中,学院就有江禹烈、陈燮、刘葆彝三位同学在反抗军阀政府的游行示威中牺牲,平大工学院在校园里为他们树立了烈士纪念碑。20 世纪 30 年代,"工学院有学生会组织,在学运中曾发生过一定作用,但随着政治气候的变化,有时又变得沉默。学校里没有公开的党派活动,但也不时显现出政治的斗争,学校附近街巷的墙壁随时可以看到 CP 或 CY 的标语,国民党员,还有国家主义派不时也要表现自己。"②当"九一八"事变发生后,工学院杜宁远等十余人组织南下示威团,前往南京请愿。1935 年前后,中国共产党的外围组织中国社会科学家联盟(简称"社联")在平大工学院成立小组,鉴于"一二·九"运动平大工学院学生只有少数人参加游行,为了鼓舞大家的爱国热情,工学院社联小组积极策划活动,开始发展中华民族解放先锋队(简称"民先")组织,并编辑《救亡快报》开展宣传教育行动。

---

① 梁铭常:《长相忆,永难忘——怀念母校北平大学工学院》,《北京大学校友通讯·北京大学/北平大学工学院百年院庆专刊》,2003 年版,第 230 页。

② 梁铭常:《长相忆,永难忘——怀念母校北平大学工学院》,《北京大学校友通讯·北京大学/北平大学工学院百年院庆专刊》,2003 年版,第 229 页。

(五)农学院

北平大学农学院源于 1905 年京师大学堂筹备分科大学时的农科,1928 年 11 月改为国立北平大学农学院。学院设有农艺系、林学系、农业化学系、农业生物系、农业经济系。建院伊始,学院办学思想即以中国为农业国,注重农业教育,致力解决国民革命基础的农学问题。20 世纪前 30 年,农学的院校数量及学生人数在高等教育系统中的占比有限。根据教育部高等教育司1933 年发布的《全国二十年度专科以上学生之科别》统计,农林专业学生人数为 1413 人,占当年大学在校人数的 3.2%。[①] 即便在数量如此有限的学生中,真正立志学农、动机纯洁的也属凤毛麟角。究其原因,"第一,传统观念太深,一般人以农为任何乡下人都可以作,用不着学。第二、即或学农,毕业后也很少出路,退而致力田畴,又不屑与乡下人为伍,所以与其将来改行,何如趁早考习他科。至于已经在农学院或农科肄业的学生,老实说,亦必有一部分是借树林躲雨,以毕业作为取得资格的过程。有一部分,或许以为投考农科的人少,取录标准较宽,因而舍彼取此,亦未可知。"[②]北平大学农学院即在师资、经费、生源不足的困境中勉力维持,培养农林方面的人才。

农学院因专业发展的需要,设校址于北平西郊,"远隔尘嚣,有广大之农场,蜿蜒之林区,水田之美,林木之茂,为中国所稀有,且北平为文化之中心,交通之枢纽,人才荟萃,学校林立,教学观摩,咸为便利"[③]。身处这种环境,农学院学生朴质用功,形

---

① 《全国二十年度专科以上学生之科别》,教育部高等教育司编:《全国高等教育概况简表》,1933 年版,第 9 页。

② 刘运筹:《卷头语》,《国立北平大学学报农学专刊》,1934 年第 3 期,第 13 页。

③ 《反对迁并北平农大》,《民国日报(上海版)》,1928 年 10 月 16 日,第 4 版。

成了醇正朴素的学风:

> 该院既落在乡间,学生生活,较软红十丈,车马萧萧的城市学校,自不可同日而语,所接触者,皆自然风景,无纠罢躐突之烦扰,有花香鸟语之闲趣。夏秋之夕,三五成群,绕林漫走,二三对语,逸兴遄飞。……普通计算,每年三百元绰有余裕。少则二百元,亦可敷衍,住院学生,节俭者闻有每年用钱仅一百余元者,此为平中各大学罕有之事,故有志学农而处境又困者,入该校读书,最为适宜。[①]

正常的教学研究之外,北平大学农学院作为全国最高农业学府,致力于实现复兴农村、改造社会的目的,积极参与社会服务,开展农业改良活动。经过前期院长频繁更迭的动荡,1932年刘运筹出任院长,农学院进入稳定发展时期。为了更好地发挥专业优势,他积极在北平西郊推行"农村建设实验区",将周围数十个村庄纳入其中,利用农业科技知识,改善农民的生产技术,实现知识分子与社会需要的结合:

> A. 推进农业建设试验区工作;
>
> B. 指导农村合作社;
>
> C. 建立本院四围西郊附近数十村为模范农村;
>
> D. 提倡合作农场(Collective Farm);
>
> E. 发起农业机械化与工业化运动;
>
> F. 推广农事及农村教育于全国;

[①]　《国立北平大学》,新晨报丛书处编:《北平各大学的状况》,新晨报出版部,1930年版,第92页。

G.促成国家保育农产并保障农民生活。[①]

怀着"烜忠民族，一致救亡图存"的办学导向，平大农学院师生在刘运筹院长的领导下，抱定服务农业、农村、农民的专业精神，为中国农业学科的发展和农林人才的培养，发挥了显著的作用。

国立北平大学各学院，由于院址布局的分散，以及院系整合的不力，长期处于松散联合的状态，各学院"各自为政"，并因经费、人事问题，罢课风潮持续不断。虽然如此，却并没有影响以专业见长的平大各学院的发展。作为北平国立四校之一，"平大为集七学院之大成，各擅胜场，各有成就，为全国科学、医学等之翘楚，学生均具专长，且学以致用，为国家造就不少之专门人才"[②]。这所巨型大学，日后即成为国立西北联合大学的主干，亦成为改善西北地区高等教育基础的有生力量。

[①]　刘运筹：《平大农学院今后之建设计划》，中国农业大学档案馆编：《中国农业大学史料汇编（下卷）》，中国农业大学出版社，2005年版，第595—596页。

[②]　汪嘉龢：《北师大之精神不朽》，陈明章编：《学府纪闻·国立北平师范大学》，南京出版有限公司，1981年版，第535页。

第二章　擘画大西北:危亡之际的教育整顿

　　大学区制改革的结束,意味着南京国民政府在教育领域的改革遭受巨大挫折,以蔡元培为代表的国民党元老试图输入法国制度改造中国教育的尝试无疾而终。这一制度借鉴,虽然立意高远,但是未能完成本土化移植,导致高等教育分区并进的构想再度沉寂,其试验价值远远高于实际影响。南京国民政府成立之后,通过一系列政治军事行动,实现了形式上的国家统一。随着国内政治局势的相对好转,国民政府积极开展国民经济建设,发展民生,充实国力,以求应对波诡云谲的国内外形势。"九一八"事变的爆发,再次将中国置于战争的边缘。为了谋求国家独立、民族复兴,加快经济发展与推进人才培养成为当时政府和民间对于高等教育的迫切要求,而东北沦亡和华北局势紧张造成的生存空间压缩,进一步提升了内陆地区的战略地位。"九一八"以还,举国上下怵于民族之不竞,危亡之无日,共以培养国力复兴民族为职志,国防方面,生产方面,需要科学人材尤亟,而高等教育几亦完全转一方向。"[①]危亡意识下的教育转向，构成了此期开展教育整顿和发展内地教育的直接原因。一方面，大学区制改革的余波未平，教育改革的目标仍未实现；另一方面，内忧外患中的社会环境对高等教育提出新的要求。于是从提升国力、培养人才的角度，高等教育内部学科结构的合理问题、高等教育区域分布的均衡问题，通过高等教育整顿、国联教育考察团报告、开发西北等事项加以检讨，并采取切实行动进行改造。本章即从以上方面出发，对全面抗战前的高等教育发展进行梳理和分析，一方面关注经由国联教育考察团引发的教育制度借鉴反思；另一方面观照教育整顿与开发西北的合力之下，我国高等教育内部结构的变动和空间分布的调整所表现出来的均衡化努力。

第一节　高等教育整顿的诉求和行动

大学区制改革的夭折，意味着法国教育制度在中国情境下本土化尝试的失败。短暂的改革热情在现实阻力面前迅速消退，教育界重归既往的传统格局。但是，学术与政治的张力、各级教育之间的关系、大学的作用与价值等诸多问题，并没有随着大学区制的沉寂而消弭。相反，内忧外患夹缝中的高等教育，风潮迭起，弊病丛生，深为国人所忧。为了加速建设进程，防御敌寇入侵，民间舆论与国民政府当局对于高等教育整顿的必要性达成了共识，但在具体实施上各有侧重。此次整顿过程立足于

---

① 黄建中：《三年来之中国高等教育》，《江苏教育》，1935 年第 1—2 期，第 25 页。

中国社会发展的需要,虽然并未像大学区制改革一样进行根本性的制度变革,但是既有框架内的结构调整,体现了高等教育制度建设的本土化努力和区域分布的均衡化倾向。随着国民政府定都南京后政治中心的南移,作为大学区制改革试验区的平津地区开始承担起北方文化中心的角色。发达的高等教育及微妙的地缘位置,使得北平地区的高等教育整顿跌宕起伏,成为当时中国高等教育发展的一个缩影。

此次高等教育整顿,宏观宗旨和具体措施并举。从国家教育宗旨的确定,到《改革全国教育方案》的提出,直至《整理大学办法》的实施,这一时期针对高等教育改革的步伐日益加快。逐步深化的整顿过程,从指导思想和具体措施方面,反映了改革高等教育适应中国社会的需要,期以民生问题的解决而实现民权普遍,民族独立的目标。国民政府亦希望借此整顿,调和高等教育发展与社会现实需要之间的矛盾。

一、整顿方案的确定

1929 年 3 月 25 日,国民党第三次全国代表大会确定了中华民国的教育宗旨。"中华民国之教育,根据三民主义,以充实人民生活、扶植社会生存、发展国民生计、延续民族生命为目的,务期民族独立,民权普遍,民生发展,以促进世界于大同。"[①]按照时任教育部次长马叙伦的解说:"我们中国的教育,在以前是无一定的宗旨的,到近来袭取外国教育学说,才以德育、智育、体育为

---

① 《确定教育宗旨及其实施方针案(中华民国十八年三月二十五日中国国民党第三次全国代表大会通过)》,佚名:《中国国民党第三次全国代表大会宣言及决议案》,上海大东书局,1929 年版,第 75 页。

教育宗旨,然而太空泛了,结果与没有教育宗旨一样。"[1]为了解决这一困境,政局初定之际,国民政府希望以三民主义为依据确定教育宗旨,应对特殊的时代环境与国家危机。其时,政治纷乱导致的教育失序依然严重,政治中枢的软弱和社会经济的窘困使得教育处于放任自流的状态。虽有大学区制改革的根本举措,无奈阻力重重,收效甚微,最后只能以取消收场。在多元与混乱并存、开放与泛滥共的情境下,当时社会对教育事业产生了"六滥四恶三害"的批评之声,即:

> 由此放任,遂生六滥:一学校滥,二办学之人滥,三师资滥,四教材滥,五招生滥,六升学滥。由此六滥更生四恶:学校往往成为个人制造势利之工具,一恶也;教员与学生虽有天才,亦遭其戕贼,二恶也;不能养成一般青年之学问品格与技能,只反增青年放浪之精神与物质之欲望,三恶也;为社会增加分利失业之徒,为国家断丧民族托命之根,四恶也。总此四恶,即成三害:一曰害个人,二曰害社会,三曰害国家。[2]

教育无序发展引起的"六滥四恶三害"既知,教育宗旨的导向目标已定,舍"放任主义"而采"严格主义"的教育整顿自是题中之义。为了达成这一目标,1930年4月国民政府教育部组织召开了第二次全国教育会议。"会议中所要讨论的,不是广泛的

---

[1]　马叙伦:《教育部次长马叙伦播讲教育宗旨稿(1929年5月)》,中国第二历史档案馆编:《中华民国史档案资料汇编·第5辑·第1编·教育(一)》,凤凰出版社,1994年版,第5页。

[2]　马叙伦:《教育部次长马叙伦播讲教育宗旨稿(1929年5月)》,中国第二历史档案馆编:《中华民国史档案资料汇编·第5辑·第1编·教育(一)》,凤凰出版社,1994年版,第7—8页。

方针和原则,而是分期分项的实施方案。换言之,不仅是讨论应当如何做,而是研究怎样做才做得通,这便是第二次全国教育会议的性质和召集的由来。"[1]与会人员就教育部延聘专家编制的改进全国教育方案,经过九天的逐一讨论议决,最终通过《改革全国教育方案》,试图为此后二十年的教育发展规定方向。李石曾在会议上演讲"守旧"与"簇新"之弊,强调教育学术的输入与改造,直指教育发展过程中的本土化问题,"就是觉得现在中国的教育学术,似乎是由各国搬过来的,则在我们的时间空间和环境上,须经一度的化合才能生出适当的现象"。[2]此前积极倡导并执掌北平大学区的李石曾,在教育制度借鉴过程中可谓不遗余力。随着大学区制的取消,此番陈述思考照搬外国教育制度而在中国情境中引发的不适,认为只有通过在"时间空间和环境上"的调整与化合才能形成符合中国实际的教育制度。这一基调,也与此后的教育整顿取向吻合。

全国教育改进方案中,针对高等教育单独提出了《改进高等教育计划》(以下简称《计划》),成为此后高等教育改革的指针。该计划拟在训政的六年时间内,针对高等教育发展过程中出现的各项弊病,致力于实现大学内容的充实和程度的提高,重视质量的改进而不遽作数量的扩充。国立大学方面,注重学校营建的推进与设备的扩充,确保足额经费投入学校设施建设、图书设备购买等事项。为保证经费的恰当使用,教育部要求新设院系的大学必须拟定预算后提交申请,经与财政部商议后再行决定。

---

[1] 《第二次全国教育会议宣言》,全国教育会议议决,延陵缪仞言辑录:《第二次全国教育会议始末记》,上海江东书局,1930年版,第1—2页。

[2] 李石曾:《第二次全国教育会议讲演词》,黄季陆主编:《革命文献·抗战前教育政策与改革(第54辑)》,文物供应社,1971年版,第30页。

为防止重复建设，特别强调"凡同在一区域内的国内各大学，增设院系，应互避重复。现在已经重复的，应由教育部在可能范围内酌量裁并"①。《计划》同时提出省立大学应依据地方特殊需求，进行扩充或裁并，并将大学设置的权力收归教育部。对于私立大学，要求其限期遵令呈请立案，教育部视其办学优劣程度予以褒奖或发给补助费。此外，大学及专科推广教育办法、提高专科以上学校学生程度及毕业生出路办法、派遣留学生问题等，都在《计划》中予以具体的规定。

二、教育整顿的实施

中国高等教育的发展，属于"后发外生"的类型。持续性的制度变革并未带来预期的效果，中国高等教育反而沦为欧美教育制度的试验场，殊少成法，亦无定见。面对时局乱象，为了更好地发展高等教育，时人开始从社会经济基础、时代发展需要等方面，深刻反思"淮橘为枳"的社会根源。20世纪30年代以后，发展近半个世纪的高等教育并未实现人们的期望，"许多粗制滥造之学校，或拥党国要人为招牌，或抬名士清流作护法，性等营业，意存植党，当轴往往碍于情面，迄不严厉干涉，而不知贻误无数青年，造成大量游民，政府实应负其重责。此外更因学校与社会，截为两橛，书本所讲授与事实所需要，完全不相联系，遂致一出校门，有同盲目。……此又欧化教育之流毒，驯至迫令受过高等教育者，集中谋生于通都大埠，自无怪乎就业之匪易也"②。批评所向，直指教育制度的盲目模仿和人才培养与社会的脱节。

---

① 《改进高等教育计划》，黄季陆主编：《革命文献·抗战前教育政策与改革（第54辑）》，文物供应社，1971年版，第162页。

② 《大学毕业生职业运动》，《大公报（天津）》，1934年7月2日，第2版。

随着教育制度的弊端日益凸显，高等教育制度建设与时代情境之间的错位亦浮出水面。"我认定过去二十余年的中国教育确是有缺陷的，但是这种缺陷不单是在于教育本身，而有大部分应该归因于中国社会组织。具体的说，中国社会是一个农业经济组织的社会，而教育却是模仿欧、美及日本的工业经济组织的教育政策。所以从前的教育养成的人才，大抵所学非所用，所用非其才了。"[1]据此而论，在农业经济占优的社会环境中，发展以欧美工业经济组织为旨归的高等教育，导致了人才培养与社会需要的错位。通过反思，立足国情发展教育的改革思路进一步明晰。"自民国十八年以来，教育机关如雨后春笋簇生，若叩其内容，则叠床架屋，徒慕外国虚名，毫不顾虑实质。……吾人相信一国教育，必须有其全盘系统与整个政策，因国家历史、环境、需要，各异其系统与政策。同一国家也因时代之不同，而教育系统与政策亦随之而异。同一时代也，因国家境遇之不同，而教育系统与政策亦随之而异。……必须认清我国之历史、环境、需要，而后始有合理之计画。"[2]立足国情需要和社会环境的改革反思，关注高等教育的制度引进，同时指向大学的空间分布、地方需要、学生就业等一系列现实问题。

（一）调整院校结构，改善文实系科比例

民国以来，中国高等教育事业迅速发展。这种变化自1922年新学制颁布后尤为显著。由于设立大学限制的放宽，许多专门学校、高等师范学校群起升格为大学，私立大学纷纷创立，造成了大学数量的膨胀和教育质量的下降。由于文法科专业费省

---

① 姜琦：《三年来中国教育之解剖》，《江苏教育》，1935年第1—2期，第17页。

② 佚名：《当前教育之最大缺陷》，《国闻周报》，1934年第34期，第6页。

易办,新设大学多以文科为主,进一步导致全国大学院系文实比例失衡。为了遏制大学数量的扩充而求质量的改进,1929 年 7 月国民政府颁布《大学组织法》,规定大学分文、理、法、农、工、商、医各学院。凡具备三学院以上者,始得称为大学。不符合以上条件者,为独立学院。新办法的颁布,一定程度上遏制了大学滥设的状况。

按照以上规定,教育部首先对省立各大学进行了充实和调整。具体举措方面,要求东北大学增设农学院,山西大学增设医学院;成都大学、成都师范大学、四川大学合并为一所大学;河北大学与河北法商等学院设法并入;河南中山大学改名为河南大学,陕西中山大学、兰州中山大学应先改办小规模的独立学院,各分文理两科,暂名陕西学院、甘肃学院;安徽大学、湖南大学,应限期谋院系的充实;广西、贵州、吉林三大学,如不能适合法规要求,应先改办独立学院,各分文理两科。高等教育的区域分布层面,此次改进计划没有实质性的改善,而更多从维持现状、提高质量的立场进行控制。"除南京、北平、广州、上海、武昌、杭州、天津、唐山、青岛已设国立大学或学院,沈阳、成都、长沙、安庆、太原、西安、兰州、保定、开封、贵阳、梧州、吉林已设国立省立大学或学院外,将来各大学设立地点,应按照各地方财力环境和需要情形,由教育部决定。"[①]立足重质限量的政策取向,南京国民政府教育部在充实调整国立和省立大学的基础上,加强了对私立大学及专科学校的立案管理。同时针对专科学校的设立,要求国立专校设于产业重大的中心地点,省立专校视各省需要

---

① 《改进高等教育计划》,黄季陆主编:《革命文献·抗战前教育政策与改革(第54辑)》,文物供应社,1971 年版,第 165 页。

和产业而定。对已有大学的地方，可在大学内设专修科，不必另设专科学校。

　　南京国民政府教育部另就现有院校文类系科进行裁撤整顿，限制文类专业的数量。在北平，北平大学女子文理学院哲学教育系被裁撤；国文、史地两系并为文史系；商学院与法学院合并，改称法商学院。北平师范大学取消社会学系。清华大学裁撤法律系。南京和上海等地，中央大学商学院与医学院划出独立，学系也进行裁并。暨南大学取消教育学院，原有各系调整缩编为教育学系，并入文学院；法学院裁撤，原有学生转入中央大学法学院肄业。1930 年，教育部以国立劳动大学办理不善，电令停止招生，进行改造完善。淞沪事变之后，鉴于劳动大学校产损失严重、区内高校重叠，责令劳大于 1932 年底全部结束，剩余100 多名学生转入其他国立大学。同时对于其他省立专科以上学校的重复院系亦逐步进行了裁撤。教育部继而规定至 1935年 7 月全国公、私立法政专门学校，或完全停办，或改办实科，并取消了法专学校。至于办理不善的文法科大学与独立学院，经教育部责令办理结束者，北平、上海各三校，南京、广东各一校，共计八校。这些措施，"其目的为减少重复与适应实际需要，使各校人力财力集中，从事于充实与发展"①。

　　另一方面，专科学校和实科院系的建设得到积极推进。在实科学校及实科院系增设方面，有国立的西北农林专科学校；省立学校则有勷勤工学院、四川农学院、四川工学院、河南省立水利工程专科学校及山东省立医学专科学校等五校；中央及地方

---

　　① 黄问歧：《民国二十三年中国教育回顾与今后展望（1934 年 12 月 2 日）》，中国第二历史档案馆编：《中华民国史档案资料汇编·第 5 辑·第 1 编·教育（一）》，凤凰出版社，1994 年版，第 151 页。

政府合设上海兽医专科学校。此外还核准了震旦大学（理、工、医、法）、华西协合大学（理、医、文）、齐鲁大学（理、医、文）、中法大学上海药学专修科、湘雅医学院、夏葛医学院、广东光华医学院、天津工商学院、焦作工学院、上海女子医学院、山西川至医学专科学校等十一校，[①]多以实科为主。截至 1935 年，全国新增专门以上学校十八所。按照性质划分，有三所大学，九所独立学院，六所专科学校，主要为理科、农科、工科和医科方向。实科院系的增设方面，分别为同济大学增设理学院，工学院增设高等测量系；清华大学增设工学院；北洋工学院增设电机工程系；山东大学、安徽大学增设农学院；中山大学、岭南大学添设工学院；大夏大学增设土木工程系；中国学院添设理科；福建学院改办农科。由此可见，这一时期的院系建设，侧重实科专业的扩充。经过一番改造，此前各院校文实各科失衡的局面得到一定程度的改观。从整顿前后的系科比例观照，据教育部 1931 年统计，全国专科以上学校计 103 所，分 187 院，676 系；以院别论，文类占 59％，实类占 41％；以系别论，文类占 58％，实类占 42％。[②] 通过实施停止招生或分年结束的措施，到了 1934 年，"其纯设实科者（理农工医），共三十二校（大学三，独院十五，专科十四）。其纯设文科者（文法教育商），共三十三校（独院十六，专科十七）。文实两科兼设者共四十五校（内大学三十八，独院七）"[③]。这一时期的建校设系，均向实科倾斜。

---

① 黄建中:《三年来之中国高等教育》,《江苏教育》,1935 年第 1—2 期,第 26 页。

② 黄建中:《三年来之中国高等教育》,《江苏教育》,1935 年第 1—2 期,第 27 页。

③ 《最近全国高等教育概况》,黄季陆主编:《革命文献·抗战前教育概况与检讨(第 55 辑)》,文物供应社,1971 年版,第 141 页。

通过以上举措,高等教育机构数量稳中有增,文实系科比例得到有效改善。其中,数量的扩充主要体现在地方专科学校的增设以及私立大学的立案,从而满足了地区经济社会发展的实际需要,扩大了高等教育办学主体和经费的多元化;而文实系科比例的调整,则侧重于改变失衡的大学系科结构,对办学质量低劣、社会效益不彰的文法专业进行压缩,从而集中有限的办学经费,推动高等教育结构的合理化。

(二)规定文实学生比例,限制文科学生规模

中国半殖民地半封建的经济组织结构能够提供的社会就业岗位极为有限,考铨无序、任人唯亲的行政机关亦无法吸纳大学毕业生就业。时人皆以整顿吏治、开发实业作为改善时弊的手段,注重实科专业的作用与价值。为了实现这一目标,培养实科人才以满足社会需要,自然成为题中之义。然而,受文科院校膨胀和读书做官思想的影响,大学内部文实学生比例失调,近则影响学生就业,远则阻碍社会发展。根据民国二十年度全国专科以上学校学生科别统计,全国专科以上学校学生人数共计 44,167 人,文科学生 32,940 人,占学生总数的 74.5%,实科学生人数为 11,227 人,仅占总数的 25.5%,[①]比例严重失调。

自 1931 年起,国民政府教育部对文实招生比率进行严格限制,并于 1933 年出台专门的招生办法,其要点为:"(子)各大学文、法、商、教育等学院各系所招新生及转学生之平均数,不得超过理、农、工、医等学院各系所招新生及转学生之平均数;(丑)各独立学院文、法、商、教育各科与理、农、工、医各科之招生比率与

---

① 《全国二十年度专科以上学生之科别》,教育部高等教育司编:《全国高等教育概况简表》,1933 年版,第 9 页。

大学同;(寅)专办文、法、商、教育之独立学院,每一学系或专修科所招新生及转学生之数额不得超过五十名。以上办法,惟专收女生之学院不适用之。"[1]至 1936 年,经过限制文科,扩充实科招生政策的影响,大学文实学生的比例得到一定程度的改善。以整顿前的二十学年度为例,当时全国专科以上毕业生共计7034 人,其中文类 4996 人,实类 1987 人,师范类 51 人,文实比例约为 2.5∶1。二十五学年度全国共毕业学生 9154 人,其中文类 6118 人,实类 3036 人,文实比例为 2∶1。[2] 统计数据显示,理科学生数量获得较快增长,由二十学年度的 435 人增加至二十五学年度的 935 人;与之对照的法科学生则保持相对稳定的状态,从 2560 人略增至 2667 人。考虑到此前的学生存量以及文类院系的规模,这种扬实抑文的调整举措,初步缓解了当时人才结构的失衡问题。随着抗日战争的全面爆发和教育局势的持续恶化,改革进程被迫中断,中国高等教育的发展走向,在人才结构的调整诉求之外,由于大学内迁的被动转移和抗战建国的实际需要,重新开启高等教育区域分布的格局调整。

(三)师资设备之改善

民国以来,虽然大学数量呈现增长趋势,然而教育经费支绌,优良师资稀缺,大学教师兼课成风,严重影响到教学质量与学生培养。为了改变这一状况,国民政府教育部规定教授不得兼任他校或同校其他学院功课,如有特别情形,每周至多以六小

---

① 黄建中:《三年来之中国高等教育》,《江苏教育》,1935 年第 1—2 期,第 27 页。

② 《历年专科以上学校毕业生统计表(1912—1937 年度)》,中国第二历史档案馆编:《中华民国史档案资料汇编·第 5 辑·第 1 编·教育(一)》,凤凰出版社,1994 年版,第 334—335 页。

时为限。为了有效利用有限的师资,教育部要求各校取消重复性课程,强调通识基础而反对猎奇逐新。鉴于当时教授多按钟点上课,对学生缺乏指导,各方均强调教授与学生要扩大接触,从而激发学生的研究兴趣,完善其人格修养。

其时,大学滥设引起的师资匮乏导致教授兼课成一时风尚,虽备受责难但无济于事。高等教育的"商业化"气息日益浓重,而教学相长的治学传统荡然无存。大学教师忙于各校奔波,按钟点上课;学生只求文凭到手,作为谋职手段。以国立北平师范大学为例,根据教育部 1934 年派员视察的报告指出:"该校教员一百三十五人,专任者仅三十七人,且专任教员,实际仍多在外兼课兼职。"①北平师大作为当时著名的国立大学犹是如此,私立大学境况更为堪忧,如私立复旦大学兼任教员几乎占到全体教员的 80%,教学质量实难保障。"教授以钟点拿薪水,只是打钟上堂打钟下堂,不管学生得到学问与否,兼课多的,甚至于轮流在各校请假。"②这种情形,无疑加剧了大学中教师与学生关系的疏离。一方面,"传道授业解惑"的师道传统难寻,另一方面西学新知的协作探究无施,更难有教师在人格修养方面对学生进行引导和教诲。这种"形式方面的商业化"弊端,造成了高等教育质量的普遍低劣,受到有识之士的强烈批评。

为了改善这一状况,重点需要确保专任教员人数,加强师生之间的交流。就当时的高等教育环境而言,膨胀的高校系科与有限的优良师资之间的矛盾成为造成此种问题的主要原因。各

---

① 《教育部改进国立北平师范大学训令》,中国第二历史档案馆编:《中华民国史档案资料汇编·第 5 辑·第 1 编·教育(一)》,凤凰出版社,1994 年版,第 210 页。

② 庄泽宣:《高等教育革命——中国教育改造的出发点》,《东方杂志》,1933 年第 12 期,第 4 页。

校教授大量兼职的出现，"只不过因为中国的人才太少了，有了一个好教员，便你抢我夺，而在教员自身，觉得那边也是朋友，这边也是朋友，在情面难于固拒，于是就东也跑跑，西也走走了！有的是为了经济驱策，不得不多担几个大学的课程。要免去这种现象，最好将来慢慢的采行专任教师制"①。既然师资有限，教师又亟需专任，改变高等教育机构重复设置的状况，就成为改善这一问题的关键所在。社会各界也希望通过这种办法，减少重复院系，满足实际需要，确保各校集中人力、财力于学校的充实与发展。

同时，有鉴于过去大学的设置标准宽泛，各校不问师资设备纷纷设置院系，导致同一学校的系科出现重叠、同一地区各校追求院系完备造成资源浪费，教育部下令严加裁并。通过调整系科，部分学校停办文法专业，利用结余经费扩充实科。为了提升专科以上学校的硬件设施，教育部颁行法令确定设备费用在大学经费中的比例，保证大学设备充足，提高办学质量。以国立北平大学为例，教育部查实该校各院经费分配均不合理，"再查该校预算设备费占百分之八九，而实际支出尚不足此数，以致各院设备大都因陋就简，不敷应用，办公费占百分之十六，超过部定标准甚多。嗣后该校编造预算，设备费应不得少于百分之二十五；其办公费及薪俸两项，应各厉行节减，以资挹注"②。这种严格限制经费使用的措施，对改善国立各大学图书设备起到了监督促进的作用。

---

① 朱经农讲，李希记：《中国的教育问题的前途》，黄季陆主编：《革命文献·抗战前教育概况与检讨（第55辑）》，文物供应社，1971年版，第38页。

② 《教育部改进国立北平大学训令》，中国第二历史档案馆编：《中华民国史档案资料汇编·第5辑·第1编·教育（一）》，凤凰出版社，1994年版，第213页。

通过限制大学数量、调整文实科系比例、制定高校招生政策，以及充实师资设备等手段，此期的教育整顿表现为"重质不重量"，站在更加适应国家和地方发展需要的角度，考虑大学的设置和系科的比例，取得了一定的成效。但是，各个高校为了自身利益，对于系科的裁撤多有抵触，造成高等教育状况未有太多改观。一方面平津沪宁依旧高校云集，造成资源浪费、师资紧张；而另一方面内地高等教育的建设，由于缺乏机构支持和人才补充仍然举步维艰。

第二节　国联教育考察团的呼应

1931 年 5 月国际联盟行政院会议期间，中国政府代表团请求国联专门机关对中国的改革计划进行协助，得到国联应允。根据协定，国联方面派遣教育考察团来华开展调查研究。这一阵容强大的代表团，成员包括柏林大学教授、前普鲁士教育部部长柏刻氏（Carl H. Becker），波兰教育部初等教育司司长法尔斯基（M. Falski），法兰西大学教授朗吉梵（P. Langevin），伦敦大学政治经济学院教授叩尼（R. H. Tawney），同时由国联秘书长窝尔忒兹（Frank P. Walters）提供协助。后来又加入了国际教育电影社的撒狄（Baron A. Sardi）以及国际文化合作社社长波内（M. Henri Bonnet），组成了一支包括教育行政官员和教育研究专家在内的考察团队。

1931 年 9 月 30 日，国联教育考察团抵达上海，开始历时三个月的教育考察活动。考察团先后在上海、南京、天津、北平、杭州等地参观，甚至派员远赴广州，接触中央及地方行政人员，与各地教育人士交换意见，整个调查行动于 12 月中旬结束。为了呈现考察观感，协助中国教育改革，考察团撰写了《中国教育之改进》报告书。全书以总论和分述的方式，指摘利弊，陈说意见，倾力中国教育事业之改造与更新。其时，国内关于教育整顿的呼声高涨，而考察团抵沪前夕又逢"九一八"事变爆发，此时成书的《中国教育之改进》为国内教育改革提供了异域的观察视角和不同的解决方案，在国内外产生了强烈的反响。"报告书贯穿着一个文化价值取向：批评中国教育的美国化倾向，力倡教育的中国化，……报告书倡导中国化以及得到中外有识之士的正面回应，实质上是从教育的角度反思自新文化运动以来的中国社会出现的全盘性反传统主义思潮，重估与阐发中国优秀传统文化价值。"①通过对该报告的文本分析，可以获知外部世界关于中国教育的实际观感和改革意见。同时，由该报告引发的国内外争议，有助于深入认识中国高等教育发展过程中本土资源和异域制度之间的张力和融合。同时，报告关于高等教育区域分布格局的批评和建议，从他者的视角提供了重要的参考。

一、《中国教育之改进》的基本内容

《中国教育之改进》作为国联教育考察团的最终成果，集中反映了国联专家对于中国教育现状的感受与改进的意见。该报告分总论和分论两个方面，既综合把握，又具体分析，从而为国民政府教育部的教育整顿提供了异域的观照及他者的视角。

报告的通论部分，涵盖广泛，从中国教育的现状、教育与外来之影响、教学精神、语言文字、行政原则、财政组织、教职员、学

---

① 孙邦华：《中国教育现代化运动中的中国化与美国化、欧洲化之争——1932年国联教育考察团报告书〈中国教育之改进〉的文化价值观及其反响》，《教育研究》，2013 年第 7 期，第 116 页。

校分布、学校的合理利用、学童与学生之社会选择、学制等方面进行了系统性分析。国联专家在考察过程中发现,中国教育没有统一的规划,缺乏民族社会观念,长期处于各自为政的状态。这种割裂的情形,势必影响教育系统的正常运转。究其原因,在科举制的长期影响下,中国的教育取向重选材而轻育才,缺乏对各级教育应有的关注和支持。民国以来,频繁的军阀混战及严峻的国际形势,导致中国的教育始终难以得到健康有序的发展。南京国民政府成立后试图通过大学区制沟通行政与学术,实现各级教育之间的互相配合。但是,由于社会政治、经济环境的恶化,以及具体实施过程中不同利益群体之间的冲突,导致改革的夭折,未能实现预期目标。另一方面,由于教育发展与民众需要的脱节,高等教育过度膨胀,而初等教育、中等教育和成人教育并未得到相应的关注:

> 由此一切情状而产生之结果,即在中国创设并发展若干学校与教育机关,既不根据一种严格制度办理,又不适合国内之需要与状况。其结果常重视高等程度之学校,超乎贫困之中国境况以上;而人民所最不容缺乏之初等教育及职业教育,则反忽视之。……此种事态,造成一广大之鸿沟,一方为中国之平民,沦为文盲阶级,不能了解国家之需要,他方则为知识阶级,受教育于奢侈之学校,对于平民需要,漠不关心。[①]

这种教育系统内部的失衡,进一步加剧了教育发展与社会需要的脱节。对于文盲人口庞大的中国社会而言,提高民众的

---

① 国联教育考察团:《中国教育之改进》,国立编译馆译,国立编译馆,1932年版,第12页。

知识水准,培养具有国家观念的国民,具有积极的现实意义。从教育行政着眼,中央政府负责国立大学,省政府负责省立大学,县级政府负责中小学的权责安排,虽然在管理范围和办学权限方面进行了明确的划分,但由于缺乏统一的教育规划以及不同地方财力的差别,各地与各级教育发展极度失衡,造成初、中等教育和民众教育发展缓慢,高等教育发展却超出了社会需要,并直接导致了大学区域分布的失衡、院校系科设置的重叠,以及毕业生失业问题的加剧。

社会需要与教育实情之间缺乏统一与协调的状况,严重阻碍了中国教育健康有序地发展。除此之外,国联专家还对中国教育与外国影响之间的关系进行了深入探讨,分析中国教育病源之所在,并在制度选择上论及中国教育现代化过程中的欧洲化、美国化,以及中国化的抉择,试图为中国教育改革提供欧洲化的解决方案。

二、关于高等教育的意见

国联教育考察团充分肯定了高等教育在中国社会发展中的积极作用,并以专章论述高等教育问题,提供高等教育建议。在内忧外患的中国,训练领袖人才和保持文化标准的大学所扮演的角色尤为重要,但其问题和困境也加剧了社会人士对大学的批评。国联专家立足中国大学发展的现象,讨论了高等教育制度变更的必要性,提出了制度改革的内容和意见。

(一)大学教育问题

迅速发展的中国高等教育在学校数量增加的同时,也在内容与结构方面滋生出一系列弊端。国联专家在考察中国高等教育现状的基础上,分析了大学共通性问题产生的原因:

其要因约有六端:(一)有若干中等学校所设之大学预备课程,皆甚简陋;(二)大学中之教师与学生,皆依讲授为主要之教育工具,且有视为唯一之教育工具者;(三)半因偏重讲授之故,致学生之时间常受限制,不能自由支配;(四)课程之编制,采学分制;(五)外国教育之影响甚巨,对于重要科学之研究,大半皆借一种外国语为媒介,所用之材料及例证,亦多采自外国;(六)在多数大学之课程上,文法二科,皆占主要地位。[①]

考察团还发现各高校入学试验要求偏低,学生无高深知识学习之准备,而有成为有闲阶级之观念。为此,报告书指出在选拔试验阶段,应确立共同标准,严格入学要求,既要保证大学的招生质量,又要同时分流中学毕业生进入职业教育领域。教学方式上,传统讲授不利于学生养成独立思考的能力,徒增师生负担。"须知大学之职能,并不在准备较易消化之知识,以供给学生,而在培养学生研究,批评及反省之精神,示以获得知识之方法,并从事小规模训练,使学生自行获得知识。"[②]为了达到这个目的,就有必要减少听讲时间,增加研究班和提倡导师制,并对彼时有名无实的学分制加以改进,侧重基础知识的学习和思维方式的培养,使得学生具备独立思考的自学能力。

教学内容方面,由于中国大学的课程体系处处因袭外国,实有改造的必要。当时"不但学生所读之书,大半仍为外国课本,即用以说明原理之例证以及教师指导学生研究之题目,亦多采

---

① 国联教育考察团:《中国教育之改进》,国立编译馆译,国立编译馆,1932 年版,第 156 页。

② 国联教育考察团:《中国教育之改进》,国立编译馆译,国立编译馆,1932 年版,第 177－178 页。

自西洋，此实大可惊异者"①。为了改变这种局面，国联专家建议在吸收国外科学技术知识的基础上，结合中国材料编著课程教材，由模仿而创造，切实关注和解决中国社会的实际问题。"其一，决定所用课程及课本之教材时，应视此项教材能否满足将来在中国生活之青年男女之需要，以为选择之标准。其二，聘任教师时，不但应注意其普通之教育学识，且应注意其应付本国材料之能力。"②简而言之，其从课程、科目、教法等方面，指出中国大学教育的教学形式化和内容外国化。凡此种种，皆不利于建立符合中国社会需要的高等教育，因此需要立足本国实际加以改造。

（二）大学组织问题

经过 20 世纪 20 年代高等教育的大发展，南京国民政府时期的高等教育呈现数量扩充、质量参差的局面，缺乏有效的组织，也没有可靠的经济基础与坚实的制度支撑。国联专家在回顾民国"大学热"的历史进程之后，立足"充实"与"互补"的原则，首先强调"必须设法使大学成为一整个之结构，最能适应全国之真正需要，而各大学亦不宜各行其是，应于同一严密之组织中，向一共通之目标前进"③。此种严密的组织，尤其强调大学区域分布之均衡与大学系科结构之平衡。对于中国大学教育集中在平津沪宁等少数区域的现象，国联专家指出"中国而外，世界各

① 国联教育考察团：《中国教育之改进》，国立编译馆译，国立编译馆，1932 年版，第 182 页。
② 国联教育考察团：《中国教育之改进》，国立编译馆译，国立编译馆，1932 年版，第 184 页。
③ 国联教育考察团：《中国教育之改进》，国立编译馆译，国立编译馆，1932 年版，第 160 页。

国，同一城市而设立两个以上之大学者甚少，惟有时大学可具有数个构成之学院而已。是以教育部如欲刷新大学制度，专心谋全国教育之利益，则北平与上海二地，实不应再有八国立大学，及立案之十七私立大学林立其中也。"①这番议论，研究了大学撤并的问题，也对中国大学在地理分布上的杂乱无章提出批评，建议分散高等教育资源而谋求国内各区域高等教育的有序、均衡发展。

　　针对大学内部系科失衡、种类趋同的问题，国联专家进一步加以分析。他们认为其中的原因，一方面是由于中国科技、工业等不发达，难以容纳工业人才；另一方面则是由于受到传统观念影响的学生致力读书做官，理工之学生数量远远少于文法学生。因此，大学教育无法满足社会发展需要，并造成文法学生失业的局面。受困于大学发展的传统与教育改革的深度，这些问题无法在短期内妥善解决。但是相关论述的提出以及由此引发的讨论，成为此后国民政府开展高等教育改革的重要关注点。"九一八"事变发生之后，这种改革需求变得尤为紧迫。

　　（三）教育解决方案

　　通过对以上问题的认识和分析，国联专家提出了较为系统的解决方案，提交教育部作为改革参考。其主旨，一方面追求高等教育的统一化；另一方面则强调大学发展的制度化。

　　国联考察团提出应该设立一个全国大学会议的组织，由大学教员、社会闻人及教育部代表组成，以顾问资格协助教育部。其具体内容包括三方面，首先，侧重于全国范围内大学教育制度

----

　　①　国联教育考察团：《中国教育之改进》，国立编译馆译，国立编译馆，1932年版，第161页。

的建立，加强教育部对省立大学的管理和控制，"故吾人建议，省立大学应改为国立大学，其经费由教育部供给，管理之权亦归教育部，与现存国立大学同"①。通过这一方式，教育部可以通盘规划全国大学发展，通过财政手段改善区域高等教育发展不均衡的局面。其次，有鉴于平津等地大学过于集中的问题，大学裁并成为优化高等教育结构的重要方面："其一，将应归并之大学，完全归并；其二，或组织一联合大学，将应归并之大学，作为该大学所属之学院。"②通过这种方法，可以解决同一区域内部大学系科偏枯不均的弊端，扩充优势学科，优化资源配置，避免管理上的烦冗和经济上的浪费。一地的不同大学之间可以开展分工合作，避免课程的重复，又可以实现教学内容及师资的互通。再次，系科方面，考察团针对各大学文法各科过多的现象，强调发展实科专业。"各大学之种类应有较大之区别，仅注意于普通科目（包括法科政治科学及文科）之大学，应设法裁减，而重视自然科学及工科者，应即增设。欲谋纠正现在过于雷同之流弊，并增加高等工科训练之便利，教育部应将数大学改为工学院"③，以培养有利于国计民生的专业技术人才。

民国以来的大学教育乱象，人事纷争难辞其咎，因人事问题引发的学潮纠纷同样不绝于耳。由于缺乏稳定的经费来源和明确的制度规定，大学欠薪严重，教师的经济地位难以稳定，进而造成教师兼课过多，直接阻碍了教学质量的提高，也不利于健康

---

① 国联教育考察团：《中国教育之改进》，国立编译馆译，国立编译馆，1932年版，第198页。

② 国联教育考察团：《中国教育之改进》，国立编译馆译，国立编译馆，1932年版，第196页。

③ 国联教育考察团：《中国教育之改进》，国立编译馆译，国立编译馆，1932年版，第197页。

师生关系的建立。为此，国联报告提出了从公立大学校长到大学教授的选拔机制与改进办法。如公立大学校长的任命应由教育部根据全国大学会议的意见任命，重学识及能力，严格排除政治上的顾虑。教授任命方面，建立终身制，确保教授岗位的稳定性，从而避免师资的频繁流动。经费方面，民国时期由于欠薪引发的大学风潮不断，为了解决这一问题，教育部应联合财政部决定每年大学教育经费，根据全国大学会议的意见及各大学预算书等进行分配，从而确保经费来源的稳定。在此基础上，为了兼顾大学制度改革的需要以及社会发展的要求，教育部应以财政拨款为手段，实现政府对大学发展的干预，改变此前放任无序的状态，提高大学效率，改善大学学风。

国联的改革建议，重在强调教育部权威以实现教育系统的统一性。其主旨在于实现不同区域高等教育的均衡化分布，基于内地高等教育的匮乏，希望通过搬迁或合并，调有余而济不足；同一区域则着力避免院校系科重复造成的资源浪费，调整文实专业的比例，削弱文法，加强理工，侧重以裁并方式实现资源整合及优化配置，引导教育发展适应社会需要。此外，国联报告建议教育部应该举行一个大学入学总考试，即相当于全国统考，目的在于划一考试标准，提高学生水平。

总之，国联教育考察团从自身立场提出了关于中国教育尤其是高等教育改革的建设性意见。从强调大学教育的中国化，到呼吁建立统一的教育体系，都在报告中得到体现，为当时中国的教育改革提供了参考。而报告的出炉，也在国内外引发了激烈的争议。

三、《中国教育之改进》引发的争议

国联考察团的报告，目的在于呈现中国教育的现状，揭露中国教育的弊病，由此提出改革中国教育的意见。不论其内容和材料是否得当，动机与取向有何侧重，其批评及方案作为一种"旁观者说"，对于中国教育事业都是一种改革的参考。改进报告特别指出中国教育缺乏根基，只事模仿，而模仿对象又是新兴而立、缺乏历史文化之美国，操作中徒好生搬硬套，误解传统文化，因而造成中国教育源泉枯竭而无所依归。基调既定，国联考察团提出中欧皆有深远之文化与传统，"谓欧洲文化上之情形，与美国之情形相比，较适宜中国之需求；其故非他，即因美国文化之发展，其本土并无遗风余俗之存在；而欧洲与中国之文明则颇相似，因彼此常须顾及流传数千年之传统文化也"①，着意中国此后应抛弃美国模式而向欧洲学习，并制定出具体的操作办法，如应尽速派一特别委员会前往欧洲，研究欧洲各国学校行政组织；应派遣专家前往欧洲研究教本、课程等。虽然考察团申明并非希望用欧洲教育方案来取代美国输入的方法，强调中国需要从自身文化传统中创造具有中国特色的新文明，但是其解决方案，实从欧洲立场出发，以欧洲文明改造中国文化。

宏论既出，纷争四起，中外学者相继撰文表态，批评考察团的立场与观点，由此形成了中国教育改革"欧化""美化""中国化"取向的三足鼎立态势。三方之中，国联考察团强调欧洲文化制度在中国的适宜性，抑美扬欧，争取中国对欧洲的文化和制度

---

① 国联教育考察团：《中国教育之改进》，国立编译馆译，国立编译馆，1932年版，第20页。

认同；美国人士据理力争，反对考察团对美国教育的误解与美国文化的诋毁；中国国内意见不一，有赞成亦有反对，聚焦于中国化的教育何去何从。于是以中国教育改革为出发点，引发了教育制度变革的文化反思与本土融合问题。其中既有共识，也有分歧。共识表现为肯定制度借鉴的不可避免，尤其"摹仿是人类的天性，也是进化历程不可少的现象。……干脆的说，新教育制度，根本就不是中国的产物。要不摹仿，教育制度就得全部推翻"[①]。以此推论，只有开放地学习和吸收不同教育制度的优点，才能为中国新教育制度的建立提供思想与制度的资源。

既然制度的借鉴不可避免，而纷争的焦点，就在欧化、美化、中国化之间的张力，即中国选择何种教育制度作为改革的借鉴。国联考察团鉴于美国在中国的巨大影响力，认为中国偏枯传统智慧而使中国趋于美国化，只见美国物质文明之发达，而无视美国文化风俗之稀薄。相形之下，"欧化"优于"美化"。其立论依据在于中欧都拥有悠久的历史和璀璨的文化，而美国只是本着一种创造精神，努力使欧洲文化适应美国的情境。追本溯源，中国教育之出路就在汲取欧洲文化资源，适应中国情状。至于美国，可取者也仅为其创造精神而已。

由文化而科学，针对中国注重发展科学与技术的趋势，考察团回顾了欧洲文明的源流及科技发达的原因，提出"近代之科学与专门技术，并不会产生现在之欧美；反之，欧美人之心理，实产生近代科学与专门技术，并使其达到今日优越之程度。……西方人士，于此时期内（文艺复兴及唯理论与理想主义时代），其本身曾经过一种智力之训练，使其在后来发明与发见之时期内，能

---

① 廖世承：《评国联考察团报告》，《中华教育界》，1933 年第 11 期，第 3 页。

获得自然科学与专门技术之秘奥，并能善用之"①。科学与技术并未造就欧美，而是经过智力训练的欧美思想土壤上产生了科学与技术，由此欧洲历史文化的作用与价值得以彰显。中国同样具有深厚的历史文化传统，那么制度改革必须建立在这一基础之上。从反对美国式的实用主义到倡导欧洲文化的深层价值，考察团始终为中国教育的"欧化"提供合理性的辩护，由此导向了关于传统文化的价值判断问题。这种认识在中国教育界引起部分共识。"很多要人谈起今日唯一救国的便是机器，犯了不了解根本科学精神及历史的大毛病。如果我们不了解，不承认科学及科学发明的机器后面的根本精神，那便到处买机器，终日的演讲科学也是无用的。"②但在尚仲衣看来，国联考察团"不独把那许多与我们的迫切需要不相干的欧洲的教育形势，殷勤地介绍给我们，而且似乎还想使我们顺依他们那极其机械的极其静止的看法，来设法将中国的科学运动以及一般的文化运动推回到中世纪末期的欧洲，然后再追踪那时欧洲迂缓的步伐而前进"，"中国若欲达到如今日欧洲之发展，势必从文艺复兴运动起，经过他们所谓的唯理主义时代及理想主义时代而后可。在欧洲，这个过程的演进，似乎费了四五个世纪；在中国，假如我们真可以和愿意这样做，恐怕非三五个世纪不办，至少也须一百年"③。对于固有文化的深度反思被视作历史的倒退，反映了时代的焦虑。站在返回思想本源的立场，以欧洲文化发展的轨迹

---

① 国联教育考察团：《中国教育之改进》，国立编译馆译，国立编译馆，1932 年版，第 18 页。

② 韩湘眉：《汤尼等教育报告书与近代中国教育》，《中华教育界》，1933 年第 11 期，第 29 页。

③ 尚仲衣：《国联教育考察团建议书的批判》，《中华教育界》，1933 年第 11 期，第 22 页。

为参照,致力于发掘中国未能产生科学的历史根源和思维方式,虽然有欧洲中心的偏颇,却不失为正本清源的举措。但在内忧外患的中国,此种方案不仅缓不济急,甚至有时代倒退的嫌疑。

从反对美国化到提倡欧洲化,国联考察团从文化角度展开辩护,希图从传统中寻求力量,发掘文化的理性价值,推动中国教育在借鉴中实现创新和调适。其初衷可谓良善,但立论却不自觉陷入"欧洲优越论"的泥淖。美国学者彭及民指出,国联考察团的中国教育计划,含有一个大前提,即"是真的有效的一个国家的教育制度,必须从根基建筑起来;必须建于本土文化的基础之上;必须与本土的文字、文学、历史及社会传统,密切接触"①。如果此种预设不错,那考察团在表述中所采取的倾向,却表现为对欧洲的推崇,"他们反对中国摹仿美国,他们愿意中国效法欧洲,不是整个的欧洲,是他们所代表的欧洲一部分。他们一方暗送秋波,一方又怕招物议"②,考察团反思"美式"制度与中国情境的龃龉之时,着意于输出"欧化"的解决方案。

虽然考察团有鼓吹欧洲文化的嫌疑,但教育制度借鉴与改革的问题却无可回避。客观而言,作为旁观者的考察团成员,经过短期的实地调研和认真的资料审阅,的确发现了中国教育发展过程中需要解决的诸多问题,并得到了中美两国学者的一致肯定。

就考察团的客观困难而言,除叩尼之外,代表团成员都是初次来华,考察地点多为通都大邑,难说代表全国实况;因中国缺乏精确统计之教育资料,其所依据的分析材料是否可靠值得怀

---

① 文宙:《美国教育界评国联专家之中国教育计划》,《中华教育界》,1933年第11期,第55页。

② 廖世承:《评国联考察团报告》,《中华教育界》,1933年第11期,第3页。

疑。概括而言，"一、该考察团来自异邦，对于中国国情初非熟习，甚至中国文字亦不认识，隔靴搔痒，歧误滋多；二、中国教育界向有欧洲、美洲之分野，学者每以其留学国之教育为南针，每当国内教育倡议改革之时，议论纷纭，辩争时起。兹适考察者尽系欧人，更不免为偏见所蔽。"①因此在细节层面，就难免于事实的错误与理解的偏差；在立场上，就有抑美扬欧的取向。这种知识的纰漏与态度的傲慢，亦引起美国人士的不满。

误解之外，共识亦多。"外人拿了比较客观的眼光，摆脱一切利害关系，根据着一部分的材料而为'忠实'的批评，并在积极方面，还有好些提议，供我们参考，无论如何，总有若干的帮助。"②这些建议经过适当采择，对于中国教育事业的发展无疑有所助益，而其中的某些中肯批评也为美国教育提供了审视的内容。虽然不满考察团对美国教育的某些误解，罗素（William，F. Russell）依然指出"美国和中国都不应忽视这报告书的重要性，这是欧洲四个国家中四个名学者的工作，……其论科学教学、欧洲中等教育、大学教育诸部分，确是有所供献"③。具体而论，在各国竞相以独断的唯物主义看待科学与技术，尤其在中国重采欧美技术设备而求社会进步的浪潮中，考察团报告直陈科学技术表象之下的智力训练所包含的内在价值，"如论科学教育这一章，可被传读于世界各地的。这一章很有诗意地说科学的世界，并非是由一个夸张的唯用的独断的唯物主义所造成的，它只是

---

① 黄问歧：《国联教育考察团报告书中引证错误之纠正》，《中华教育界》，1933年第11期，第33页。

② 罗廷光：《评国联教育考察团报告书〈中国教育之改造〉》，《中华教育界》，1933年第11期，第10页。

③ ［美］罗素：《评国联的中国教育调查团报告书》，倪文宙译，《中华教育界》，1933年第11期，第54页。

古人作品中真善美的新表出"①。这种认识虽迂远但深沉，对于急功近利的实用主义无疑是一种警示，但其意义和价值却未得到深切的体认。

高等教育的论述方面，考察团的报告对中国教育区问题，尤其是高等教育分布问题提出了严厉批评："高等学府皆集中于少数地方，如北平、上海等地，而适宜于高等学府之中心区域，往往完全缺乏大学，或为数甚少，且有全省毫无高等学府之设置者，如贵州与山西是；而不宜于设立高等学府，且学生不多之处（甚至区域极大，亦苦于缺乏学生），反而有大学之设立。至若高等学府之进行计划，亦与当地最急切之需要全不相合。其设置既毫无计划，且甚不平均，故常有大批学生负笈远道之现象。"②这一分析，得到熟悉国内教育情状的学者积极呼应，"报告书中之最可注意者，为所提出之'全国学校之分布'问题——即教育区问题。此问题确'于中国教育之发展，至为重要'"③。虽然以当时的形势而言，匆匆往返的考察团仅提出应该确立教育区建设的主要原则，至于学校的设立地点则由教育当局根据原则加以选择，具体举措则语焉不详。但是，国内外专家学者的积极关注，开始在中国高等教育制度引进的本土化议题之外，同时关注到高等教育区域分布的均衡化问题。

国联教育考察团一行，在短暂的时间内，对中国教育进行了概观性的考察，并根据其见识和立场，提出了中国教育的改进意

---

① ［美］罗素：《评国联的中国教育调查团报告书》，倪文宙译，《中华教育界》，1933 年第 11 期，第 50 页。

② 国联教育考察团：《中国教育之改进》，国立编译馆译，国立编译馆，1932 年版，第 55 页。

③ 罗廷光：《评国联教育考察团报告书〈中国教育之改造〉》，《中华教育界》，1933 年第 11 期，第 15 页。

见。就其初衷而言，他们试图为中国教育发展提供建设性意见；就其困难考量，时间、语言、资料、文化皆为考察深入的障碍；就其立场出发，彼辈试图改变中国教育的美国化而导向欧洲化。基于以上种种，考察团报告的作用与效果值得怀疑。但是，通过这种方式，欧美思想与中国制度在此情境中获得广泛的交流和碰撞，一些显著问题和建设性意见亦得到普遍赞同，无疑为彼时国民政府的教育整顿提供了外部支持。"国内教育家的言论，似不易为当局所重视，而外国人的建议，则颇有'水到渠成'或'着手成春'的功效；这并不是什么媚外的心理，乃由于刺激更换，外人之来，耳目一新，旧话重提，亦觉得别有滋味。"①国联考察团的意义所在，即提供了外来的刺激，又激发了国内的讨论，为推动教育改革尤其是高等教育整顿提供了支持。制度引进的本土调适与区域分布的均衡问题，延续了大学区制改革的余绪，开启了西北教育开发的议题。

第三节 "开发西北"中的教育变动

北伐之后，南京国民政府在地方割据纷起的情况下努力维持着形式上的统一，而日本占领东北、威胁华北，不断压缩着中华民国的生存空间。处此危局，为了积蓄对日作战的力量，国民政府希望将西北和西南尽快纳入其有效管辖之下，以应对可能的战争威胁。较之西北，当时中央对西南地区尚无法实现有效控制，"吾人日前论川事，以为四川亦中国最后之堡垒，故属望四

---

① 罗廷光：《评国联教育考察团报告书〈中国教育之改造〉》，《中华教育界》，1933年第11期，第10页。

川军人觉悟者甚切。惟四川今尚未定，中央政令犹不通行，故宜暂作别论。至于西北数省，则中央政令完全贯澈（彻），其官其民，莫不仰望中央以为之主持"①。因此"开发西北"就成为困境之中的可行选择。诸多建设内容之中，高等教育作为提供智力支持和人才培养的重要一环，尤其受到关注。现实的迫切需求与西北地区高等教育发展落后之间的矛盾，使得建设人才的培养和高等教育的发展成为西北开发的当务之急。南京国民政府教育部的教育整顿与国联教育考察团的改革建议，均对于当时高等教育区域分布失衡的状况提出批评，并从高等教育的合理布局层面提出了改革方案。由此，社会需要与教育改革在"开发西北"的层面实现合流，开启了战前中国高等教育区域分布向西北倾斜的进程。

一、"开发西北"战略

民国以来，战乱频仍，政权更迭频繁，中央政府无暇顾及西北发展。虽然孙中山早已在《建国方略》中对西北建设提出规划，即建设铁路网络沟通欧亚，"此不仅有利于中国，且有以利世界商业于无穷也。故中国西北部之铁路系统，由政治上经济上言之，皆于中国今日为必要而刻不容缓者也"②。然而由于缺乏稳定社会环境和经济支持，建设计划成为纸上空谈。直至北伐结束，国民政府定都南京，方才重启大规模的建设事业，开发西北被提上日程，进入酝酿阶段。然而国民政府的各项议案尚未开展，西北地区便因地方割据与经济问题再次陷于灾荒与战乱。

---

① 张季鸾：《应尽先注意西北建设》，《大公报（天津）》，1933 年 8 月 1 日，第 2 版。

② 孙文：《建国方略》，民智书局，1922 年版，第 162 页。

"大家知道在全国中最苦的地方，人民生活最艰难的地方，社会文化最落后的地方，受军阀官僚土匪强盗搜刮剥削最甚的地方，无疑的就晓得是西北。再加之近几年来天灾流行，所以西北地方变成天灾人祸最苦恼的地方。"①经过清剿与赈灾，西北地区暂时恢复安定。1930年国民政府建设委员会提出了《西北建设计划》，无奈推进缓慢。"民国虚度二十年，弃土弃民，于西北犹漠置。海防早失，而后方无交通，无经济，无工业，无一切必需之设备。"②直至1931年"九一八"事变爆发，西北地区的战略价值迅速凸显，"以今日之国势而论，东北则藩篱尽撤，东南则警耗频传，一有非常，动侵堂奥，故持长期奋斗之说者，力主西北之建设，以保持民族之生命线"③。在官方和民间的积极推动下，各方开发西北的热情持续高涨，均提出建设性意见以推进开发的深入。

西北地区包括当时的陕西、甘肃、宁夏、绥远、青海、新疆六省，面积约占全国的32％。人口仅占全国的6％。"全国面积约三千三百二十万方华里，西北六省面积约一千一百六十万方华里，实占三分之一，……现举国患贫，而少数资本犹聚集海岸，一旦国家有故，精华岂不尽失，淞沪之役，可谓殷鉴，但内地之贫，实因生产力薄弱……我国人口密度，东南密而西北稀，各处统计不一，兹据邮政局及户口统计之平均数，西北六省，每方华里不及二人，而内地各省平均每方华里四十人，尤以苏浙闽冀鲁为最

---

① 戴季陶：《西北文明之再造》，戴季陶等编：《西北》，新亚细亚月刊社，1930年版，第30页。

② 《行矣第一机》，《国闻周报》，1932年第1期。

③ 邵元冲：《西北建设之前提》，《建国月刊》，1936年第2期，第2页。

密，西北货弃于地，而内地米珠薪桂。"①长期以来，由于地处偏远，民生凋敝，西北地区殊少为国人关注。"一般人对西北都有一种很不好的印象。……所以到后来一般人视'到西北去'无异宣告死刑。非万不获已，再没有人自动的跑到西北去看一看。去过一次回来之后，言谈记载复多斥为异域。积久相沿，到现在西北仍然是西北，中央仍然是中央。"②南京国民政府初期，西北更是烟毒泛滥，天灾不断，民众生活苦不堪言。随着外患的深重，"所以我们从国防上观察，不立刻自己去积极建设西北，恐怕西北一块土，将由他人去建设了"③。西北地区作为战略后方所能发挥的作用，开始受到重视。1932 年 7 月，上海文化界、实业界 200 余名学者名流发起成立西北问题研究会，以研究西北问题、发展西北事业为宗旨，同年 8 月 31 日研究会西安分会成立。有关西北问题研究的《西北研究》《开发西北》《拓荒》等刊物，也相继问世。《大公报》《申报》《中央日报》等国内主要报刊也对西北问题积极关注，为开发西北建言献策。张季鸾指出：

> 是则国家为固本自卫之计，必须经营后方，以备不测，故西北建设，在今后尤为重要。……吾人今愿建议政府，其决心集中全力于西北之建设！沿江海诸省之事，暂听其自然发展，而以最大部分之财力人力，用之西北。此不惟适合地方之需要，且为准备国防应付外患计，亦最适宜。④

---

① 张人鉴：《开发西北实业计划》，北平震东印书馆，1934 年版，第 4—6 页。

② 李天织：《神秘的西北》，《国闻周报》，1934 年第 27 期。

③ 曾养甫：《建设西北为本党今后重要问题》，秦孝仪主编：《革命文献·抗战前国家建设史料：西北建设（一）（第 88 辑）》，文物供应社，1981 年版，第 26 页。

④ 张季鸾：《应尽先注意西北建设》，《大公报（天津）》，1933 年 8 月 1 日，第 2 版。

国民政府内部,关于开发西北的计划也在积极筹议。1932年3月5日,国民党四届二中全会议决"以长安为陪都,定名为西京,以洛阳为行都",并成立西京筹备委员会和全国经济委员会西北办事处等机构。此项设计,体现了南京国民政府鉴于华北中心北平的危机,有意将西安建设成为北方第二中心的用意。1934年4月,国民政府经济委员会负责人宋子文视察陕甘时表示:"西北的建设,不是一个地方问题,是整个国家的问题,现在沿江沿海各省,已经在侵略者的炮火之下,我们应当在中华民族发源地的西北赶快注重建设。"①强调西北建设作为国家生命线的意义和价值。

通盘筹划的基础之上,南京国民政府的西北开发战略逐步进入实质性操作阶段。立足国防、政治、经济建设的实际需要,以及西北地区地理、政治、经济等方面的现实状况,"若就历史上、政治上、经济上之地位以言,则建设西北国防,当先借西安为起点,现在中国整个之国防计划,主力既在集中西北,则建设国防,自当自西安始,关中之建设暨毕,乃经营兰州,而以甘肃为起点,完成整个之中国国防"②。一系列的建设举措,开始以西安为中心向周边扩展。

开发西北,首重资源的开发和民生的改善,以便为可能的战争提供战略支撑。面对西北地区道路隔绝、民生凋敝的状况,时人皆以交通、水利、农垦等事业作为开发西北富源、改善地方民生的有效举措:

①　《宋子文演讲》,《大公报(天津)》,1934年5月9日,第3版。
②　戴季陶:《建设西北之重大意义》,秦孝仪主编:《革命文献·抗战前国家建设史料:西北建设(一)(第88辑)》,文物供应社,1981年版,第47—48页。

再讲经济方面，在表面上看起来，似乎人民的生活很困难，但地下的蕴藏很丰富，如煤矿、煤油矿之类……我们如能开发地下富藏，将来我国的工业，大有希望，不必仰赖他国，不致受他国的牵制。又如农业，西北的土地，并不硗瘠，不过因水利不能改良，所以出产不多，以后我们如果注意水利修浚，黄河农业，必大有发展。又西北甚适宜畜牧业，……交通方面，我们沿海各地，不免要受国际上的牵制，我们要另开辟新途径，如果从西北兴建一条长铁道，直达小亚细亚，不但为我国交通开一新局面，且可成为欧亚交通的中心。[1]

开发西北的各项建设，在政府和民间的共同努力下迅速实施。交通事业方面，国民政府从 1929 年开展陇海铁路向西北的延伸工作，由于受战乱影响，直至 1930 年 12 月，方才完成从河南灵宝到陕西潼关段的续修。1931 年 4 月，继续修筑了潼（关）西（安）段、西（安）宝（鸡）段，并于 1937 年 3 月通达宝鸡。至此，陇海线宝鸡以东至连云港的 1075 公里铁路全线贯通，为促进东西部交流提供了便利。公路方面，国民政府为了适应国内政治、经济需要，积极开展省区公路线路的建设。1934 年春，全国经济委员会设立西兰工务所，修筑西安到兰州的公路，于 1935 年 5 月 1 日完成，全长 753 公里。1934 年 9 月开工建设西安到汉中的西汉公路，全长 447.6 公里，于 1935 年 12 月完工，成为沟通西北与西南的重要通道。此外甘青线、甘新线的建设也在积极

---

[1]　邵元冲：《开发西北的重要——二十一年三月二十一日在中央党部留京办事处纪念周讲演》，秦孝仪主编：《革命文献·抗战前国家建设史料：西北建设（一）（第88辑）》，文物供应社，1981年版，第33页。

推进，从而构筑起西北地区的交通网络。

水利事业方面，国民党四届三中全会通过《西北开发案》，对西北水利事业进行了统筹规划，并形成了一系列决议。1936年全国经济委员会制定《全国水利建设五年计划大纲》，涉及西北地区的计划案包括"完成关中八惠灌溉工程""整理绥远、宁夏、甘肃水渠"等，以加强西北地区的水利建设。作为西北建设中心的陕西，救灾和兴业并举，极大改善了当地的经济状况和社会面貌。陕西省政府厉行禁烟，提倡棉花种植；各处商业银行积极开展对陕西农村的投资。"陇海路贯通陕西后，适陕省棉产丰收，数年灾象一扫而空，今已成为中国棉产最富之一省，但郑州以西尚未见有大规模之纺纱厂。……关中自古水利工程完善甲于全国，今在专家李仪祉先生指导之下，不独渐复旧观，且进而新辟多渠，使农田收成增益，已收大效。"[①]西北的农业生产在开发潮流中逐渐得以恢复发展。

国民政府开发西北的举措乃是面临战争威胁之下的应对，"国民政府对西北的重视首先是基于军事的、政治的考虑，是一时的权宜之计。而西北当时的落后状况却很难担负起重要的战略后方这一重任"[②]。虽然如此，国民政府将建设重心向西北转移，基于政治意图与经济考量，为西北地区的开发提供了制度倾斜和经费支持，教育发展亦成为题中之义。

二、教育上的应对

随着西北开发的渐次深入，文化与人才问题成为建设进程

---

① 庄泽宣：《陇蜀之游》，中华书局，1937年版，第131页。

② 葛飞：《国难声中的西北开发》，《中州学刊》，2001年第1期，第135页。

中亟待解决的问题。其时，西北地区文化衰败，教育落后，人才极为匮乏。戴季陶在讨论西北问题时即认为救济北方同胞应同时关注生活的穷与知识学问的穷，"必须振兴农业以救人民经济生活之穷，振兴教育以救人民知识学问之穷"[①]。作为中华文明的发源地，西北地区的衰落令人痛心，而受时局动荡和经济落后影响的西北教育事业更是濒临破产。开展西北建设，需要大量的人才，而当时的教育事业如前所述，区域分布不均，人才培养失衡，"一方面用非所学，以致事浮于人；一方面学非所用，以致人浮于事。我们推求这个原因是多少年来办教育的根本上有一个错误，譬如开发西北的人才有没有呢？没有！普通的人才有没有呢？很多。学校不顾社会的需要，大批的造就不切需要的人才，于是'事'需要'人'很难，而'人'需要'事'一天天增加"[②]。为了改善这一局面，调整人才培养结构和发展西北教育事业就成为开发西北过程中亟待解决的一个问题。截至1931年，西北六省中仅有专科以上院校二所：新疆俄文法政学院、甘肃学院。随着"开发西北"政策的实施，西北高等教育尤其是陕西高等教育的发展受到重视。其进程中尤可关注者，为国立西北大学的波折和国立西北农林专科学校的建立。以上诸端，激发了陕西高等教育的复苏，为开发西北提供了高等教育基础和专业人才支撑。

（一）西北大学的起落

陕西的高等教育源头，可以追溯到1902年陕西大学堂的筹

[①]　戴季陶：《救济西北与开发西北》，戴季陶等编：《西北》，新亚细亚月刊社，1930年版，第15页。

[②]　陈果夫：《开发西北及建设人才之造就问题》，秦孝仪主编：《革命文献·抗战前国家建设史料：西北建设（一）（第88辑）》，文物供应社，1981年版，第45页。

办。辛亥革命前后,陕西高等学校、陕西法政学堂、三秦公学奠定了西安创办大学的基础。1912 年 3 月,陕西"中华民国秦军政分府"大都督张凤翙鉴于西北人才缺乏,成立西北大学创设会,积极筹建西北大学。其致函教育部:"交通便利之省份,设立大学尚可暂行缓图,若西北则地方如此辽阔,关系如此重大,人才如此缺乏,内观外顾,忧心如焚,急起直追,犹虞不及。"①为了尽快加强西北建设,培养急需人才,陕西省通过与甘肃、新疆两省商议,决定协同创办西北大学。

建校伊始,人财两乏。在文教落后的西北创建高等学府,无论在经费、师资、生源等方面,皆成问题。"回忆元年春季本校开学,仆承乏财司、每月仅筹三百金,区区之数,犹有几许掣肘者,即此一端已可概见,此吾西北大学处于财政方面艰难缔造之历史一也。"②校舍方面,虽然拟以西安市桥梓口以北地区为建校基地,囿于经费无着、开学在即,只好利用原有各校旧址。校本部和法、商两科设在老关庙什子万寿宫原法政学堂旧址;文科在报恩寺街南教场;农科先在举院后院枣刺巷,后移至原农业学堂旧址(即今西北大学院内);预科在东厅门陕西大学堂;印刷所在西五台庙内。师资方面,学校聘请了省内曾在日本学习法政的留日学生和前清举人,从外省聘请了少数教师。当时,陕西省内各县中学毕业生人数有限,甘、新等省更为稀少,于是学校拟先设大学预科,待预科学生毕业后,再开设大学部;同时在原法政学堂基础上设立专门部,招收部分中学毕业生,并将三秦公学、陕

---

① 《张凤翙致教育部函》,西北大学校史编写组:《西北大学校史稿》,西北大学出版社,1987 年版,第 4 页。

② 崔云松:《西北长城惟诸君是赖——送西北大学学生留学东瀛序》,杨德生主编:《西北大学教育理念文选》,西北大学出版社,2004 年版,第 20 页。

西农业学堂、陕西实业学堂等校学生并入，设立法、文、商、农各专科，学制三年。待到规模初具，1912年春节西北大学开始招生。按照《西北大学章程》规定："本大学分为大学部、专门部及大学预科三种，大学部暂分为文、法、商、农四科，专门部亦分为文、法、商、农四科，大学预科分为第一部、第二部，第一部为文、法、商三科之预备，第二部为农科之预备。"①西北大学的建成招生，吸引了陕、甘、新等省的学生报考，缓解了西北地区青年求学深造的困难。全校第一届招收学生约五六百人。限于学生水平，西北大学首先招收了专门部文、法、商、农各科及大学预科，待到预科学生毕业之后再开办大学部文、法、商、农各科。

为了谋求进一步发展，1912年11月，陕西督署府就西北大学一事向袁世凯政府教育部咨请立案，教育部以经费浩繁、妨碍普通教育为由责令西北大学停办。陕西都督张凤翙针锋相对，声言筹办西北大学"非该校长等好为铺张，亦非本部都督自取苦恼，此其中是有设立之必要，无停辍之可言"②，坚持西北大学的举办。未几，陕西政局动荡，1914年袁世凯调张凤翙赴京，派其亲信陆建章入陕，随后逮捕西北大学校长钱弘钧，由关中道尹宋焕彩接任。受此影响，西北大学人心浮动，至1915年春季开学时，仅有学生100余人，陆氏随即将西北大学撤销，改设公立陕西法政专门学校。

经过近十年的沉寂，1923年主持陕西政局的军阀刘镇华筹议再次兴办西北大学。1918年入陕的刘镇华集军权、政权于一

---

① 西北大学校史编写组：《西北大学校史稿》，西北大学出版社，1987年版，第6页。

② 西北大学校史编写组：《西北大学校史稿》，西北大学出版社，1987年版，第7页。

身，以"西北王"自居，残酷剥削压榨陕西民众。为了抵制"五四"以来的新文化、新思想，其百般克扣教育经费，摧残教育事业。从1921年底到1923年11月，深受其苦的陕西民众驱逐刘镇华的斗争此起彼伏。为了缓和民众情绪，培养私人亲信，刘镇华于1923年8月宣布筹办西北大学，成立西北大学筹备处，任命傅铜担任处长。筹备西北大学期间，刘镇华就校址问题与甘肃、新疆两省都督洽商，皆认为无论是从启迪西北文化出发，还是从交通便利等方面考虑，设校陕西较为适宜。不意甘肃教职员联合会提出异议，认为甘肃处于陕、新两省之间，三省筹办大学，校址应以甘肃为适中。陕西教育界对此陈述意见，坚持以西安为校址。一校之设置，引发两省教育界的争议，于此可见西北地区对高等院校设置之企盼。在此争议中，刘镇华加速了建校工作，表态将以陕西烟卷特税每年40万元作为办学经费，并邀请当时在西安讲学的康有为书写西北大学门牌。1923年10月，西北大学在北京设立办事处，开展购置器材、聘请教师等工作。当时正值曹锟贿选总统前夕，为了拉拢西北地方势力，曹锟同意了刘镇华领衔要求教育部批准西北大学立案的通电，表示"西北以地形关系，风气未尽开通，联省筹设大学洵为当务之急，当已转电院部迅予批准立案矣"[①]。1924年1月，北洋政府正式批准西北大学立案，任命傅铜为校长。通过合并陕西法政专门学校、水利工程专门学校、渭北水利局附设之水利道路工程专门学校及甲种商业学校。1924年3月，西北大学正式开学上课。

为了扩大影响，加强交流，1924年暑假西北大学与陕西省教

---

① 李瘦枝：《"刘记西北大学"的创办与结束》，中国人民政治协商会议陕西省委员会文史资料征集研究委员会编：《陕西文史资料选辑（第3辑）》，中国人民政治协商会议陕西省委员会文史资料研究委员会，1963年版，第181页。

育厅合办暑期学校,邀请鲁迅、夏元瑮、王桐龄、林砺儒、蒋廷黻、陈定谟、陈钟凡、刘文海以及北京晨报记者孙伏园、京报记者王小隐等国内知名人士来陕讲学。参加演讲的蒋廷黻回忆:"在西北大学夏令营演讲是很辛苦的。那儿的学生比平津的年纪大,像人面狮身像似的坐在教室里,他们太没有礼貌,不是喧闹就是打盹。我简直弄不清楚,他们是否还知道有我这个人在。"①言辞中的抱怨,反映了当时西北高等教育沉闷的一面。不过,平津地区教授学者的到来,为西北的文化教育事业带来知识的补充和思想的冲击。一时间,西安名家荟萃,听者云集,人数有七百余人。此次暑期学校的学术讲习,扩大了西北学界与国内学者的交流,促进了西北学术文化的发展。

1925 年刘镇华败退太原,国民军进驻西安,西北大学即由著名水利专家李仪祉兼任校长。受战乱影响,西北大学教员辞职与学生退学者众多,全校教授及讲师仅剩 27 人,学生减少到 174 人,经费日趋困难。1926 年春天,刘镇华接受吴佩孚命令围攻西安,历时八个多月,导致全城饿莩遍地,师生离散。11 月冯玉祥领导的国民军联军入陕,打败刘镇华,始解西安之围。西北大学在此战乱侵袭中,飘摇欲坠,"国立西北大学开办于兹三年有余,因规模过大学生过少,经费人才两感困难,兼之围城八月挹注无望,早已演成僵局状况"②。在国共合作的大革命时期,为了革命发展和干部培养的需要,国共议定以西北大学一切校产经费改办西安中山学院。同年 3 月 10 日,中山学院成立,设立农民运

---

① 蒋廷黻:《蒋廷黻回忆录》,岳麓书社,2017 年版,第 124 页。鲁迅在西安讲学的情形,见单演义:《鲁迅讲学在西安》,长江文艺出版社,1957 年版。

② 西北大学校史编写组:《西北大学校史稿》,西北大学出版社,1987 年版,第 22 页。

动班、军事政治班、组党班、妇女运动班、地方行政人员暑期训练班,成为国共合作时期西北地区军政干部的培养学校。1927 年7 月,国共合作破裂,冯玉祥部下石敬亭在西安进行清党反共,逼迫在中山学院工作学习的共产党员与青年团员离校,随即解散中山学院委员会,不久改中山学院为中山大学。1931 年 1 月,由于生源、师资、经费等问题,西安中山大学改为陕西省立高级中学。

　　西安中山大学停办之后,"九一八"事变与"一·二八"事变的接连爆发,西北地区的战略意义和文化价值凸显。面对开发西北的诉求,大学重建作为一项影响深远的国家事业受到关注。1932 年,以促进西北文化发展、提高西北民族地位为宗旨的《新西北(上海)》创刊,首卷第 1 期即刊发康天国《西北应设一国立大学》,指出东南地区与西北地区高等教育机构分布的畸形,提议"吾人以为今后我国当局欲谋整个中国文化程度与夫人民知识程度之提高,须由中央经费来创办一法学、理学、教育、文学、工学、农学、医学、体育八院完备之一国立西北大学于西北不可也"[1]。此番设想,规制宏大,虽然用心良苦,但就其设立与维持而言,则远远超出地方的承载能力。陕西地方政府则从更为切实的层面,充分利用国立西北农林专科学校的设立以及国立东北大学的迁入,"拟向中央建议筹设西北大学,先办采矿、土木工程及牧畜三科,以应目下需要,至农林科则已有中央西北农专,理科则有东北大学,为免重复,而节经费计,故暂时不拟另行筹设"[2],力图通过专业互补的方式,节省经费,兴办大学。为了有

---

[1]　康天国:《西北应设一国立大学》,《新西北(上海)》,1932 年第 1 期,第 19 页。
[2]　《陕教厅拟向中央建议筹设西北大学》,《大公报(天津)》,1936 年 5 月 5 日,第 4 版。

效满足西北地区的现实需要，其他的筹办设想则从专业布局的角度构想了西北大学的重建计划，力求组织结构的完备：

> 是以今日西北大学之内部组织，其首要者，当为农学院之设立（苟将西北农专合并，自无另设之必要）。其次为医学院，良以西北人民大多不谙卫生之道，对于民族健康关系至巨，若于此时而不急谋补救，则恐日后之噬脐莫及矣。其次为理工学院，西北物产丰富，足资吾人利用者至多，此科学之试验与制造，亦为不可少也，他若文法学院之设立，在时间固可稍缓，然若西北旧有文化之发扬，及西北各省司法之改良，似亦不能与东南各省重理科轻社会科取同一态度也。[①]

再造西北大学，同时关系到西北青年的求学深造问题。虽然西北各省通过资送学生前往国内著名高校就读的方式对此问题加以化解，但是该方式培养人才数量有限，增加学生的求学成本，普通青年难以承受。西北公学校长孙绳武鉴于招收甘、青、宁、新等省区回民子弟的公学仅有中学部，难以满足西北青年的求学需要，"与在平同志会商，拟于最短期间，成立西北大学，以备养成开发西北专门人才，已在宣外牛街西北公学内，成立西北大学筹备处"[②]。经过1934年的初次筹备失利，1937年3月报载孙绳武再度筹备西北大学，"校址牛街西北中学校，本年暑假内即可筹备就绪，开始招生云"[③]。北平之私立西北大学的创设，作

---

① 《筹设西北大学》，《西京日报》，1936年3月8日，第3版。
② 《西北公学筹设西北大学，推定蔡元培等为筹委》，《京报》，1934年4月11日，第7版。
③ 《孙绳武等筹设西北大学，聘马鸿逵等位筹备委员长》，《京报》，1937年3月23日，第7版。

为民间力量创办大学支援西北教育的努力，与官方的实施方案并进，虽然未见较大成效，仍然反映出当时社会各界对西北高等教育的关注。

重建之外，改组亦是在资源有限的情形之下实现西北大学再造的有效手段。地方专科以上学校的扩充，以及流亡的东北大学的改组，作为可供选择的方案，受到各方认真讨论。1935年11月，国民党第五次全国代表大会通过杨一峰等人的《请设国立西北大学以宏造就而免偏枯案》，提出"就河南、陕西、甘肃等省专科以上学校，改为国立西北大学，校址设西安，而于开封、兰州等处各设分校或学院"①。虽然提案迅速通过，但是各方运作缓慢。迟至1937年6月，陕西省教育厅厅长周伯敏、西北农林专科学校校长辛树帜等仍向教育部请示办学方针，"预于暑假间返省后，即正式筹备设计，西北大学校址，刻虽未经正式决定，但据负责方面谈称，大概在西安近郊地带，不拟在城内设立。至另讯称，武功农林专校将来将并入西北大学合办，此事尚在进行计划审慎中，至时方可定夺"②。暑假尚未结束，卢沟桥事变发生，和平时期再造西北大学的设想未能实现。

"九一八"事变之后，东北学生进入关内，省立东北大学成为流亡大学，先后辗转北平、开封、西安等地。由于学习环境不佳和国家危亡触动，东北大学屡屡酿成风潮。为了有效安置东北大学师生，同时满足西北地区高等教育发展需要，改组东北大学建立西北大学的设想，成为各方备选方案之一。1933年7月，关

---

① 杨一峰等：《请设立国立西北大学以宏造就而免偏枯案》，秦孝仪主编：《革命文献·抗战前国家建设史料：西北建设（二）（第89辑）》，文物供应社，1981年版，第74页。

② 《辛树帜等筹设西北大学》，《西京日报》，1937年6月25日，第7版。

注西北发展的社会人士举行开发西北协会第一届年会，会员陈高镛、何挺杰在《恢复西北大学案》中提出："因之在三四年前视西北大学为不足轻重，而在今日则须重新恢复，且自东北沦亡以来，东北大学亦随之瓦解，……故恢复西北大学最大目的固为西北造就人才，而亦可以说是将过去的东北大学重现于西北也。"①此前亦有报道声称："顷河南大学，因需用大礼堂，乃促东大迁移，东大当局，臧启芳商得教部同意，由汴迁西安与西北农大专校合并改为西北大学。"②失去故土凭依的东北大学，长期受到张学良的支持，成为维系东北人士团结的纽带。随着张学良在西安事变之后遭到软禁，东北流亡力量严重受挫，"东北大学的改组国立实际上是西安事变后国民政府解决'东北流亡势力'全盘计划中的一环"③。依此设想，由省立到国立，从东北到西北，打击东北流亡势力与推进西北大学建设，强化政府对东北大学的控制，成为国民政府教育部改组行动的动力来源。随着全面抗战的爆发，全国高校纷纷内迁，东北大学的改组计划随即中止。

另外，鉴于平津地区高校云集，高等教育分布结构失衡，国民政府教育部、陕西省地方政府均有大学迁移计划，试图将北平大学或北平师范大学迁往西安。北洋工学院院长李书田考虑到战争威胁，亦打算将西安作为战时备选之地。以上三校或被动或主动的迁校计划最终未能实施，通过"外源"再造西北大学的设想也未能实现。以上种种，皆为全面抗战爆发后三校西迁陕

---

① 开发西北协会：《开发西北协会第一届年会报告书》，国民印务局，1933年版，第39页。

② 《汴东北大学昨开始迁移西安》，《益世报（北京）》，1937年5月1日，第8版。

③ 王春林：《地域与使命：民国时期东北大学的创办与流亡》，社会科学文献出版社，2019年版，第106页。

西组建国立西北联合大学提供了背景铺垫,也是 1939 年国立西北大学重建的远因。

(二)西北农林专科学校的筹建

经过动荡波折,以西北大学为代表的陕西高等教育重新沉寂,但就国内形势与地方需要而言,陕西乃至西北地区高等教育的发展仍为当务之急。1934 年,《申报》记者陈赓雅讲述了他考察采访陕西所见:

> 陕西尚无高等教育,有主张应办大学者,但经费、设备及师资,在在均成问题。目前补救办法,确应实事求是,多选派学生分入国内外大学,予以官费,培养高等教育方面需要之人才。同时并添设农、林、工业等专科学校,以造就生产实际人才。中央拟在西安或兰州办一西北大学及在武功办国立农林专科学校。此事在环境上,既极需要,在实际上又甚有效力,甚望早日实现也。[①]

这里提及的国立农林专科学校,即当时正在筹办之中的西北农林专科学校。虽然西北大学因改制消失,但在教育整顿和开发西北双重推动之下的西北地区高等教育发展,呈现彼伏此起的状态。西北农林专科学校即为这一背景下创办的专科学校。该校的设立,有着惨痛的时代背景。彼时关中地区屡受战乱侵袭,又遭遇 1928 年至 1932 年的旱蝗灾害,加以瘟疫流行,造成近三百万人死亡,地方民生凋敝,十室九空。为了改变这一境况,迅速恢复生产,需要培养大批农林、水利、交通等方面人才。戴季陶于 1932 年 5 月赴陕考察时提出筹设西北农林专科

---

① 陈赓雅:《西北视察记(下册)》,上海申报馆,1936 年版,第 459 页。

学校的动议。同年 10 月，国民党中央政治会议通过了于右任、戴季陶等人呈交的"筹建建设西北专门教育初期计划议案"，成立了筹建建设西北专门教育委员会，并推选戴季陶、于右任、吴稚晖、李石曾、朱家骅等人为筹备委员。同年 12 月，委员会更名为"建设西北农林专科学校筹备委员会"，公推于右任、张继、戴季陶三人为常务委员。

1933 年 1 月至 3 月之间，学校筹划建址咸阳，后以地方与农校条件不合而作罢。"当时倡议颇多，有主张武功贞元镇者，有主张校舍建于周至楼观台及马召之间，而仅辟农场于武功境地者。后经筹备委员会决定，以在武功县境内勘查适当地址为原则。"①个中缘由，首先，武功为中国农业之发祥地；其次，学校远离西安，易于整饬学风；再次，陕西灾荒造成武功人口锐减，农校可以成为开垦荒地的主要力量；同时，武功近于山地，可为学校提供林场。戴季陶在西北农林专校创办前后，用力甚勤，专门撰写《关于西北农林教育之所见》，拟定办学的初步计划与发展规划：

> 吾国自大学设立农林专科以来，但在场圃之艺植，不切实际之耕种。愿学为农官，不屑作农民；其成绩如何，大众皆知其仅有伤心而已。西北农林专校，万不可再蹈覆辙。贤意此校不特当为西北造林垦荒事业之中心，兼当为全国新农林大学之起点。以贤之理想言：此校应一洗从前各地农林学校花坛式艺植之现象，易而为辅助平民，增加生产，

① 《本校在武功筹备以来之情况》，《西北农林》，1936 年创刊号。

实际有用之新企业,新经营。①

为了矫正先前农林教育高谈学理、不重实际的弊端,学校从开发西北农业、复兴西北农村的宗旨出发,力求"教育生产化""学校农村化""学生农人化","过去之农林学校,往往侧重理论,而轻视实地耕作,……本校应力除此弊,使学生脱去书生习气,崇尚朴实,布衣粗食,与农人生活相似"②。此种立场反映在校园建筑建造方面,有人力倡朴素坚固即可,宜建平房;有人以学校为西北最高学府,理应以现代化为原则,需要宏壮美观。经过商讨,最终确定校园建筑建造的折中办法:

Ⅰ.校舍于坚朴适用美观原则之下,分建平房及楼两种。

Ⅱ.校舍布置,正中先建三层大楼一座,作全校办公室专科学生教室及试验室等之用,以免气势平散,而收工作集中之效。

Ⅲ.其他各项建筑,如大礼堂教职员及学生宿舍,附设高职办公室、小学、邮局、医院及各组场应需房舍等,概分布修盖平房。至图书馆、陈列馆、体育馆等,待有建楼需要时,可临时斟酌经费措办之。③

经过中央与地方的共同筹划,在戴季陶、于右任等人的倾力支持下,西北农林专科学校的建设持续推进。1933 年 5 月,戴季

---

① 《关于经营西北农林专校办法之意见书》,戴季陶:《关于西北农林教育之所见》,新亚细亚学会,1934 年版,第 40 页。

② 安汉:《对于西北农林专科学校设施之意见》,《开发西北》,1934 年第 2 期,第 56 页。

③ 《本校在武功筹备以来之情况》,《西北农林》,1936 年创刊号,第 9 页。

陶陪同国民政府主席林森前往西安视察陪都建设与西北农林专校筹建情况。"林语记者，谓陪都建设，关系重大，一切规画，亟待进行，并以西安灾况，依然严重，故特亲往视察，……戴谈，此行唯一目的，在确定西北农林专校校址，及察勘'农''林''牧'三场地点与范围"[①]，表现出政府对学校建设的高度关注。1934年3月22日，西北农林专科学校筹委会公推于右任先生为学校校长，因其并未到校，继续由筹备委员会组织开展各项工作。1936年7月，筹备委员会结束使命，经由教育部聘任辛树帜为校长，分设农艺组、森林组、园艺组、畜牧组、农业经济组、水利组等，并附设高级职业学校。"至于试验地亩，该校计有地七千余亩，除中山大学而外，该校将为全国之冠。"[②]初具雏形的西北农林专科学校成为陕西乃至西北地区农林高等教育复苏的代表，招收的学生亦成为复兴中国农业的新生力量：

> 我为什么要读这校呢？因为此校完全是开发西北，建筑西北，改良西北，……我不愿只顾纸上谈兵，要有实干的精神。……旧同学每人差不多有一遮太阳的草帽，恰如京沪摩登女子所戴的，不过质料粗，作工不好。早晨起绝早，升旗早操，早餐后上课，尤其是上课甚热心，因为是理论与实际并重的原故，把讲业上所学的拿到田间去应用。[③]

国立西北农林专科学校在筹建过程中，相继合并了上海劳动大学农学院和陕西省水利专科班。上海劳动大学农学院于

---

① 《林戴同赴西安》，《申报》，1933年5月10日，第6版。
② 《国立西北农林专校概况》，《大公报（上海）》，1936年6月6日，第12版。
③ 陈永棪：《我考进西北农林专科学校以后》，《中国学生（上海）》，1936年第10期，第9—10页。

1927年由李石曾创建。1932年淞沪会战期间,该校由于地址位于战区,损毁严重。适逢国民政府教育部鉴于北平、上海高校集中,有心改革,由此决定停办上海劳动大学,将其农学院并入正在筹建中的西北农林专科学校,"遂将此批款项移拨成农校经常费,每年六十万元,由中英庚款委员会支发,且将劳大部遗产,归农校继承。故农校的降生,虽应社会之需要,但事实上仍无异劳动大学的转生。不过一个在精华咸粹的海滨,一个却在朔风飘飘的荒岗"①。劳大农学院的加入,为正在建设中的西北农专提供了物质和师资支持,同时体现了当时国民政府在教育整顿过程中对西北地区高等教育的倾斜。此一举措,有助于西北地方农林技术专业人才的培养。但就规模与影响而言,西北农林专校的作用仍然十分有限,无法承担起西北地区高等教育事业发展的重任。

从国立西北大学的生灭到国立西北农林专科学校的筹建,体现了西北地区高等教育发展的曲折。经济方面,以作为西北大学后续的西安中山大学停办为例,"该校经费,系以卷烟吸户捐为来源,由校设局征收,每月不过万余元,经费殊感不足……如欲扩充为完全之大学,则图书仪器等设备,至少非筹得二十万元不可,其每年经常费开支,亦非此数不办,试问目前民穷财尽之陕西,能否担此重负"②;政治方面,种种内政外交方面的困扰,导致国民政府无心亦无力投入高等教育,而在政策取向上以维持和整顿为主。同期,随着四川地区重新纳入中央控制范围,国民政府备战重点区域亦由西北转入西南,于重庆设立行营,推进

---

① 慈阳:《西北农林专科学校创立记》,《中外问题》,1936年第4期,第182页。
② 《西安中山大学改为省立高级中学》,《华北日报》,1931年3月3日,第6版。

地方建设。"1936 年 4 月,(蒋介石)复莅成都、昆明、贵阳,设中央军官学校成都分校,认为四川为天然的根据地。"[1]随着这一变化,西安作为陪都与西北作为中央政府后方的地位下降,虽然中央与地方政府皆有发展教育的愿望,"国民政府谋求加强国家控制,为教育提供更多的资源,并使学校教育更紧密地与经济发展协调起来",然而"内外战争使这种努力无果而终"。[2] 此一时期,西北地区高等教育的发展受时局影响,起伏不定。随着开发西北的热潮兴起,西北地区高等教育向着较为乐观的方向发展。内生的无力与外部的补充,构成了这一时期西北高等教育发展的基本进程。

---

① 郭廷以:《近代中国史纲》,格致出版社,2012 年版,第 445 页。
② 〔美〕罗兹曼主编:《中国的现代化》,国家社会科学基金"比较现代化"课题组译,江苏人民出版社,2003 年版,第 398 页。

第三章　烽火弦歌路：从西安临大到西北联大

　　内忧外患之际，南京国民政府教育部主导的教育整顿成效不尽如人意。"九一八"以来的日军侵华，从东北到华北，引发了战区高校的被动迁移。日军对中国文教机关的蓄意摧残，国民政府坚持抗战的既定方针，加以各校师生不愿沦为亡国奴的爱国热情，促使各高校迁往内地继续其教育事业。全面抗战爆发之前的迟疑和爆发的突然，严重影响了战区高校的正常运作。为了安置平津地区的高校，国民政府迅速组建长沙临时大学和西安临时大学以保持教育不辍。就内迁的事实而言，此前念兹在兹的高等教育区域结构调整，由于战争原因，以别样方式促成，西部各省逐渐云集了沿江沿海地区的高校。迁居西北的国立西北联合大学成为当时一支重要的教育力量，为封闭落后的西北地区注入高等教育资源，一改此前西北教育的落后面貌，构建了较为完整的高等教育系统，涵盖文、理、法、商、医、工、农、师范等方向。虽然是意外因素促成的教育迁移，但其流变，呼应了此前高等教育区域协调发展的时代诉求，成为影响西北联大改组合分的关键因素。

第一节　全面抗战前的教育政策

　　战争威胁下的教育事业何去何从，成为 20 世纪 30 年代平津地区教育界关注的核心问题。东北三省陷落后，日军频频在华北地区制造事端，并对北平形成合围之势。和战不定之际，置身战线前沿的平津高校面临巨大困境，亟待解决两个方面的困扰：一方面是迫在眉睫的现实问题，即平津国立高校的去留与否；另一方面则涉及长远的制度性反思，即非常时期如何维持教育运作？关于前者，军事失利与政治妥协的双重压力之下，平津地区教育事业的保持运转，除了弦歌不辍的教育价值，更具一种安定人心的社会作用。因此，虽然持续存在关于大学迁移的呼吁和争议，但是各方始终未能达成共识，平津各高校在观望维持中遭遇卢沟桥的枪声，丧失了最佳的迁移时机，但是各校为预备战争威胁所进行的谋划，仍然在战时发挥了部分的作用；至于后者，"九一八"以来，国内外形势日趋紧张，备受瞩目的高等教育事业未能有效地培养人才应对国难，引发了政府与社会对高等教育的广泛批评，挑起高等教育的"正常"与"非常"之争，矛头直指高等教育的教学内容与时代作用。战争威胁也使得发展内陆地区高等教育成为必要。既有的高等教育格局，因为战争原因而偏离了正常的发展轨道，但与破坏并行的建设努力，使得此前始终未能落实的高等教育区域分布格局的调整，获得了推行的助力。

一、大学迁留：道义与现实之间的张力

　　1931 年至 1937 年之间，南京国民政府对内谋求统一、发展

经济；对外妥协退让、避免冲突，力求在全面战争爆发之前提升国力，巩固政权。"我们头上的乌云愈来愈密，此后几年中我们为了争取时间，只好小心翼翼地在浅水里缓缓前进，不敢闯进急流，以免正面撞上日本侵华的浪潮。"①1932 年 3 月，日本扶持溥仪在长春成立了伪满洲国，彻底侵占东北地区。1935 年以来，华北形势日益紧张，日本华北驻屯军在天津不断袭扰，迫使河北省政府决定自 6 月 1 日起由天津迁往保定办公。通过《何梅协定》，日本强制将平津及河北北部地区变成非武装地带，直接威胁平津二城。1935 年 11 月日本继续策动"华北五省自治运动"，试图将国民政府的力量排挤出华北地区，建立汉奸政权以实现其割据华北的目的。平津局势在外敌迫近与民众抗议的双重压力下日趋严重，身处其中的文教机关在动荡中维持不辍的同时，也开始考虑一旦战争爆发后需要采取的措施，其关注点集中在迁移与留驻的问题。

早在 1932 年，为了应对东北事变之后的战争威胁，马衡、刘复、徐炳昶等人向政府建议定北平为"文化城"，撤除军备，仿瑞士中立区之先例保存古建文物。②提议甫出，即在舆论界引发巨大争议。傅斯年在致友人信中表示："此事初发起时，斯年即表示不赞成，……斯年实为中国读书人惭愧也。"③以保存文化为初衷的北平"文化市"建议，在国族大义面前，无异于投降卖国之举动，遭到了普遍贬斥。1933 年日军侵占热河、冀东之后，妄图建立类似伪满的"蒙古国"，战火蔓延至华北，北平告急，文教机关

① 蒋梦麟：《西潮·新潮》，岳麓书社，2000 年版，第 200 页。
② 《北平教育界请定北平为文化城》，《申报》，1932 年 10 月 9 日，第 9 版。
③ 《傅斯年致蔡元培、杨铨（1932 年 10 月 12 日）》，王汎森等主编：《傅斯年遗札（第一卷）》，"中研院"史语所，2011 年版，第 429 页。

的处境再次堪忧。国立交通大学唐山工程学院鉴于华北形势危殆，经国民政府铁道部批准后南迁上海，并入上海交通大学。这是继东北大学之后，又一所因受战争影响而向南迁移的高校。享有盛名的北平故宫博物院为了使大批珍贵文物免受战火损毁，亦决定实施文物南迁。院藏 13,427 箱珍贵文物和图书档案经妥善装运，由北平南迁上海、南京。随着装运第一批古物的列车驶出北平，舆论的批评之声即起。反对者认为国难之际政府优先考虑古物安危是懦弱和自私的行为，"当此华北危急，政府应殚精竭力为土地人民谋安全，示中外以守死不去，不应只顾古物，乘机先徙"①。另有论者认为古物南迁对北平的繁荣乃是巨大打击，同时无所顾忌的日军亦可能以武力攻占北平。故宫文物的迁与留，平常时期即存非议，"而当民族国家面临战争的威胁处于危机的状态下时，古物的符号和象征意义会被进一步放大，这种暴力也会表现得格外突出，这正是古物南迁给北平这座城市带来的创伤体验，一种被撕裂的痛苦弥漫在北平地方团体各种函电和宣言的字里行间"②。道义持守与局势恶化之间的张力，困扰着每一个身处其中的北平人士。

1933 年初，日军进占山海关的军事行动引发北平各校学生的恐慌。清华大学学生自治会请求学校停止寒假考试，以便离校返乡。校方宣布大学生作为民众表率，理应在此国难危急之时保持镇定，寒假考试照常举行。学生表示不服，决议全体请假。清华教授亦发表《告全体同学书》，劝阻学生离校。最后考

---

① 《平市七团体电京反对古物迁移》，《大公报（天津）》，1933 年 1 月 29 日，第 4 版。

② 季剑青：《20 世纪 30 年代北平"文化城"的历史建构》，《文化研究（第 14 辑）》，社会科学文献出版社，2013 年版，第 135 页。

试仍旧进行，然而全校 900 余名学生，参加考试者仅有 300 余人，请假离校者竟达 600 余人。[①] "九一八"以来，平津各校学生热衷于游行抗议，荒废学业，力劝政府抗日，却于战火压境之际仓皇罢考返乡，此举在社会上造成极为恶劣的影响。针对大学生逃避考试的问题，北平市民联名呈请国民党中央党部、国民政府、行政院、教育部和财政部，谓："以榆关失陷后，平市学生，不作领导民众奋起抗日之准备，反而纷纷避难离平，实与国家培植学子之本旨大相背戾，故请停发停课期间之教育经费，移充抗日军需。"[②] 教育部亦要求各校呈报逃考学生情况，进行相应处理。远在武汉的武汉大学师生也积极关注平津局势，"各教授皆信报纸谣传北平各大学学生逃尽，教授避难，榆关事变更不知演至何种地步，等语。生向彼等解释北平教授并无避难之事，学生虽有离校者，亦系寒假惯例，并不足怪，且平津在种种关系上日人亦断难急攻，教育界为社会之表率，断无如此张皇之理，外间谣传，不足置信"[③]。由是而观，战争阴云下的平津高校，时时处于进退两难的境地。对于这一困境，著名报人张季鸾考察时局后认为作为文化市的北平受困于紧张的外患，会造成平津地区学生心理的不安。而一旦战争爆发，亦将造成数万青年的失学，因此需要未雨绸缪，提前计划：

> 吾人之意，亟宜在西安先成立一大学，招北平等处学生

---

① 《清华学生留校考试者仅三之一》，《大公报（天津）》，1933 年 1 月 14 日，第 4 版。

② 《平市民昨具呈中央停发停课期间教费充抗日急需》，《大公报（天津）》，1933 年 1 月 18 日，第 4 版。

③ 《单绍良致胡适（1933-1-21）》，中国社会科学院近代史研究所中华民国史组编：《胡适来往书信选（中册）》，中华书局，1979 年版，第 157 页。

入学,北平教育界之诸先觉,宜有一部分领导此项运动,躬往主持。图书馆博物馆等文化机关,宜亟在西安设立分馆,并准备于北平危急时,携国宝珍籍以西迁。[①]

较之于消极地逃避,张季鸾的西安建校计划呼应了国民政府的开发西北政策,积极主动地应对战争对文教事业的威胁,在保持平津教育不辍的同时,预留将来分流收容的基地,具有建设性和可操作性,并兼顾了政治需要和文教发展。

时局的摇摆不定,也导致平津各大学在道义持守与现实考量的张力中摇摆权衡。各校既不能在危城险局之中表现出逃避倾向,也要为可能的战争威胁预留缓冲空间。为了有效地调和这两种矛盾,各校唯有通过政治呼吁和暗中预备的手段开展应对。面对"华北自治"的消息,1935 年 12 月 2 日,北平各大学代表徐诵明、李蒸、蒋梦麟、梅贻琦、陆志韦、胡适、傅斯年等数十人致电国民政府,申述华北各界"毫无脱离中央,另图自治之意",要求当局"消除乱源,用全力维持国家领土及行政之完整"[②]。面对国土沦丧、日军进逼的严峻局势,北平爆发了声势浩大的"一二·九"学生爱国运动。万余名学生游行示威,号召"打倒日本帝国主义""反对华北防共自治""停止内战,一致抗日"等,并在全国范围内引发巨大反响。各地纷纷声援北平学生,发表通电宣言,成立各界救国会,要求国民党停止内战,一致抗日。为了进一步将运动引向深入,12 月 16 日北平学生再度举行示威游行,召开市民大会,通过"反对日本帝国主义侵略中国""不承认

---

① 《应于西安新建教育中心》,《大公报(天津)》,1933 年 1 月 29 日,第 2 版。

② 《北平教育界通电华北民众无脱离中央之意》,《大公报(天津)》,1935 年 12 月 3 日,第 3 版。

冀察政务委员会""收复东北失地"等决议案多件。是日，学生被捕46人，受伤300人（重伤75人）。事发之后，胡适真诚劝告学生："诸位同学都在求学时期，有了两次的抗议，尽够唤起民众，昭告天下了。实际报国之事，决非赤手空拳喊口号发传单所能收效。青年学生认清了报国目标，均宜努力训练自己成为有智识有能力的人才，以供国家的需要。"[①]为了缓和民意，解释政策，作为国民政府行政院院长的蒋介石于1936年1月接见了北平等地赴南京的274名中等以上学校校长及学生代表，要求学校师生守纪律，负责任，勿毁坏学校或社会秩序。经过一系列的沟通与劝服，激烈的学生运动渐趋缓和，但是要求抗日的呼声持续高涨。

学校层面，各高校开始积极的预备工作。梅贻琦为了满足国防需要，在清华大学设立了农业研究所、航空研究所和无线电研究所等三个特种研究所。1936年初，适逢湖南省立高级农业学校努力推广农学新知，而湖南又为国内粮食产区，为求研究与推广并行，梅贻琦经与教育部商洽，迁移农业研究所至长沙，并由湖南省政府补助经费，划拨湘雅学校对面空地6000亩作为清华校址。梅贻琦在该处修建两座大楼以供教学与师生住宿，随即宣称"此为本校事业之扩张，与所谓南迁迥异其致也"[②]。其后，华北局势紧张加剧，清华于1936年冬天秘密将图书仪器分两批运抵汉口，继而转到长沙，数量为每批10列车，每列车约运40箱。此前在长沙修建的校舍，则成为清华临时的中转站。南开大学亦在重庆筹设分校，就坊间关于南开迁移的传闻，负责重

① 胡适：《再论学生运动》，《独立评论》，1935年第183号，第3页。

② 梅贻琦：《致全体校友书》，刘述礼、黄延复编：《梅贻琦教育论著选》，人民教育出版社，1993年版，第76页。

庆南开中学筹建的喻传鉴对记者表示："津校所有之书籍等，仅敷应用，决不南运，惟为事实上便利起见，将选聘少数津校教职员，前往服务，至该校是否用'南开学校分校'名义，尚在研究中。此举纯为适应华中及西南各地青年求学之需要，并无其他用意云。"①根据《大公报》的观察，西安将逐渐成为全国教育中心之一。虽然设施尚无，但是"近者东北大学已移西安，同济曾有迁陕计划，北洋工学院亦有将于西安开中学之说，北平大学则有一部分教授学生在西安作学术研究"②。由此可见，在未有激烈战事发生和接到教育部的允许之前，平津各校基于对时局的认识，皆认为战争不可避免，而零星开展转运图书设备、拓展学校事业等应急举措。

虽然中日战争全面爆发只是时间早晚的问题，但大学迁留不仅是一个教育问题，也是一个政治问题。随着冀察政务委员会的成立，国民政府的军事与政治力量退出华北，这一在日本军事压力下的妥协退让，极大地伤害了中国的国家主权。在此特殊时期，平津高校的危局持守，成为宣示主权和振奋民心的标志。1936 年 2 月，针对学生要求罢考冲击教授会导致全体教授总辞职的事件，清华大学校长梅贻琦签发校长办公处布告，要求师生体念时艰，力图共济，从而在风雨如晦之际为国家民族延续学术的一线命脉。4 月，梅贻琦在《致全体校友书》中宣布："第二、为本校对于应付时局之态度。此可以一言明之，即：'尽力维持，绝不南迁'，是也。夫国难维已至此，然吾人决不可自坏其心理上之长城；大局虽不可知，然而吾人自己之职责，决不可放弃，

---

① 《南开学校重庆分校》，《大公报（天津）》，1936 年 2 月 8 日，第 4 版。
② 《西北之亟务》，《大公报（天津）》，1936 年 12 月 11 日，第 2 版。

万一不幸，本校亦当在此'水木清华'园中，上其'最后之一课'。国家虽弱，正气不可不存；此敢为诸校友报告者也。"[1]同一时期《大公报》深深忧虑华北紧张局势下北平教育界的动摇倾向，发表《论安定北方教育界》的社论，直陈："华北局面已不啻风雨漏舟，此文化都城，宜尽大家之力维持至最后一日。最后一课，已播为世界美谈，吾辈岂能任令弦歌辍响？"[2]此际之高等院校与社会舆论，要以镇定坚持"最后一课"的勇气，为国家民族张目，其用心良苦，殊可侧目。然而，国事于意气之外尚须现实的考量，"最后一课"的坚守与"最后一课"的后续之间，仍然需要周密的谋划。以梅贻琦所在之清华大学为例，坚守的决心不虚，但退守的筹备亦有。教育专家邱椿在学潮结束后发表《平津高等教育之最后关头》一文，分析时人对于平津高等教育的三种取向：一、复课后，一切办法，率由旧章，到最后关头，发表民意。若仍无用，则大家抱着各教育机关的"木灵牌子"，浩浩荡荡，投奔江南的"待亡主义"；二、复课后，一面苦撑，一面在他处设立分校，将重要设备相机运走；大难当头时，退保江南，徐图恢复，这是"逃亡主义"；三、复课后，一切设施，根据非常时期的需要，政府下决心时，投笔从戎，不幸而败退，则虽采用帝俄困拿翁的焦土政策，亦在所不惜，这是"偕亡主义"。[3]"待亡主义"近于此前北平"文化城"的民间构想，试图以民意和国际关系的委曲求全而保存平津学府，但从"一·二八"事变期间日军轰炸商务印书馆的罪恶

---

① 梅贻琦：《致全体校友书》，刘述礼、黄延复编：《梅贻琦教育论著选》，人民教育出版社，1993年版，第76页。

② 《论安定北方教育界》，《大公报（天津）》，1936年3月24日，第2版。

③ 邱椿：《平津高等教育之最后关头》，《大公报（天津）》，1936年1月20日，第9版。

行径来看，平津各高等教育机关的图书仪器恐难安处，反而将被敌寇破坏掠夺。"偕亡主义"则秉承"宁为玉碎不为瓦全"的牺牲精神，一改教育空疏浮泛之习气，彻底改造课程以应非常时期之需要，从而以最壮烈之牺牲张扬民族抵抗之精神。采择此法，虽能收一时杀敌保国之功效，但从国家长远计，势必造成败于当下且无未来之惨境，尤其是在中日国力、军力皆不对等的情况下。至于"逃亡主义"，从平津各校动向中皆可以发现。反对者认为"设使各大学退出北平，教者学者及一切关系者星散，则此声名文物之都城必将寂若死市无疑"①，亦有失抵抗精神。支持者则认为："古今守城者常先使妇孺及文化机关迁移，以示牺牲决心；所以大学南迁正足表示政府抵抗的决心；若不南迁，则等于放弃平津。市面萧条，另有原因，亦非高等教育机关所能救济。"②尤为重要的是，迁移有利于抢救图书设备、保存文教力量，从而可以在战线之外赓续教育；存留本校且设立分校之举，仍然是抵抗精神的体现。邱椿最后总结道："无论如何，坏对策胜于无对策。最可怕的是：事前毫无对策，临时手忙脚乱，平津教育界人也演一幕'不战不和，不守不走'的悲剧。"③

平津危机以来，从北平"文化城"的提议、故宫博物院文物的南迁，到平津高校"最后一课"的呼吁，文教机关的迁移与留驻问题紧密地交织在政治、军事的起伏变幻之中。国民政府的妥协退让政策，未能消减日本帝国主义的侵略野心，而对平津各高

---

① 《论安定北方教育界》，《大公报（天津）》，1936 年 3 月 24 日，第 2 版。

② 邱椿：《平津高等教育之最后关头》，《大公报（天津）》，1936 年 1 月 20 日，第 9 版。

③ 邱椿：《平津高等教育之最后关头》，《大公报（天津）》，1936 年 1 月 20 日，第 9 版。

校，这种未知的必然结局加剧了各校在道义持守和现实逃避之间的两难。最终，当战争降临，平津各校立即陷入了"不战不和，不守不走"的窘境。

二、战前高等教育政策的"正常"与"非常"之争

中日关系紧张之后，关于高等教育制度改革的呼声日益高涨，"教育整顿"成为彼时各方着力推进的内容。以审核大学办学资格、调整文实院系及学生比例、扩充图书仪器、加强教师管理为手段，全国高等教育在质量方面有所提升。但是，这些调整仍属枝叶上的改善，未能彻底解决中国高等教育发展过程中的根本问题。当国难日益深重，华北地区即将沦为"东北第二"，国人痛定思痛，在批评政治不善、经济不良的同时，继续深入反思高等教育存在的弊病，探讨适合中国国难情境的高等教育出路。《大公报》社论指出："吾人以为国难时期，应当加重历史解说与精神训育，以期养成多数坚贞宏毅的领袖人才，同时对于自然科学、社会科学，皆应着眼于现代化的实际应用，使青年在物心两面，胥得明确认识，形成真正的见地，方不致重蹈空疏浮嚣、看事太易之故辙。"[①]其立意，旨在保持学业的基础上改善此前偏重课本修习、不重人格陶冶的学校教育，为国家充实力量、养精蓄锐。面对严峻的国难形势，各方力主改变按部就班的教育常态，更之以一种实用化、军事化、社会化的教育类型，迅速满足抵御外侮的现实需要，以"保国存种"作为教育政策的出发点和立足点。这种教育诉求，既能满足紧迫的社会需求，又契合中国传统"宁为玉碎不为瓦全"的家国情怀，得到了青年学生和社会人士的积

---

① 《希望教育界自重与努力》，《大公报（天津）》，1936 年 1 月 31 日，第 2 版。

极响应。与此同时,也有论者预料中日战争将为长期苦战,如果因眼前需要而牺牲高等教育,战后建设必然无从谈起,因此主张延续正常教学。论辩双方各自提出危机时期的教育应对方案,引发了对于教育走向的持续争议。

（一）"非常时期教育"与"国难教育"

"一二·九"运动之后,平津教育事业在紧张与混乱中陷入困顿。战争阴云日益迫近,国民政府要求学生少安毋躁,全国上下热议救国之道。值此生死存亡之际,认清时代需要与改革教育弊病,成为抗战全面爆发前后国内高等教育界讨论的重点。出于不同的教育观点和社会立场,各界人士均提出了应对非常时期所应采取的教育举措,名词纷繁,方针各异。梳理这一过程中的各种意见,可以厘清各方在高等教育问题上的共识与歧异,理解战时教育政策制定的社会背景和时代渊源。

1936年初,随着华北危机的加剧,确立国难时期的教育取向已然刻不容缓。各校一方面努力维持正常的教学秩序;另一方面也在民间层面研究特殊时期的教育改进。平津教职员联合会聘请数十位教育专家研究非常时期教育方案;武汉教育界也拟出方案上呈教育部;北平文化界救国会传闻也在拟具非常时期教育草案。通过广泛的社会参与,"非常时期的教育问题"成为战前教育领域的核心问题。1937年1月28日,国民政府行政院以寒假届满,通令各校按时开课,并要求教育部妥善筹划国难期中的教育方案。在此期间,一系列的建议主张见诸报刊,各方人士均贡献己见,谋划教育出路。

参合各方意见,有提倡非常时期教育者,有讨论国难教育者,认识上均不一致。持"非常教育"观点者认为所谓非常时期教育就是救国教育，"必注重于有关救国的智能品德之培养"。[①]另有论者坚持"为民族生存，不能不谋自卫之道，自卫不能不注重国防。在此危急存亡之际，教育为复兴民族国家之根本，应速办国防教育即非常时期教育"[②]。提倡"国难教育"观点者如清华大学教授萧公权，指出不如人意的现行教育实有改革的必要，但如何行动却要从长计议。"就狭义言之，则国难之最大难关，无过于军备与外交。准此原则，则各校宜加紧军事训练，大学中文哲各科可以停办，而其他各科之课程亦当大加修改。就广义言之，则凡足以增加国力之训练，皆可目为国难教育。……故余谓应付非常时期之国难尽可以有非常时期之政府，非常时期之军制，非常时期之外交，而殊不必汲汲于设立非常时期之教育也。"[③]关于国难时期的教育，吴俊升以为教育仅可承担部分的救国效能。"我觉得应该认清历史的教训，不可仍然只就教育范围以内拟定方案，而应该先定一个全国的救国方案，然后让教育担负一部分的责任。……国防和生产都有了相当的办法，然后谈国防教育，谈生产教育，才有实效。"[④]因此必须构想一个计虑长远的救国教育方案。时任教育部部长王世杰在接受《大公报》记者采访的过程中也透露出对"国难教育"的倾向："王先生似乎不一定同情'非常时期教育'这个名词，所以他谈话中曾经提及'国难教育'，而没有说到'非常时期教育'。"[⑤]虽然以上陈述存在分歧，但在日益紧张的非常时期，不同观点交锋的结果，"是非常时

---

① 叶青：《非常时期教育》，《教育杂志》，1936年第5期，第6页。
② 龄：《对于"非常时期教育"的意见》，《大公报（天津）》，1936年2月24日，第8版。
③ 萧公权：《国难教育》，《大公报（天津）》，1936年2月17日，第2版。
④ 吴俊升：《论国难期内的教育》，《大公报（天津）》，1936年2月16日，第2版。
⑤ 《王教长谈教育》，《大公报（天津）》，1936年4月1日，第3版。

期教育方案之应订定及实施,在教育界中殆已不成问题;目前成为问题者只在采用何种方案及如何实施而已"①。由此,关于教育方案与改革措施的讨论,从彼时的时代危机出发,深入到对中国 70 余年新教育发展的历史反思,并在讨论中表现为对教育的"非常"与"正常"这一对矛盾的关注,即在国家危亡的局面下,教育政策应该做出怎样的调整? 是"改弦更张",还是"深化改革"? 成为制定和采择国难时期教育方案前必须解决的问题,由此引发了教育调整过程中对于"正常"与"非常"的路径选择的取向差异。

(二)"正常"与"非常"之争

从讨论国难时期的教育出发,不同的名词表述体现了迥异的改革取向。通观各方观点,重合中有歧异,分别中有共旨。在救亡图存的共同使命之下,对国难教育的争议集中于时间维度的教育历程反思和内容层面的教育策略选择。前者立足时代情境,梳理新教育的发展历程,在"断裂"与"连续"的时间性线索上研究教育方针;后者关注教育内容,就教学科目的增减存废探讨战争困扰下的教育策略。"正常"与"非常"教育取向的张力之间,国难教育的相关问题得到充分研究,为此后的战时教育政策出台奠定了基础。

国难教育时间维度的历史反思,有助于澄清教育的"正常"与"非常"问题,其出发点在于对新教育发展的历史认识。中国新教育的勃兴,以 1862 年京师同文馆的成立为标志,至"九一八"事变发生时已经 70 年。虽然教育发展的成就有目共睹,但国难日亟的局面加剧了时人对教育的忧思,"夫教育为国家命

---

① 《非常时期教育方案及其实施》,《大公报(天津)》,1936 年 2 月 7 日,第 2 版。

脉,青年乃建国主力,……一面失业之人,遍于全国,一面则才难之叹,到处共闻,人找事而事找人,几成上下一致之现象"①。本教育救国之宗旨,70余年的教育只造成了一班"高级流民"而无补于国难民艰。大战隐然将至,教育仍按部就班,并时时伴有罢课游行之举动,引发社会各界的强烈不满。当华北危机严峻,改革教育以应时需的呼声不绝于耳。如何实施有效的教育改革?不仅成为现实问题,同时引发对历史的反思,更关乎中国教育发展的未来走向。

面对严峻的教育情势,各方表达了截然不同的改革取向。一方以教育时弊日深,国家危难积重,教育改革方针应一改往日的空疏浮泛,"我们要知道,教育是工具,并不是目的,……若抛开现实需要而谈百年大计,请问在国亡族灭之后,社会已不存在了,还有什么基本需要及适应它的百年大计?"②作为一个受压迫的国家,为了应对侵略,中国的教育有必要"改弦更张",以满足救国的实际需要;另一方虽认同教育改革的必要性,但在改革取向上则认为彼时的教育问题乃是由于教育未上轨道,新教育的精神和内容未能真正落实,教育随波逐流,缺乏恒定的方针所致。"若谓国难之来全由实施新教育所致,未免太冤枉新教育,……问题之核心,系在吾人实施之不彻底,非新教育本身之有若何大缺陷也。"③改革的重点在于真正落实新教育,改变之前"不正常"的教育。

这种改革取向上的分歧,在教育内容的采择上体现为当前需要与长久预备之间的平衡。战事一触即发,如不提早预备,势

① 《希望教育界自重与努力》,《大公报(天津)》,1936年1月31日,第4版。
② 叶青:《非常时期教育》,《教育杂志》,1936年第5期,第5页。
③ 欧元怀:《非常时期教育》,《教育杂志》,1936年第5期,第2页。

必猝不及防,无力抵抗外敌侵略。但若只顾眼前而不计将来,以有限的教育资源投入当前的应急需要,必然后继无力,玉石俱焚。基础研究与实际应用之间的平衡、学校教育与社会服务之间的调和,体现为课程内容的调整,即普通课程与特种课程的比例,以及相关课程的存废。战争阴云影响下的校园人心浮动,怀抱救国情怀的青年学生认为:"国眼看要亡了,我们还记几个法文生字,还在故纸堆中讨生活,有什么用处?"①为此,北平学生联合会申请当局实行非常时期教育的方案,添设国防课程,以改变当时教育内容不能救国的窘困。北京大学学生会亦向校方提出《北京大学非常时期教育实施方案大纲》,要求增设社会科学方法论、国防概论、帝国主义侵略中国史、社会进化史和社会学说史等课程,提议成立时事研究会、社会科学研究会、自然科学研究会和文艺座谈会、学术讲演、时事报告会等,但未被校方采纳。至于实施效果,根据时人观察,北平几所大学试行添加了国防化学、军事工程等一类课程,"其初学生们因一时的高兴,参加的还算踊跃,后来大家也渐感觉到枯燥繁难,相继退出,到了终了各班只余了三五个人,听说这些人还是学校的助教。此外如文学院所添设的关于战期各问题的讲演,现今国际常识等功课,结果亦不佳,一则学生听得长了,也觉得起腻,二则学生的根基太差,难得应该获得的效果"②。《大公报》在《非常时期教育方案及其实施》社评中提出:"课程分配如何问题,吾人以为应将平时课程中之较不重要(当然系对非常时期之需要而言)科目,减去三分之一,而添加非常时期所需要之特殊科目,使平时科目与非常科

---

①　齐思和:《读书与救国》,《国闻周报》,1937 年第 7 期,第 11 页。
②　齐思和:《读书与救国》,《国闻周报》,1937 年第 7 期,第 11 页。

目成二与一之比。"①从而达到巩固基本科学知识和满足社会需要的双重目的。身处教育环境中的大学教授也从知识训练和社会需要的角度出发，对国难期间在大学推行特种教育提出自己的认识：

> （一）特种教育宜仍注重各科之基本训练。……若普通之基本知识不足，则特种之训练失效。……（二）根据上述理由，吾人主张特种教育之课程宜以选修为原则，且宜规定凡未习有关之基本课程，或已习而成绩过劣者不得选修特种课程。总之特种教育可以补充寻常教育，而非所以代替寻常教育。……（三）特种课程之添置，宜于事前慎重考虑。如师资不足，设备缺乏，最好勿轻于尝试。……（四）国难之来，积因甚久。故欲免除国难亦必作长期之努力。……即当承认国难教育不可徒顾眼前之需要，同时应顾及久远立国之道。在特种教育方案中不但宜包括外交国防等具有实用技术性的课程，尤当注意青年气质之训练，人格之培养。②

为百年大计着想，课程设置不应囿于时局而动摇经常教育的根基，陷入"头痛医头脚痛医脚"的怪圈。科学研究重在打定根基，循序渐进，"若是图捷径速效，一改变课程内容集中国防，使全国之各级学生都为国防教育之学生，不久都具有国防的能力，大学青年都是国防人才，可是可以如此组织的，怕收效也不能如是之容易且迅速！"③其时，在科学积淀与理性探究尚且薄弱

---

① 《非常时期教育方案及其实施》，《大公报（天津）》，1937年2月7日，第2版。
② 萧公权：《国难教育》，《大公报（天津）》，1936年2月17日，第2版。
③ 龄：《对于"非常时期教育"的意见》，《大公报（天津）》，1936年2月24日，第8版。

的中国,贸然推翻现有组织基础而实施速成教育,不免舍本逐末。至于非常时期的教育需要问题,"在国难期中,我们要于基本科目之外,加一种政治教育与一种军事训练,前者要把民族思想,公民知识,救亡图强的国策,切实地训练同胞;后者要训练民众,有纪律有组织,身强体健,能执干戈以卫社稷"①。这种课程的实施,应当通过周密的筹划,兼顾平时的秩序与非常的诉求,既满足国防备战的需要,又不破坏正常的教学研究。

　　值此危局,高等教育的"正常"与"非常"之争,一方着意改弦更辙,以为之前的教育无法应付日益深重的国家危亡,因此强调彻底改变高等教育虚文繁复的空疏无用,主张以国难问题为教育导向,实施非常时期的教育;另一方则认为国难深重,正是源于当前教育未上轨道,只有深化改革,在传播科学精神的同时联系中国社会实际需要,变不正常或是说"非常"的教育,焕然而成"正常"的教育,才能抵御侵略、建设国家。基于教育改革的必要性,支持"非常教育"派与强调"正常教育"者之间的争议,体现了有识之士关于高等教育发展的不同理解和认识。虽然在改革路径上各有侧重,但双方均强调高等教育与中国社会现实的相互适应。一者应急,重社会性与实用性;一者长谋,重学术性与长远性。教育的"正常"与"非常"之争,既涉及教育作用的认识,也关乎教育内容的选择。通过这一番激烈的公开辩论,为此后战时高等教育政策的制定提供了参考和铺垫。

---

　　① 龄:《对于"非常时期教育"的意见》,《大公报(天津)》,1936 年 2 月 24 日,第8 版。

第二节　战时联大建制的构想与实施

卢沟桥事变爆发后，平津地区的文教机关在动荡与惶惑中迎来了最为艰苦的全面抗战时期。1931年以后，接二连三的军事冲突和紧张状态不时刺激着平津地区民众紧张的神经，局势时紧时松，民众不堪其扰。虽然冲突不断，大规模战争却没有立即爆发。面对日军的进逼和国府的退让，平津各大学疲于应付，学潮此起彼伏，正常的教学秩序难以保证。随着国民政府的军事政治力量被迫退出华北，平津高校成为象征国家主权、砥砺民众信心的柱石。由是，各大学虽然有谋划战时应对的打算，但从中央政府到社会、学校，都以坚持至"最后一课"为旨归，未实施大规模的迁移。随着卢沟桥事变演变成为中日全面战争，战时高等教育的生存与发展问题，接续此前"国难教育"的讨论而进一步深化。战争的爆发彻底打乱了既有的高等教育结构和正常的高等教育秩序。为了应对危机，需要对首当其冲的平津高校进行妥善安置，战时动荡的特殊情境导致问题进一步加剧。华北、东南相继受到日军的进攻后，战前关于以西北和西南作为战略后方的考量被重新提上日程，继而开启了战时高等教育区域布局全面调整的进程。

战争之际，平津高等教育受到的冲击和影响，主要体现在两个方面：一为地理空间的转移，即从华北迁移到西北、西南；二为组织机构的调整，即联合大学体制的创建。此两者立足战时情境，造就了特殊的战时高等教育组织架构。固有高等教育格局的被动调整，为改善我国高等教育区域分布的不均衡问题提供了机构支撑和人力资源。虽然这一过程源于被动的战争冲击，但是考察国民政府在教育整顿以及"开发西北"过程中所进行的努力，仍可以发现其隐现的制度设计。战区高校迁徙改组过程中，各校依据教育部的指令，分别建立了西南联合大学、西北联合大学、东南联合大学，以及私立复旦大学、大夏大学等建立的联合大学。就组织的完备性和制度的系统性而言，西南联大与西北联大分别构成了战时高等教育南北两大标杆，而其迥然不同的发展走向亦丰富了中国高等教育的理论与实践资源。梳理联大体制的出台与运作，可以深入理解国民政府在战时状态下对于高等教育发展的基本导向。

一、战时教育问题的讨论

卢沟桥事变甫发，局势前途不明，平津教育界人士对此也意见纷呈。从大政方针的制定到具体院校的安置，中央政府、社会民众、学校师生各自出于不同立场发表意见。去留之间，各方既希望保存文教力量以维持教育不辍，同时又想满足抗击侵略的现实需要。

面对日军对平津文教机构的恶意摧毁，关于战时教育的讨论在不同层面展开。争议的焦点仍然与此前"国难教育"的讨论相呼应，即"满足当前需要"与"立足长远安排"之间的平衡。如果说战前的讨论还为长远计划预留了空间，那么战争爆发则进一步激化了当前与长远这一对矛盾，从而需要作出适应战争情境的选择。突如其来的战争、紧迫的局势要求积极迅速的决策应对。高等教育事业如何满足战争需要、完成抗战救国的使命，成为亟待解决的问题。"皮之不存毛将焉附"与"七年之病三年之艾"，成为理解这一时期教育取向的两条路径。学生的意见、教师的态度、社会的观点、政府的立场，通过辩难与研讨，开启了战时教育的制度设计与实践操作。

（一）学生的意见

面对外敌入侵，平津高校学生义愤填膺，呼吁政府抵御侵略，积极参与救亡运动。当战争爆发，危机进一步激发了学生的爱国热情。不满教育当局政策的学生声言："政府不知道是怎么弄的！在这样的最后关头，还叫大学生呆在课堂里上些无关抗战的课，不使他们在短期间受些特殊的训练，分派到各处去做实际的工作。"①急切地表达了为抗战出力的愿望。辗转迁徙中抵达长沙的学生姚梓繁投书《大公报》："在这决定国家与民族生命的紧急时期，一般大学生还是照旧过些承平时代的生活，读些承平时代的书籍，岂能过得去？国家亡了，准备为谁发扬文化，为谁维持和平？……我要向一般大学生和诸位负高等教育行政之责的当局诸公要求呼吁：有计划的发动我们大学生到乡村去从事组织与训练民众的工作。"②以上言论，表现了青年学生救国之心切，以及因正常教育无法满足战时需要而产生的焦虑。从国民的立场而言，此种呼吁值得嘉许，呈现出时代青年的精神风貌。但从另一方面而言，正常教育的全面停顿，对于高等教育薄弱的中国社会，无异于致命性打击。虽然抗战的需要迫在眉睫，但从中日政治、军事力量的对比出发，这场战争的过程必是艰苦卓绝，非旦夕可以结束，而人口众多的中国在全面抗战初期亦不需要青年学生直接投入战场：

---

① 余铭传：《抗战期中的大学教育》，《大公报（汉口）》，1937 年 10 月 18 日，第 3 版。

② 姚梓繁：《抗战期中的大学生》，《大公报（汉口）》，1937 年 11 月 18 日，第 3 版。

　　原来在战事将初起时，不但有人主张将一切教育改为战时教育，还有人主张将及龄的大专学校青年一律照壮丁抽签办法征召入伍。我当时认为青年志愿从军，应加鼓励，但大专学生一律抽签入伍一节，须慎重考虑，我国与欧美日本国家不同。……至于我国则兵源众多，而受大专教育的人数太少，当时全国只有四万人，即人口一万人中受大专教育者不及一人，为了国家建设前途，也为了储备作对军事更有价值的贡献，不应无分别的与一般壮丁一同抽调入伍，应该仍令受完大专教育而加以军事训练，遇将来必要时，再行征调。[①]

青年的热情、战争的需要和教育不辍的冲突之间，正确引导学生在求学与救国之间寻求出路，调和抗战需要与建国储才之间的矛盾，成为社会和政府积极关注的问题。

（二）各界之态度

对于战争的态度，深入内地农村的顾颉刚深刻体验到亡国灭种的威胁，并从"九一八"事变的爆发看到战争给中华民族带来的历史契机和生存希望，"日本人性急了，没有等我们绝气就来抢我们的产业，激起我们的自觉心和奋斗力，使得我们这一点希望能够化成事实，这是一个极好的机会，我们应该捉住。如能捉住这个机会，帝国主义便真可打倒，中华民族便恢复健康了"[②]，言辞中充满期待。寄身学府的钱穆则感叹："诚使时局和平，北平人物荟萃，或可酝酿出一番新风气来，为此下开一新局面。而惜乎抗战军兴，已迫不及待矣。良可慨也。……要之，皆

---

① 陈立夫：《成败之鉴——陈立夫回忆录》，正中书局，1994年版，第289页。
② 顾颉刚：《顾颉刚自传》，北京大学出版社，2012年版，第73页。

学有专长，意有专情。世局虽艰，而安和黾勉，各自埋首，著述有成，趣味无倦。果使战祸不起，积之岁月，中国学术界终必有一新风貌出现。"①二者从国运和学术的不同立场出发，一则以喜，一则以忧。当战争全面爆发之后，学府学人的去留问题也是多方意见杂陈。作为平津教育界重要人士的胡适，在经过一番考虑后，认为战争不会在短期发生，即前往庐山参加国民政府举行的谈话会，共图应对时局之策。时在北平大学女子文理学院任教的曹靖华后来写道：

> 这是七月七日的早晨，沉重的隆隆的声音，连续不绝地把我从梦中惊醒了。我由床上坐起来，细细地辨出这是郊外传来的炮声。天还没有亮，坐一会又躺下去，隆隆的声音依然在继续着。但由于近年来在故都听惯了这种声音，就毫不觉得惊疑：这大概还是"友邦"在"演习"的。②

获知真相后，曹靖华扮成市民，携全家逃出危城。身处清华的吴宓在日军进占北平后的 8 月 9 日，仍表示自己"欲隐忍潜伏，居住北平，静观事变，置身局外，苟全性命，仍留恋此美丽光明之清华、燕京环境，故不思他去，不愿迁移，不屑逃避。宁脱离清华团体，而为自营之计也云云"③。随着时局的恶化，日军先期轰炸天津，南开大学、北洋工学院、河北女师等学校相继遭到严重破坏，敌伪亦在北平开出名单拉拢文教界人士，个人欲求独善其身而不得。从 8 月开始，各校师生分别加入了艰难的迁徙

---

① 钱穆：《八十忆双亲·师友杂忆》，九州出版社，2012 年版，第 160 页。

② 曹靖华：《故都在烽烟里》，曹靖华：《曹靖华散文选》，陕西人民出版社，1983 年版，第 290 页。

③ 吴宓著，吴学昭整理：《吴宓日记（第 6 册：1936—1938）》，生活·读书·新知三联书店，1998 年版，第 192 页。

历程。

战事既开，大学流亡，正常的院校科系组织结构遭到破坏。基于这种状况，"在这个抗战的时期当中，我们的教育，特别是大学教育，应当完全改变它的形式和内容。由固定的变为流动的，由书本的变为实际的，由空谈的变为实践的，由为己的变为为国为民的。这种教育我们可以叫做游击战式的教育"①。这种所谓游击战式的教育，意在改变正常的教育模式从而适应战时需要，取消知识的系统性与连贯性，而以现实需要作为知识组织和教学开展的依据，反映了当时部分人士追求一种即时且实用的教育取向。至于实际教学内容的调整，有意见认为教育不能停顿，但必须采用"游击式"的"抗战教育"才能达到教育抗战的目的。因为战时急需人才，不允许像平时那样教育青年，应取消寒暑假，缩短修业年限为三年；教授法也应变更，文法等科应讨论多于讲授，并多用演讲式，理工农医等科应该实习多于讲授；另外还需要添设抗战课程，抽出现行课程三分之一或二分之一的时间来学习和抗战有关的新课程。② 这一"抗战教育"的实施纲要，为战时教育的调整拟出了具体的方案，其要旨仍在于一改"平时"的"正常教育"，以"非常"之手段应对"战时"之危机。另有意见则认为虽然现实的局势危急，"我们所求的是最后的胜利——'最后的胜利'云者，是在军事的胜利之后，还要积极地建设国家，使我们的精神与物资两方面，至少与别的先进国并驾齐驱，而文化的积极建设，正需要大量的人才，而这些人才，正要在军

----

① 龙冠海：《抗战时的大学教育》，《大公报（汉口）》，1937 年 11 月 22 日，第 3 版。

② 张佐华：《中国战时教育计划——一个"抗战教育"的实施纲要》，《大公报（汉口）》，1937 年 10 月 23 日，第 3 版。

事告竣之前准备好的。如果现在不造就建设的人才，待军事胜利结束之后，国家将凭谁去建设？如果战后不能积极地建设文化，则军事虽然胜利，终于未可持久，胜犹败矣"①。因此现行的大学教育虽然有实施不当、令人愤慨之弊病，但现有的大学课程并不需要根本的改动，因为基础性的课程虽与抗战无关，但实关系于国家的最后胜利与民族的根本繁荣。非常与常时并无区别，热议"非常"，只能证明"常时"教育有问题，需要加强改善，进一步使其正常化。这一观点为保持教育正常运作提供了辩护。战火之下，国人皆反思新教育发展中产生的弊害，强烈呼吁教育改革，甚至实施国防教育和战时教育，以矫正以往教育的空疏之风。与此针锋相对，教育界认为以前的教育问题，实为教育不上轨道的问题。改革的指向，仍然是努力实现正常的合理的教育，而非取消常态教育而走向功利实用。"我们过去只会提倡速成皮毛的教育，所以今天吃了大亏，假使现在还不设法补救，急起直追，则后之视今，将犹甚于今之视昔。"②陈序经基于历史上的教育经验，反对应急的教育方针，力矫短视的见解，强调大学教育的完整性与长效性。

对于青年学生的任务，在"国家第一，军事第一"的号召下，有观点认为青年学生虽然稀有，但不能成为逃避时代使命的借口。"这个大责任，当然要唤起民众，共同担负，但是受教育的人们，不挺身自任，而只鼓动乡下人上前线，这是不可以的。况且事实上，以有觉悟有信仰的人们所组成的武力，其力量最大，所

---

① 余铭传：《抗战期中的大学教育》，《大公报（汉口）》，1937 年 10 月 18 日，第 3 版。

② 陈序经：《国难与教育》，《大公报（汉口）》，1938 年 2 月 20 日，第 2 版。

以学生从军，是今后救亡神圣战中实际的需要。"①面对国外友人对于中国学生不去从军或参加战时工作以保卫国家的疑问，时任华中大学校长的韦卓民表示："有一件事中国不虞匮乏，那就是人力。政府认为将所有的学生派赴前线，其代价终究是太高了；试想把他们培育到大学程度需要十几年的时间，而且全国的人口中，大学生仅占万分之一。他们若都在战场上被屠杀，那么战后国家的精神生活中势将出现严重的缺口，……主要的是基于此理，使得高等教育的机构向内地迁徙，绝非逃避战争，而且配合政府抗战的计划以为战后国家的重建。"②其用意是为了保证战争开始前的中国现代化进程不至于因为全面抗战而中止，并以此种方式预备将来的复兴建国。徐旭生综合考虑了当时各方意见，撰写《今日知识青年应走的三条路》一文，区别学生个性提出了全面抗战期间学生所应采取的爱国路径，认为如果性质沉潜，环境允许，能拼命地去求知识，去研究，拿学术去救国，那是一条很光明的大道；如果性情热烈，急着救国，那就不妨投笔从戎，受过训练后，同敌人去拼死命；救国心急而性质笃实的青年也不妨投身去做下级的公务人员，坚苦卓绝地进行组织民众的工作。③ 此番议论，较为中肯地提出了不同的选择，使得青年学生可以根据个人性情做出符合个人利益和国家需要的选择。

　　社会各界关于战时教育举措的讨论，意见纷呈。经过一番辩难，坚持正常的教育活动并兼顾战时的实际需要成为不同立

---

① 《学生与军事》，《大公报（汉口）》，1937 年 11 月 28 日，第 1 版。
② 韦卓民：《抗战时期的中国教育》，韦卓民著，高新民选编：《韦卓民学术论著选》，华中师范大学出版社，1997 年版，第 427 页。
③ 徐旭生：《今日知识青年应走的三条路》，《大公报（汉口）》，1938 年 4 月 19日，第 3 版。

场各方达成的妥协方案。"正常"的教育和"非常"的应对,为内迁高校的正常运作提供了保证,也将调整高等教育区域分布问题纳入抗战建国的规划之中。

(三)政府的立场

南京国民政府对于中日战争问题,始终保持妥协退让的态度,努力寻求和平解决,避免战事扩大。王芸生在《答一位青年》中表示:"在抗战开始以前,我未曾主张过政府立即抗日。我深知道中国的建国运动与日本的大陆政策的冲突,迟早必会爆发,可说是不可避免的宿命;但总希望我们的建国工作做到相当的程度时再爆发,则我们的抗战将更有把握些。"[1]这种观点,代表了当时深悉中日内情的人士的意见。当战事初起,正值平津大学暑假期间,各校都有部分留校师生。教育部要求各校力持镇静,平津各校暂时决不迁移,以求谋势而定。7月29日,日军占据北平,谋求和平的努力宣告失败,教育部开始制定一系列战区高校的迁移计划,并出台具体文件指导战时教育的开展。

随着对日战争决心的确定以及日军对我国文教机构的大规模摧残,国民政府在维持教育不辍的立场上实施战时教育督导政策和开展战区学校处置。1937年8月11日,国民政府行政院就教育部8月3日密呈的《总动员时督导教育工作办法纲领》核发指令,就全国各地各级暨其他文化机关保持镇定、收容战区学生、在部令基础上改善各级学校训练及教育经费等问题,分令各省市政府及财政部遵照执行。8月19日,教育部检发《战区内学校处置办法》密令,将战争已发生之地区、国内一切最易受敌人攻击之地区,一概视为战区。区内学校根据情势的轻重缓急,分

---

[1] 王芸生:《答一位青年(上)》,《大公报(汉口)》,1938年1月10日,第3版。

别作维持课务、迁移归并、暂时停闭等措施应对。对于无法正常上课之师生，为学生提供借读证书以供自由择校借读，对教职员则提供迁调救济。战区师生纷纷脱离敌人魔掌，奔赴后方继续教育事业。为了安置以上人员，教育部责令比较安全地域的学校预定收容战区学生计划。"关于专科以上学校之借读，成都、武昌、西安、长沙、昆明、重庆、开封、安庆、武功等处公私立专科以上学校，已将计划直接报部；经核准者，截至现在止，共可容纳借读生九千六百四十五名，业经本部在报端公告。"①首当其冲的平津地区，专科以上学校教职员学生人数众多，非零散收容能够解决。当战区内学校势难继续运作之时，我国高等教育开始了自新教育兴起以来第一次大规模的迁徙与调整，其涉及面之广，影响之深，前所未有。这种因战争威胁导致的格局变动，促成了高等教育改革的深入，使其向着符合中国实际、适应战时情境的方向发展；同时也为改变我国高等教育区域分布失衡的状况提供了契机。

二、"联合大学"模式的出台

国民政府教育部在制定战时教育政策的过程中，对于高校云集的平津地区格外关注，社会各界亦为大学前途出谋划策。为了保证为数众多的平津高校教师继续服务、学生完成学业，在院校设施遭受破坏、正常教学无以为继的情形下，脱胎于战时情境的"联合大学"模式，经过一系列的酝酿和调整而得以出现，成为我国高等教育发展史上具有特殊形态和历史价值的大学组织

---

① 《战事发生前后教育部对各级学校之措置总说明（1937-9-29）》，中国第二历史档案馆编：《中华民国史档案资料汇编·第5辑·第2编·教育（一）》，凤凰出版社，1997年版，第5页。

模式。该模式产生于战火摧残下的院校迁移之际，就其性质而言，仅为战时应对的临时举措。从起初的"临大"机构到之后的"联大"定制，战时政策不断随战局变动而有所变更，设校位置亦不断向内地安全区域深入。立足高等教育组织调整与重建过程考察，从沿海到内陆的格局之变，推动了西北、西南地区文化教育事业的发展，改善了高等教育区域分布不均衡的问题。尤其是国立西南联合大学和国立西北联合大学的建立，分别在不同层面赓续文教薪火，刷新地方文化，为抗战建国提供了智力支持和人才储备，也为此后的全国高等教育区域布局调整，提供了机构和人事支撑。

（一）战时大学模式的讨论

卢沟桥事变初起时，教育部要求平津各校力保镇静，维持正常秩序。随着清华大学、北京大学等校相继被侵占，南开大学更是在轰炸纵火中付之一炬，日军摧残文教机构的险恶用意暴露无遗，平津高校的处置也就成为保存文教、对抗暴日的有力象征。因此，战争爆发之后的高等教育急务一在迁移安置受到威胁的专科以上学校；一在调整恢复已然破坏严重的高等教育结构。为了迅速地实现这一目的，各方提出了不同的应对方案。落实到具体的高校，由于私立大学无暇顾及，教会学校仍能维持，各方关注的焦点就集中在平津各国立大学的处置，旁及战区私立大学的安置。虽然有不同类型和初衷各异的方案，但在战争氛围中以俭省、便利、集中、实用等手段恢复战时大学的继续运转，成为平津地区高校应对战争摧残的共同选择。

国民政府教育部鉴于战争的侵袭，提出了平津及上海战区学生的借读办法。虽然这在一定程度缓解了失学青年的就读问题，但是从整个高等教育的实际情况而言，借读无法满足大量战区学生的读书需要，也不利于抗战建国的社会要求。为了维持国家的教育不辍，有学者当即提出设立"国难大学区"的教育构想。其纲要为："国难大学区"由教育部主办，集合全国战区各大学学生在一个大学区内实施教育，大学区的区址设在四川、西康、陕甘或云贵一带，毕业年限设为三年，设备建筑以简单化、平民化和实用化为要，同时移用战区各公私立大学常年经费和发行国难教育公债作为经费来源，全体学生、教职员和校役等的膳食全部由大学区供给。[1] 这种基于战时形势的高等教育制度设计，希望以非常之组织应对战时之形势。战争不断深入的情况下，平津沪青年学生的求学问题需要解决，战区受到敌人威胁的高校需要有所预备，因此"国难大学区"的设立，可以在后方安全地带，集合因为战争原因迁移的专科以上学校师生，继续开展教学研究。

旧有大学组织机构被破坏，大学的恢复与重组就成为战争初期亟待解决的问题。"国难大学区"侧重于制度性的规划，目的在于集中人力物力满足战时需要。以平津而论，许多大学难以为继，国民政府通过收容学生与搬迁学校的方式以保存有生力量。混乱中引发的反思，此时也为高等教育内部结构的完善和社会需要的满足提供了时代契机。许多人提议应该利用这一机会对高等教育进行检讨和改革。"各大学中容有不少名流学者，现在学校或根本不得开学，或数校合设一校，原有之名流学者不能悉数容纳，故政府应乘此时机，采取断然手段，将内地各大学大加澄清整顿，将不胜任之教职员尽量淘汰，庶几课不虚

---

① 赵廪：《设立"国难大学区"之商榷》，《国闻周报（战时特刊）》，1937 年第 8 期，第 6 页。

设，时不虚度，钱不虚掷，真能造就一批建设新中国的人才。"①其用意，既关注原有学校的组织整顿，也侧重内地大学的实力提升，从而通过大学合并和师资流动的方式改革高等教育。再有提倡"游击式""抗战教育"的人士建议受到战事影响而不能维持运转的大学，应该迁往内地设立"战时大学"收容战区学生。这种战时大学，"应力求合乎经济原则，把同性质的院系合并起来，尽可能地利用宿舍，与课堂，对教职员也应减至最低限度，以省经费。'战时大学'的设立，除西安、长沙两地外，更应在兰州和成都两地各增设一所，这样一方面可以多收容战区学生，另一方面还可以提高内地文化。此外'战时大学'更应附设中学部，收容战区中学生。"②具体实施方面，战时需用人才急迫，环境时间都不容许像平时那样教育青年，因此需要缩短修业时间和调整教学方式来满足现实需要。

以上诸种议论，从宏观的区域划分，到大学的具体设置，以及课程内容、修业年限的变更，都为战时大学教育的维持提供了建设性的意见。其中"联合大学"的方案得到了教育部的呼应，从而迅速组织了两所联合大学以安置平津高校师生。

（二）"联合大学"模式的出台

"联合大学"，是国民政府教育部在战时情境下有效安置平津师生、保持教育不辍而积极推行的高等教育组织模式。这一模式的出台，有效地解决了流亡师生的求学问题，并在资源有限、战争威胁的严峻局面下保持了高等教育的持续运转。从"庐

---

① 余铭传：《抗战期中的大学教育》，《大公报（汉口）》，1937 年 10 月 18 日，第 3 版。

② 张佐华：《中国战时教育计划——一个"抗战教育"的实施纲要》，《大公报（汉口）》，1937 年 10 月 23 日，第 3 版。

山谈话会"前后到《教育部设立临时大学计划纲要草案》出台，直至"联合大学"模式的正式确立，政府层面的制度设计与民间人士的教育意见相互呼应，为战时大学教育的维持提供了保障。

"庐山谈话会"是在严峻的抗日形势和国内爱国人士的积极呼吁下，国民政府针对日益严重的对日外交与亟待讨论的政治、经济、教育问题而开展的咨议活动。参与其中的教育界人士包括清华大学梅贻琦；北京大学蒋梦麟、胡适；北平师范大学李蒸、李建勋；北平大学徐诵明；燕京大学陆志韦；南开大学张伯苓；浙江大学竺可桢等人，此外还有著名学者蒋百里、马寅初、傅斯年等人。按照计划，"谈话会的进行方式，计划先由政府方面对政治、经济、教育等问题作一概要报告，然后由应邀出席人士各抒己见，遇有疑问，则由政府官员依问题内容，分别予以答复。政府对于谈话结果，固然有所期待，但其性质与一般会议式的集会不同，完全在交换彼此的意见，及联络感情，并不作任何决议"①。

第一期谈话会于 1937 年 7 月 15 日开始。20 日上午进行的教育组谈话中，汪精卫的"引论"对政府关于义务教育、普及民众教育、师范教育、中等教育、职业教育、高等教育和其他特殊教育的政策措施作了说明。江问渔、朱经农、陶希圣、刘湛恩、吴贻芳、高君珊、傅斯年、廖世承、胡适等人相继发言，特别对国防教育提出了许多建设性意见。陶希圣就国防教育、青年训练和充实学校内容提出个人看法。胡适就备受争议的国防教育提出自己的观点，认为"国防教育非特殊的，而是常态的教育"②，希望在国家高于一切的共识上保持教育不辍。

① 刘维开：《庐山谈话会会议记录选辑》，《近代中国》，1992 年第 4 期，第 10 页。
② 《庐山二期谈话会定本星期开始》，《大公报（汉口）》，1937 年 7 月 21 日，第 4 版。

第二期谈话会在 7 月 26 日召开，部分应邀人士因中日战争扩大未能到会，遂进行了非正式的分组谈话，集中讨论对日抗战问题。原定的第三期谈话会，因全面抗战展开，与会人员难以集中而未能举行。第二期谈话会期间，教育界人士于 7 月 28 日下午在牯岭图书馆进行了分组谈话会，就战时教育问题交换意见，提出按照紧急区、次紧急区和平常区分别实施战时高等教育，建议"由教育部在本区（平常区）内设立临时学校，收容紧急区之失学青年"①。这一意见，为此后两所联合大学的设立，提供了思想资源和政策参考。此外，关于战时青年的指导和训练、政府与民众在战时教育中的参与办法，也在谈话过程中得到讨论，初步确定了全面抗战时期的教育政策。

联大方案的提出，循其轨迹，参诸记载，可以从国民政府的政策安排与当事人的擘画经过，互为参合，略窥端倪。以政府文本言，1937 年 8 月《教育部设立临时大学计划纲要草案》出台，规定：

> 一、政府为使抗敌期中战区内优良师资不至无处效力，各校学生不至失学，并为非常时期训练各种专门人才以应国家需要起见，特选定适当地点筹设临时大学若干所。
> 二、此项临时大学暂先设置下列一所至三所：
> （1）临时大学第一区——设在长沙；
> （2）临时大学第二区——设在西安；

---

① 《行政院秘书处奉发朱经农、吴南轩等关于战时教育问题之意见致教育部函》，中国第二历史档案馆编：《中华民国史档案资料汇编·第 5 辑·第 2 编·教育（一）》，凤凰出版社，1997 年版，第 134 页。

（3）临时大学第三区——地址在选择中。[1]

该项纲要草案，最早在教育部层面拟定了建设长沙临时大学与西安临时大学的教育设想。1937年9月10日，教育部第16696号令"以北京大学、清华大学、南开大学和中央研究院的师资设备为基干，成立长沙临时大学。以北平大学、北平师范大学、北洋工学院和北平研究院等院校为基干，设立西安临时大学"[2]，标志着临大方案的最终落实。该计划公布之后，原平津各校不愿接受敌伪统治的师生，通过各种方式向两地集中，从而在后方继续学业，以知识和文化的力量贡献国家需要。

临大构想的出台，同时得到了相关各校人士的积极参与。查访当事诸人的记载，可以进一步充实与丰富这一制度决策的过程。作为教育部代表，直接参与长沙临时大学筹备的杨振声回忆：

> 战争常是文化的转折点，它毁灭了旧的，同时也就给了你一种创新的机会。……合北大、清华、南开三校在长沙设立临时大学，七七事变后，此议即酝酿于南京，二十六年八月间在南京成立临时大学筹备委员会。除三校校长为当然委员外，每校各加一人，北大为胡适，清华顾毓琇，南开何廉。此外有傅斯年、皮宗石（当时湖南大学校长）、朱经农（当时湖南教育厅长）为委员。又以教育部长王世杰为主任

---

① 《教育部设立临时大学计划纲要草案（二十六年八月）》，王学珍、郭建荣主编：《北京大学史料 第三卷：1937—1946》，北京大学出版社，2000年版，第1页。

② 《国民政府教育部令（节选）（二十六年第16696）》，王建领主编：《国立西北联合大学档案史料选编（全2册）》，西北大学出版社，2018年版，第102页。

委员，教育部次长周炳琳为主任秘书。[1]

时为北京大学校长的蒋梦麟，参与了这一计划的构想。从北大的独立性出发，他虽然不是十分赞同联合大学的计划，但是考虑到战争局势的严峻，还是勉强同意了此项安排：

> 与北方三个大学有关的人士正在南京商议学校内迁的计划。大家有意把北平的北京大学、清华大学和天津的南开大学从北方撤退而在长沙成立联合大学。胡适之从南京打电话给我，要我回到南京商量实施这个计划的办法。我经过考虑，勉强同意了这个计划。[2]

此种维持大学运转的战时努力，殊为不易。其合并难度暂且不言，战争之际常态的学术研究对于严峻的社会现实尤显迂远。早在卢沟桥事变之前，翁文灏致函胡适，认为中国绝少专门人才，如果教育不能提供国家所需人才，则为虚设。为此胡适复言："关于人才之教育，诚如尊论，国家教育应供给国家所需之人才。但解释'国家需要'，亦不宜太狭。国立机关如北大，如中基会，似仍宜为国家打长久算盘，注重国家的基本需要，不必呕呕图谋适应眼前的需要。"[3]此种立足长远、以教为治的观念，贯穿于胡适治学兴教的历程之中，即使面对战火侵袭，亦持"七年之病当求三年之艾"的远图。时任教育部部长的王世杰，作为执掌全国教育之长官，对于国内部分人士要求实施战时教育的建议，

① 杨振声：《北大在长沙》，《国立北京大学五十周年纪念一览》，北京大学出版部，1948 年版，第 33 页。

② 蒋梦麟：《西潮·新潮》，岳麓书社，2000 年版，第 209－210 页。

③ 《胡适致翁文灏（稿）》，中国社会科学院近代史研究所中华民国史组编：《胡适来往书信选（中册）》，中华书局，1979 年版，第 357 页。

亦予以反对。1937年9月4日，国防参政会专门讨论招收大学生参战一事。蒋百里反对利用青年学生之热血而赴前线参战，必使其完成学业，勿使失学。对于坊间提出大、中、小各级学校暂停常课一年而授以战时训练的主张，王世杰力表反对，"余主张扩充内地比较地域各校之学额，并以收容战区学生，并于长沙、西安等处各设临时大学一所"[①]，以期战时教育得以维持，保证教育活动顺利进行。

由此可见，联大合组之动议，当是在国民政府教育部的指导下，结合庐山谈话会期间有关教育问题的讨论意见，由平津各校负责人参与构想而形成。北平沦陷后，时任北平研究院副院长李书华移住东交民巷法国医院以躲避日军骚扰。为了维持北平研究院免受中断，院中同人商议将研究院迁往昆明，并设法将理化二所运到上海的图书仪器转移至昆明备用，北平研究院也因为这一波折，未能加入西安临时大学的合组行列。北平师大校长李蒸为避免日伪骚扰，于8月7日由北平脱险到达天津，至9月初得知师大迁设西安的讯息，随即至南京向教育部接洽，后与北平大学校长徐诵明、新任西安临大常委陈剑脩同车经徐州转往西安，进行学校的筹备工作。北洋工学院院长李书田获知教育部有关西安临大的组织规程后，仓促间仅带秘书、会计等少数人离津赴陕，进行校址选定，收容学生的工作。西安临大的筹备工作亦由此展开。

自1937年7月29日敌军占据北平、庐山谈话会结束，平津各高校遭受战争之害，校舍损毁被占，师生四散走避。在战争前

① 王世杰：《王世杰日记手稿本（第1册）》，"中研院"近代史研究所，1990年版，第99页。

景不明、和战不定的情况下，平津高校何往成为亟须解决的问题。"临时大学"的设置，作为战争状态下维持教育活动的积极举措，使得高等教育事业在后方继续进行。

第三节　从西安临大到西北联大

分别设立于西北与西南的两所联合大学，由临时组合到暂时稳定，以其优良的师资和深厚的传统成为南北两所巨型的综合性学府。从其组成子校而言，国立西南联合大学的组成院校包括了国内最顶尖的国立北京大学、国立清华大学，以及私立南开大学，师资阵容强大，更由于集合了三校的教育资源，虽然在物质条件方面相对匮乏，但整体实力实属翘楚；国立西北联合大学则由国内工科最优之国立北洋工学院、国内师范教育源头的国立北平师范大学，以及含有工、农、医、法商等众多学院的国立北平大学组建，整体实力虽然稍逊，但是特色鲜明、办学质量亦有保证。从国立西安临时大学到国立西北联合大学，这所联合大学建校伊始就构成了全面抗战时期西北地区高等教育的中坚力量，特别是在西北地区高等教育基础极为薄弱的情境下，其为西北地区高等教育的发展注入了强大的人才资源和组织基础。观照中国高等教育区域结构调整的起伏变动，西北联大的地位和作用，从其初始的定位，以及其后的影响，都在我国高等教育发展史上呈现出独特的面相和特殊的意义。

一、战前高校西迁的设想

20 世纪 30 年代以来，国民政府教育部开展了一系列的高等教育整顿，希图改变文实比例失调、院系重复建制、大学分布不均等问题。虽然通过一系列的整顿措施,高等教育文实比例失调、师资设备匮乏的现状有所改善,但由于既有组织惰性以及各方博弈,最终只是在招生门类、院系合并等方面略有变化,区域布局的调整更是无从谈起。伴随改革过程中批评意见的聚积,加以不断恶化的国内外局势,对打破既有的高等教育结构起到了积极的推动作用。平津地区的高等院校,开始或被迫或主动地寻求应对战争威胁的有效途径。

"九一八"事变之后,民间人士与政府当局积极筹划,希望在大战迫近之前改变不合理的高等教育分布结构,促进西北地区高等教育发展,为开发西北和应对国难提供人才支持。张季鸾1933年指出:

> 自国都南迁以来,北平失去政治中心之地位,而成为文化市、学生市。盖学校与学生之多,图书馆等设备之富,全国各都会,无出北平之右也。乃最近外患紧张,平津受胁,负笈北平之各省学生皆感不安。……吾人因此建议:愿国府及教育界及早熟商,别于内地准备收容多数学生之地点。以吾人论,西安市即最适宜地点之一。谓宜乘此非常之时,即将西安定为教育事业中心区域之一,而迅速建设之。……惟兹所论者,非只为西北与教育,乃为教育建中心。其意义不仅在使西北学生有教育可受,乃主张全国青年向之群趋通商口岸及北平者,乘此移其一大部分于西安,使西安成为新文化市、学生市。①

南京国民政府此期也积极发展西部地区的高等教育事业,

---

① 张季鸾:《应于西安新建教育中心》,《大公报(天津)》,1933年1月29日,第2版。

创办西北农林专科学校、拟建西北大学以满足地方发展需要。此外，鉴于北平国立大学过于集中的局面，当时亦产生迁离高校、支援西北的设想。1933 年 2 月 18 日，北平《世界日报》刊载消息，传闻教育部有意将北平师大迁往西安。时任北平师大校长的李蒸对此表示不解，回答记者采访时表示："外传教育部当局，以北平师范大学环境不适，改革多阻，拟迁西安，彻底整理，养成高等教育人才，刻正详筹校址及改善办法，本人事前并未闻悉，敝校与教育部函电往来，教部亦无片语及此，想师大迁设西安之说系外间之误传。"①考虑到学校生命之延续和传统之发扬，师大师生多次呈文教育部申述师范大学之实绩，力图扭转"师范教育，不应另设专校，以免畸形发展之流弊"②的舆论导向。后因朱家骅离职，停办迁校之议暂时搁置。直至北平沦陷，北平师大被迫迁于西北，朱家骅仍就此事对李蒸提及："你看早点搬到西安有多好。"③可见师大西迁并非空穴来风，待到战时播迁西北，亦有迹可循。

　　1936 年华北危机加剧，平津形势岌岌可危。鉴于北平一隅大学集中、西北地区教育落后，主政陕西的邵力子于 1936 年 12 月 28 日呈文行政院，建议酌迁北平大学，易地西安，改称西北大学：

　　　　西北自中央主持开发以来，物质建设成效渐显，惟教育

---

　　① 李蒸：《北京师范大学历史上的存废之事》，李溪桥主编：《李蒸纪念文集》，中国社会科学出版社，1996 年版，第 75 页。

　　② 中央组织委员会：《改革高等教育案（1933 年）》，黄季陆主编：《革命文献·抗战前教育概况与检讨（第 55 辑）》，文物供应社，1971 年版，第 111 页。

　　③ 李蒸：《北京师范大学历史上的存废之事》，李溪桥主编：《李蒸纪念文集》，中国社会科学出版社，1996 年版，第 76 页。

一端依然落后，诚以陕甘宁青新等省，人口总数在二千万以上，乃竟无一大学作高深之培养，实不足以应事实上之需要。前者五全大会有筹设西北大学之建议，西北人士同声欣喜，盼其实现，企盼之殷，可以想见。第兹事体大，阮须有充分之设备，复须有相当之教才。衡以中央财政现况，恐难点正多，窃谓与其另创新基，不如利用故物。查北平一隅，国立大学居四所之多，实嫌供过于求，似可酌迁一所入陕，易名西北大学，……以此办法，全国学区既免畸轻畸重之弊，西北方面亦省另起炉灶之劳，一举两利，莫过于此。复查北平大学现有农工医法商及女子文理等五学院，学生共一千五百余人，教授百余人，机器、仪器、标本、书籍等约值三百万元，规模素称完备，以该校环境论，迁移西北尤为适宜。如蒙谕允，拟请钧座令饬教育部，就此项原则与该校徐校长妥商详细办法，逐步进行。[①]

时任北洋工学院院长的李书田，由于战争威胁，亦积极寻求战时校址。1936 年冬，他亲赴陕西，向省政府主席邵力子请求迁校帮助。按邵力子致行政院笺函：

项接国立北洋工学院院长李书田函，以此次五中全会有设立西北大学之提案，拟将该学院移于西安，以为西北大学之基本，并附意见书一份。详核所拟计划，颇为赞同，惟职日前曾上书请以北平大学迁陕改为西北大学，谅邀钧鉴。北洋工学院只工学一部分，与平大其他各学院自无重复，惟

① 《行政院关于邵力子请将北平四所大学迁移一所进陕致教育部函（1936 年 1 月）》，中国社会科学院近代史研究所《近代史资料》编辑部、中国第二历史档案馆编：《抗战时期西北开发档案史料选编》，中国社会科学出版社，2009 年版，第 26—27 页。

平大亦有工学院,是否该院亦一并迁陕,尚祈钧裁,统筹办理,并赐示复,不胜盼祷。[①]

李书田"亲自赴陕勘定西京分院院址,正式承陕省府拨赠,嗣曾请款略建西京分院校舍,未邀部允"[②]。该计划虽未能有所进展,但是,北洋工学院在西安建立战时分院以避免战争损失、延续学校生命的努力可知。1936 年至 1937 年间,出于同样的原因,"北平研究院乃先将植物学研究所图书标本仪器及工作人员全部迁往陕西武功中国西北植物调查所内。史学研究所一部分迁往西安陕西考古会内。物理研究所与化学研究所一部分图书仪器迁沪。迁出各部分照常工作"[③]。此番举措,意在战时保存研究所的有生力量,为迁移创造条件。

通过时间的线索和事件的梳理可知,此后进入西北的国立北平师大、国立北平大学、国立北洋工学院,以及北平研究院一部,在战前均有暂驻西北以求安全的打算,甚至已有永迁西北的设想。

二、西安临时大学概况

1937 年 10 月 11 日,国民政府教育部公布《西安临时大学筹备委员会组织规程》,以王世杰为委员会主席,任命李书华、徐诵明、李蒸、李书田、童冠贤、陈剑脩、臧启芳、周伯敏、辛树帜九人

---

① 《行政院关于邵力子请将北平四所大学迁移一所进陕致教育部函(1936 年 1月)》,中国社会科学院近代史研究所《近代史资料》编辑部、中国第二历史档案馆编:《抗战时期西北开发档案史料选编》,中国社会科学出版社,2009 年版,第 27—28 页。

② 李书田:《北洋大学之过去五十三年》,左森主编:《回忆北洋大学》,天津大学出版社,1989 年版,第 151 页。

③ 李书华:《李书华自述》,湖南教育出版社,2009 年版,第 121 页。

为部聘委员,进行校址勘定、院系设置、师资遴选、学生收纳等工作。经过紧张筹备,各校师生分别向西安汇集:

> 统计二十六年度(1937)全校六学院二十六系,学生凡一千四百七十二人(内借读生二百十二人)。文理学院八系四百三十九人,法商学院三系二百七十五人,教育学院三系一百四十九人,农学院六系一百三十三人,工学院六系三百六十八人,医学院不分系八十六人。其中在西安两次招考录取新生凡三百十一人,余皆三校院原有学生或他校旧生转学与借读者,皆自战区跋涉而来者。[①]

由于战时仓促,学校未能及时觅得合适的校址,临大院系分散在西安三处:校本部、第一院的国文系、历史系、外语系、家政系在西安城隍庙后街四号;第二院的数学系、物理学系、化学系、体育学系,以及工学院与东北大学工学院共处一院(位于今西北大学太白校区);第三院的法商学院三系、农学院三系、医学院和教育系、生物系、地理系在北大街通济坊。学校定于 11 月 15 日开课,但鉴于战乱影响,交通阻断,"本大学本学期筹备伊始,所有教职员学生,前后到校,参差不齐。关于原三校院学则规定:'学生缺课逾三分之一者令其休学'一节,应即从宽规定。兹定二十七年一月十日,为学生到校最后期限,逾期令其休学。"[②]为了保证教学计划的完成,西安临大并将学期学历加以变更,延至1938 年 2 月底定为学期终了,上课期间除元旦停课一日外,其他年假、寒假均已取消。诸多安排之下,即使战乱频仍,西安临大

---

① 黎锦熙:《国立西北大学校史》,西北大学西北联大研究所编:《西北联大史料汇编》,西北大学出版社,2012 年版,第 652 页。

② 《本校布告》,《西安临大校刊》,1937 年第 2 期,第 3 页。

依然弦歌不辍。

（一）西安临大的教学研究

从战线前沿转移到西北后方，西安临大建校伊始，学校同人即深切认识自身所负的时代责任，致力人才培养，维持弦歌不辍，从而为抗战建国奠定坚实的文化基础：

> 本大学受命于危难之际，由平津三校院移陕联合成立，……惟本大学同人处兹非常时期，愧未能参与抗战前线实际工作，相率而来肩任此清苦事业，辛劳不辞，险阻不避，所恃以自安自慰与自信者，唯在学生之努力造就，蔚为国用。他日大难敉平，国家建设复兴，所需用之专门技术人才不亚于今日所需求于抗敌勇士之迫切。务望诸生省察自我个性，标本兼顾，努力进修。其在目前听讲、笔记、习题、实验以及临时学期试验之际，尤盼严格自律毋稍倦忽。①

初步安顿之后，西安临大立即恢复了正常的教学活动。为了确保教学纪律，校方制定了严格的考勤要求，规定学生一学期缺课 20 小时即扣本学期总成绩分数一分，旷课者加倍扣分。如果请假旷课时间超过某门课目三分之一，不能参加该科考试并取消学分。仓促内迁的临大各校，图书设备损失惨重。为了保证教学研究的正常开展，临大图书馆通过收集和购买图书勉强维持正常的运转。因馆藏有限，图书馆规定善本书、普通参考书和教授制定的参考书，以及期刊、报章和新到图书概不外借，学生凭证每次限借平装、洋装书一册或线装书一函，为期两周；教师可一次借阅五册，以便其教学研究。为了有效利用资源，临

---

① 《本校布告》，《西安临大校刊》，1938 年第 5 期，第 1 页。

大图书馆还为本校师生开展校外借书服务,学生到学校图书组登记后发给介绍函件,可以向校外机构借阅图书。虽然藏书有限,设施简陋,临大图书馆的运作依然正常,为师生教学研究提供了便利的条件。

身处后方,西安临大师生心怀建国复兴之志,坚持知识学习和开展学术研究,兼顾日常教学与特殊训练,以不负国家民族的关爱与厚望。临大常委李书田在《适应抗战期间之生产建置与工程教育》一文中,分析工业发展在长期抗战中的积极作用和大学工学院所应承担的教育使命,批评了和平时期的八股工程教育,强调"工程家乃'控制自然动力与物质以最经济之方法而为人类之利用'之专门学者,在长期抗战物力动员之伟大时期,有无量数之伟大工作,待其推动,教授先生,学生诸君,曷其免旃"①,鼓励师生以国家需要为出发点,积极运用所学知识服务抗战需要,建议修正课表施行特殊训练。

临大工学院包含土木工程学系、矿冶工程学系、机械工程学系、电机工程学系、化学工程学系、纺织工程学系,全院学生 440人,占临大学生总数的四分之一强。由于搬迁仓促,临大仪器设备极为缺乏,正常的教学实训难以为继。为了满足教学研究需要,工学院院长李书田分别与各处接洽,筹集设备仪器:

(一)接管山西省桑干河及汾河两河务局之测量仪器,以充测量及铁道测量实习之需;

(二)借用陕西省工业试验所矿物标本,以为矿物学实习之需;

---

① 李书田:《适应抗战期间之生产建置与工程教育》,《西安临大校刊》,1937 年第 2 期,第 2 页。

（三）借用陕西省机器局木工、铸工、锻工、金工、钳工各厂，以为机械制造实习之需；

（四）借用东北大学电机实验室，以为直流交流电机实习之需；

（五）向陕西省水利局索赠旧长途汽车一辆，陕西省公路管理局借用售载重车五辆，旧坐车三辆，以为训练汽车拆装修理运用之需；

（六）向东北大学借用有线电报器材仪器，以为训练有线电报安装修理运用之需；

（七）向交通部陕西省电政管理局借用有线电话器材若干种以为训练有线电话安装修理运用之需；

（八）置备无线电讯仪器器材少许，以为训练无线电报电话安装修理运用之需。①

通过以上方式，临大工学院在极端艰难的情况下补充了部分教学设备，保证了教学实践的正常开展。经过紧张的筹备，工学院积极厘定学期课程，拟选毕业论文题目，推动各项准备工作有序展开。考虑到军事需要，工学院各系参与编订了《本校特殊训练技术训练队修订课程实施方案》，分别设立军事测绘组、军事工程组、军事机械组、军事电讯组、军事化学组，开展相关的课题研究，为抗战贡献力量。为了弥补教材的不足，土木工程学系教授周宗莲积极编著了20多万字的军事工程学教本，以满足授课需要。同时，工学院要求各系教授将国内及英、美、德、法等国的学术期刊择优送交教务处图书组订购，补救教材缺乏造成的

---

① 《工学院实验实习设备之筹维》，《西安临大校刊》，1938年第6期，第6—7页。

不足，把握国内外工学研究的趋势。

为了弥补迁移离散过程中的师资不足，工学院积极开展师资聘任工作，矿冶工程系首先聘齐了各科教授，其他如土木工程学系亦在进行之中：

> 早已到校授课之教授，计有土木及军事工程教授兼系主任周宗莲博士；水利及卫生工程教授刘德润博士；铁道及道路工程教授赵玉振先生；已聘定将于二月间到校者，有构造工程教授李荣梦博士。正在接洽敦聘中者有测地工程教授董钟林博士。此外尚有名誉教授李仪祉先生，工程力学专任讲师孟昭礼先生，测量学专任讲师黄秉舰先生，石工及基础学兼任讲师徐宗溥先生……该系教授讲师助教皆极一时之选，而且除名誉教授李仪祉先生外，均系前国立北洋大学及国立北洋工学院该系先后所造就之工程教育人才云。①

虽然事起仓促，教员不易聘定，临大工学院仍然依托毕业校友，迅速集聚了蔚为可观的师资阵容，为战时临大工学教育的发展奠定了坚实基础。其他学院也迅速收容师生，整理课程，尽可能快地恢复正常教学。

战争时期正常的教学研究无法顺利开展，因此临大开会研究了1937—1938年度毕业学生的毕业论文事宜，交由各学院自行斟酌办理。其中教育系以毕业论文为该系必修课程，希望学生在教授指导下能够对于教育问题获得技术的训练和解决的能力，所以按照成例继续要求学生撰写毕业论文。考虑到资料的缺乏和现实的需要，该系毕业生选题多与陕西地区的教育事业、

---

① 《工学院土木工程学系组织完成》，《西安临大校刊》，1938年第6期，第5页。

抗战时候的教育作用等方面相关，题目分别为《回教儿童与无宗教儿童道德判断之比较》《抗战中之青年心理》《影响人格之因素》《自由主义的教育》《抗战期中西安中等教育之训育》《抗战期中的音乐教育》《西北人民之宗教信仰》《抗战期中西安之中等教育》《中山学说在近代心理学上之基础》《吾国自抗战以来所暴露之弱点及今后在教育上应努力之途径》《西北成人之好恶》《西北青年之好恶》《西安人民之日常习惯》《抗战期中西安之民众教育》。从其选题立意，即可见其问题意识和现实导向。经过以上种种努力，即使在战时，西安临大也保持了良好的学风。

为了增进学生学术水平、提升学生道德修养，临大制定了《本校学术演讲办法》，在总理纪念周邀请党政官员、校内外专家教授在学校或院系举行演讲。办法规定非常时期的演讲内容应从国防科学艺术、战争相关的国际问题、战时政治经济与社会、非常时期教育、西洋文化及历史地理、青年学生的修养等方面丰富学生知识，开阔学生视野。开学月余，先后有陕西民政厅厅长彭昭贤、陕西省水利局局长李仪祉、华北水利委员会工程队队长徐宝溥、航空委员会第十三科科长顾校书、陕西省建设厅厅长雷宝华等人进行了一系列全校讲演，有效促进了校内师生与校外人士的沟通，加强了正常教育与战时需要的结合。

为了更好地深入社会、联系现实，临大各院系根据专业特点，组织学生开展校外参观考察。1937年12月12日，临大工学院纺织工程系师生前往西安大华纱厂参观，了解具体的生产过程，听取纱厂经理报告工厂筹备经过及全厂设备状况，使得各年级学生获益良多。地理系师生则分别派出由郁士元率领的20余人前往终南山、殷伯西率领的8名学生赴灞桥和未央宫考察，对于各处的自然和人文景观加以记载。农学系与陕西棉产改进所合作，派出本系讲师前往该所了解棉作实验研究及推广指导，希望双方可以合作开展陕西棉业改进及棉作学研究等工作，将学术研究与地方需要紧密结合。1938年1月24日，农学系畜牧组师生为了解西安乳牛业经营的情况，在畜牧学教授李正谊的带领下前往位于小雁塔东的西京牧场参观，并拟定了将来前往西安其他各大牧场参观考察的计划。同期临大历史系师生前往陕西考古学会参观学习，进一步将知识学习与历史文物加以融会，从而增进个人的知识水平：

> 本校历史系，因本城陕西考古学会所陈列之古物，在史学上颇占重要价值，乃利用学期试验前空暇，于本月十八日下午二时，由陆泳沂教授率领本系同学三十余人，赴该会参观。余亦偕往。到会后，承该会负责人北平研究院研究员何乐夫先生领导，将该会四座陈列室，一一开放。当由何陆二先生将陈列各古物，加以详细之说明，同学等研究学术之兴趣，本极浓厚，于是咸指物质疑问难，二先生则往复解答之。[①]

受战争影响，西安临大不久开始迁往汉中。在短暂的时间内，临大虽然因设备简陋、办学困难，正常教学受到影响，但是通过实地考察和工厂走访，师生深入地方社会，将课堂知识与社会实践紧密结合，取得了良好的教育效果。

（二）西安临大的社会服务

从华北迁徙西北的西安临时大学，作为战时西北最高学府，迅速在西安及周边开展了一系列支持抗战的社会动员和资源开

---

① 周国亭：《陕西考古学会参观记》，《西安临大校刊》，1938年第11期，第8页。

发活动。师生热情与地方需要形成的合力在战时服务、民众教育、矿产开发、战时问题研究等方面有效开展。

临大战时服务的内容，首在特殊训练队伍的建设。全校范围内组织了四支特殊训练队。每队由一位师长负责，员额各 50人，分别是尹文敬教授指导的政治训练队、李在冰教官带领的军事训练队、吴祥凤院长负责的救护训练队、李书田主持的技术训练队。这种军事化训练，旨在提升学生的军事素养和服务能力，以为可能的军事需要提供预备。

为了支持抗战事业，临大教职员在收到救国公债募捐委员会陕西分会来函之后，决定学校教职员一律以一个月薪金认购救国公债，分五个月扣缴。同时，校方与陕西新生活运动促进会共同开展"一日一分运动"，在学校适宜地点设立钱箱，号召师生每人每天从生活费中节省一分钱投入钱箱，三天清点一次存入银行，以便源源接济前方抗战的需要。

以民众教育为手段的社会动员是全面抗战时期政府和学校开展的一项重要工作。由于"吾国未行国民教育，致汉奸甚多。然则对大众之演讲宣传，亦大学之责任也。……余曾遇难民团甚多，及问其遭难之原因，而皆不能答。内有老者安然告余曰，'这都是劫数'。此见不明了此次战争之意义者多矣。大学固应负演讲宣传之责任，而演讲宣传亦须有相当之训练"[1]。为了最大限度地调动社会资源，激发民众的抗敌热情，西安临大承担起了陕西地区的民众教育和社会动员工作。根据计划，临大为唤起民众及灌输抗战常识，培养民众的自卫能力，组织宣传队分赴陕西各县宣传，每期四队，为时两到三周。每队有二十至三十

---

[1] 陆咏霓：《国难时期的大学教育》，《西安临大校刊》，1938 年第 8 期，第 2 页。

人，由教职员一到三人率领指导，指定一名学生为队长，两人为队副。为了避免与东北大学、陕西省政府宣传地点重复，西安临大以陕南各县作为宣教重点。宣传的内容，包括抗敌情况、国家观念、公民常识、防空常识、兵役劳役等。为了适应普通民众的知识水平，宣传材料以简明图画和简短册子为主，并以谈话、演讲、表演等方式进行宣传。按照计划，1937 年 12 月 1 日首批宣传队伍出发，总领队为董守义教授。第一队由郭俊卿率领前往汉中；第二队由徐佐夏、王同观率领前往褒城；第三队由罗根泽、佘坤珊带队前往留坝；第四队由董秉鉴、刘润贤带领前往凤县。根据前往留坝的学生宣传队第三队的报告，沿途道路崎岖，所谓秦岭沿线的"穷八站"并不像传言的那么穷困，而且沿途驿站较多，旅行较为便利。至于教育风俗和语言方面：

> 此间教育程度之低落，风俗习惯，偏于保守，由来已久，每县不过有一号称完全小学，实则内容并不完全，教师皆属半尽义务性质，且薪金往往积欠数月，其对于职务之兴趣，可想而知也。一般人多习于怠惰，不事生产，富源虽多，均未开发，吸鸦片者且遍地皆是，街头巷尾之商肆中，无他物亦惟有烟斗而已，语言近川音，尚能了解，但语句、成语不甚通行，盖人民多不识字故也。①

前往褒城的宣传第二队，每到一处即着手测验当地民众知识水准作为宣传的基础，"如询问小学生及不识字之成年人'中国目前是否仍有皇帝？''我国首都在何处？'等问题，彼辈于前者

---

① 《本校学生宣传队第三队第二次报告》，《西安临大校刊》，1937 年第 2 期，第16 页。

则答为有皇帝，后者则答为南郑。其文化低落，于此可见一斑。"①经过沿途考察及深入地方，临大下乡宣传队近百人分别抵达汉中各县区，除了分发陕西抗敌后援会所发的宣传资料以外，积极协助地方开展壮丁训练、保安队体育训练、社训军官的体育指导工作。通过讲授史地常识、爱国故事、时局分析、拥护领袖等活动，宣传队致力于培养民众的爱国思想与民族意识，养成团结奋斗和刻苦耐劳的精神。为了扩大宣传效果，活动以集训、集会的方式举行：

> 关于集会宣传之题目，如（1）抗战期中应有之认识；（2）平津陷落后之所见；（3）训练民众的重要性；（4）促进生产建设；（5）日本之勃兴及其对华之侵略；（6）中日战争之前瞻；（7）汉奸问题；（8）抗敌与全国团结；（9）有钱出钱有力出力；（10）中国必胜论。

> 每次听众自六七百人至千余人不等，其在联乡一次群众排成行列约有二千余人，学生占十分之三四，农民占十分之六七，鹤立台前，谛听讲演。散会时合唱《义勇军进行曲》及《牺牲已到最后关头》等救亡曲。民众兴奋，于讲演毕，高呼"打倒日本鬼子""打倒汉奸""拥护中央"等口号，其热烈情绪与夫民族意识之勃发，匪言可喻。②

此外宣传队还以"接谈民众""各界谈话会""向优秀分子作精神讲话"等方式向民众展开宣传，运用最通俗的语言讲述与战争相关的事件，以求贴近民众、启发民众、团结民众，激发他们的爱国情感和民族意识。

---

① 《本大学下乡宣传队近讯（续）》，《西安临大校刊》，1938年第7期，第8页。
② 《本大学下乡宣传队近讯（续）》，《西安临大校刊》，1938年第7期，第8页。

临大宣传队的工作受到地方的欢迎和认可。宣传队所到之处，沿途都有欢迎队员的标语，如"欢迎临大第二宣传队""欢迎许、王两教授及全体学员"等，还有民众列队在郊外迎候，体现了地方人士对临大师生的欢迎和支持宣传的态度。汉中各界人士有感于临大师生协助各县政府参加各项社训工作、辅助小学训练，辛苦备至且卓有成效，特别向校方赠送名誉旗帜一面，以慰劳临大师生之贡献。

经过两个月的时间，临大宣传队师生深入民间，发扬吃苦耐劳的服务精神，历程一千多里，以训练、宣传的实际行动承担了国民责任。1938 年 2 月 12 日，为了欢迎临大宣传队归来，学校常委会举行茶叙会慰劳师生。"云亭先生（李蒸）谓此次宣传虽不免于诸君略有学业上之损失，究能急起补习，且于国家民众曾尽应尽之力，于心无愧。此种事业，加富教育意义颇多，可供今后办高等教育者之参考。"[1]此番深入的宣传工作，激发了民众的抗战热情；陕南地区的贫瘠和民众智识的落后，也对临大师生产生巨大的冲击。为了更好地开展活动，率领第三队前往留坝的罗根泽教授总结了下乡宣传的最低条件，认为师生下乡，"第一，衣食住行，须力求平民化，……第二，言语、行动，须适合民众观听；……第三，对于抗战工作，须有根本认识，就是绝对不作不利于抗战的宣传"[2]，以此获得最佳的宣传效果。

为了适应战时环境的需要，临大师生热心投身陕西地方建设的各项活动。战时的西安成为紧邻前线的要冲地带，国防建设、资源开发、汽车养护等事业皆需要专门人才予以研究，进行

---

① 《本校慰劳下乡宣传队》，《西安临大校刊》，1938 年第 10 期，第 4 页。
② 罗根泽：《下乡宣传的最低条件》，《西安临大校刊》，1938 年第 12 期，第 4—5 页。

指导。西安临大的到来，填补了该地区人才的匮乏，各处纷纷邀请临大教授作为机构顾问，应用专门知识提供社会服务：

> 土木工程学系主任周宗莲博士既尽力于邻近飞行港之扩充，土木系教授刘德润博士复曾勘估商洛公路。……矿冶工程学系系主任及教授魏寿昆博士、张逎骏先生、雷祚雯先生，近因陕西省建设厅之邀请，前往调查探淘安康区砂金矿。陕甘运输管理局现正敦请机械工程学系教授为彼研究改善可以就地铸造之汽车零件，以往本地铸造者，极不耐久，亟须研究改善成分之配合、铸造之技术等等，俾期经久耐用。①

陕西省建设厅彼时致函西安临大，以为陕南安康一带矿产资源丰富，大力开采金银矿产有助于补充军需能耗。由于缺乏足够的地质矿冶人才，因此请求临大派出专门人员进行调查研究，为将来开采提供参考。临大校方迅即承担了此项任务，决定以需要进行地质调查和矿冶实习的矿冶系三、四年级学生为成员，由矿冶系教授带队，前往安康各县调查，了解资源开发暨砂金开采情况，并借此在地方开展抗敌救亡宣传，组织民众作为抗战后盾。经过先期准备，1938 年 1 月 10 日魏寿昆教授带领 10余名学生，携带仪器图籍和宣传用品出发。探矿队于 1 月 22 日抵达安康，从事研究砂金生成的原因、附近地层的构造，以及富矿带的有无和分布。

随着战争的扩大，军事相关问题日益受到临大师生的关注。农业化学系师生为此组织成立了战时食品问题研究会，拟调查

---

① 《工学院教授各方纷纷顾问》，《西安临大校刊》，1938 年第 6 期，第 6 页。

受伤将士和难民的营养状况。该会 20 余名学生于 1938 年 1 月 23 日携带表格前往位于西安东关的十八陆军医院及各分院调查,获得了第一手的资料,取得了较为圆满的结果。其后研究会成员又就学生及人力车夫食品问题开展调查,进行分析研究。以上种种皆以学术服务现实、以行动影响社会,深化了战时的大学职能,加强了大学与社会民众的沟通。

(三)西安临大的校园生活

全面抗战爆发后,平津各校学生获知西安临大设立的消息,通过各种方式向西安集中。由于战火隔离,日军盘查,一路颇为不易。其中艰难,亦可见战争对文教事业的摧残。时为北师大体育系学生的袁琮,得知师大在西安上课的消息,随即决定乘火车前往天津,再乘船从青岛转到西安。抵达天津时,遭遇日军检查:

> 我们被带到一座仿佛是仓库的大房子楼上,门口日军持枪把守,每个人静静的或站或坐或蹲,没有交谈声,没有移动声,静悄悄的,可称得上真正的"鸦雀无声"。……只见另一组的翻译举起手来噼啪的打那位旅客耳光。那旅客依然赔笑、鞠躬、答话,令人气愤,亦令人鼻酸。我这组的翻译好像和善一些,小声告诉我"问什么答什么,不要怕"。我被问了几句,手提箱也无问题,就放我出来了。外面一片凄凉冷清,淡黄色的街灯散发着无精打采的光,益显得特别凄惨。我深深的吸了一口气,总算获得了自由,深为自己庆幸。①

---

① 袁琮:《令我怀念的体育系一九三八班》,陈明章编:《学府纪闻·国立北平师范大学》,南京出版有限公司,1981 年版,第 388 页。

流亡师生辗转抵达青岛后，国民政府教育部在此设立流亡学生招待所，为报到的学生提供每日三餐，并凭证免票送学生前往学校。借此方式，流落各地的临大师生得以到达西安，继续学业。

按照非常时期的教育要求，西安临大从 1937 年 12 月 13 日起开展军事训练，实施军事管理，"凡所教学训迪之方，悉宜针对国难时艰，积极设施，以厉行非常时期之救亡教育。……务望诸生嗣后一意服从，涵养身心，造成尚公尚武之公民，共树救己救国之基础。民族复兴与前途，有厚望焉"①。根据管理办法，全校学生编为一个军事训练队，定名为国立西安临时大学军事训练队。本着"养成学生整洁、敏捷、勤朴、耐劳、团结、互助、振作精神，遵守纪律诸美德"的宗旨，临大组织男生参加军训，女生进行看护训练，并要求在校同学遵守纪律、端正仪容，保持军人精神。

为了丰富课余生活，学校积极举办课外运动，除了每周两小时的体育课之外，学校推选体育系王耀东、朱淳实、刘靖川、刘博琛、罗爱华等人组成课外运动委员会，办理全校课外运动。经过筹备组织，校内分别设立包含足球、篮球、排球、垒球、国术、竞走、体操、越野赛跑的男子项目和包含小足球、篮球、排球、垒球、国术、竞走、旅行、体操与游戏的女子项目。为扩大学生参与，学校规定临大学生每人必须选择一项运动项目，各组聘请体育系学生担任活动指导员。全校同学积极参与，组建了平倭、铁队、抗队、游击、健群、复兴、老鹰、八一三等课外运动队，其名称无不体现了抗敌救国的高昂精神。各队之间经常举行比赛，从而达到联络感情、观摩技术的目的。遇有下雪天气，更组织同学打雪

---

① 《本校布告》，《西安临大校刊》，1937 年第 1 期，第 3 页。

仗增加趣味:

> 一月二十日晨瑞雪纷飞,积地数寸,体育罗先生利用环境发动雪战,一纸战书宣布后,第一院女英雄莫不兴奋异常,乃急整战装争先赴战。战场分南北两区,中隔电网,敢死队英勇奋发,在最前线,工兵则在后方制造手榴弹。战鼓声响,恶斗开始,雪弹横飞,每一弹中,观众乃鼓掌喝彩以祝捷。[①]

临大师生在西安的平静生活未能持久,随着 1937 年 11 月日军进攻山西,临汾吃紧,西安也成为前线。"学校突破重重困难,礼聘教授、添置设备,正准备用东北大学的教室上课,日方轰炸机却在此时天天来轰炸。学校感觉西安也不是安全之地,于是决定派体育、国文、英文、历史等四系的三、四年级学生,徒步南下到汉中宣传,并顺便勘察由宝鸡到汉中这一段西北公路的路况,以作迁校时参考。"[②]随着时局的恶化,经与教育部及陕西省政府商议,西安临大决心迁往汉中,以继续维持教育的正常运作。

三、战时迁移

随着日军侵略步伐的加快,南北战局再度告急。长沙临时大学于 1937 年 11 月 1 日开学,24 日长沙即首次遭到日机轰炸。至 12 月 13 日南京陷落,日军进逼武汉,"常委会经反复研究,决

---

① 《冰天雪地中第一院女同学会战操场》,《西安临大校刊》,1938 年第 7 期,第 3 页。

② 袁琼:《令我怀念的体育系一九三八班》,陈明章编:《学府纪闻·国立北平师范大学》,南京出版有限公司,1981 年版,第 399 页。

定迁往云南省会昆明,一则昆明地处西南,距前线较远;再则有滇越铁路可通海外,采购图书设备比较方便"[①]。虽然湖南省政府主席张治中表示全力支持临大发展,考虑到北平的教训与可能的危险,长沙临大最终经中央批准西迁昆明。西安方面,由于西线战场失利,太原失守,日军沿同蒲铁路南下,兵锋直指山陕交界的黄河风陵渡口,与距离西安东部 135 公里的潼关仅一河之隔,西安转成战争前线。为此,西安临大计议迁离西安,迁往更为安全的后方。3 月 2 日,临大校方派徐世度前往汉中寻觅迁移校址。1938 年 3 月 9 日,学校常务委员会召开第二十三次会议讨论迁校事宜,追认"准备迁移事务委员会"及委员人选,决议教职员及学生的出发和到达办法。根据计划,全体学生在西安至汉中行军过程中,编为一个大队,三个中队,若干区队、分队,行军时以中队为单位,逐日连续出发,沿途由膳食委员会提供给养。1938 年 3 月 16 日,西安临大师生于当日晚间搭乘火车自西安前往宝鸡,先后依计划按日分站前进。师生由宝鸡至汉中,越秦岭,涉险关,历经艰辛。迁移途中城镇乡村穷困异常,沿途膳食无处购买,因此各队均以自带锅饼、大米、炊具以应需要。自宝鸡至汉中,路程共计 255 公里,费时 12 日。时为国立西安临大学生的尹雪曼回忆:

> 为了觅一块更安全、更适合静下心来念书的地方,民国二十七年初,国立西安临时大学于是迁往陕南。……而搬家,对我们那群年轻小伙子们来说,就像旅游。啊哈!人人背个背包,背包里有漱口杯、牙膏、牙刷,还有换洗的内衣

---

① 西南联合大学北京校友会编:《国立西南联合大学校史:一九三七至一九四六年的北大、清华、南开》,北京大学出版社,2006 年版,第 16 页。

裤,以及吃饭的碗筷。大件衣物,则由随行的小毛驴驮着。时间是阳历三月,秦岭北麓还有残雪,大地一片苍凉,但南麓却已有了绿意。太阳一照,一片暖洋洋的春的气息。啊哈,啊哈!大伙儿于是笑着、唱着,赶着小毛驴,翻越秦岭,来到黄牛铺、大散关,越过草凉驿,来到凤县。凤县是个小小的山城;城的一半在山上,一半在山下,站在东门城楼上,可以望见西门。而过了凤县,就来到形势险峻的柴岭关。下了柴岭关,便是一块小小的山谷平原;平原里,处处鸟语花香,一片翠绿。原来,我们已经来到张良庙。张良庙也就是庙台子,那是刘邦登基后,张良躲在那儿修仙的地方,啊,什么功名利禄也都会褪色。当时,我们一群年轻人,曾在庙中睡了一晚。第二天一早,继续上路。傍晚,就到了褒城。褒城是个穷僻的小县,荒凉败落,到处给人一种没落的感觉。……之后,走出褒城,穿过石门,我们就来到了汉中。前方虽然如火如荼地打仗,这儿却十分安静繁华。大街上,行人如织,车水马龙,完全是一番太平景象。在这儿休息一天后,我们就前往汉中东南方的小城——城固,安营下寨。[1]

怀着积极乐观的态度,临大师生翻山越岭,进驻汉中。由于校舍尚未安排就绪,学生分散在褒城各乡村,后经学校与地方人士接洽,始得在汉中地区分散安置。其中,大学本部设在城固县城内考院及司令部,包括文理学院的国文、外语、历史、数学、物理、化学、生物各系,工学院之矿冶、机械、电机、化工、纺织各系及土木系一年级,以及教育学院的教育、家政两系。法商学院设

---

① 尹雪曼:《尹雪曼的文学世界:回头迢递便数驿》,楷达文化,2003年版,第115—116页。

在城固郊外职业学校旧址;另外在城固县城南 35 里的古路坝天主堂设文、理、教、工分院,包含体育、地理两系,土木系二、三、四年级和附属中学高中部;南郑县城内设学校办事处和学校医院;沔县则设有农学院。

西安临大的战时迁移,由西安至汉中,进一步深入内陆,从而获得了相对稳定的办学条件。"西北(安)临时大学在西安这座古城中从诞生到迁移约共消磨了六个月的时间,而正式上课的时间也不过四个月。四个月的工作给古城添加了一些新的血液。西安以前在教育上是够荒漠的,自从搬来了东北大学,又搬来了临时大学,二三千文化兵队突袭到这座静静的古城来,使一切都呈现出活泼蓬勃的新气象。"①虽然有战事的不断升级和生活的日益艰辛,各校师生秉持抗战建国的时代精神,努力在陕南地区开展教学研究,进行社会服务,同时也在纷乱中担负起抗战建国的艰巨使命。

---

① 紫纹:《抗战期中的西北大学》,王觉源编:《战时全国各大学鸟瞰》,独立出版社,1941 年版,第 18 页。

第四章　风波平地起：枝节横生的联大改组

　　国立西北联合大学的建立，意味着西北地区高等教育通过外部的补充获得发展的力量，社会各界对西北联大引领西北地区科学文化事业发展寄予厚望。为了利用高校内迁的机会，进一步确立内地的高等教育基础，国民政府教育部制定了调整大学区域分布的相关政策，划分高等教育区，开展专科以上学校的改组和新建。西北联大作为西北地区的最高学府，以其学科构成及地理区位，成为改组的对象。虽然组成西北联大的各校极力反对此项政策，但是在"抗战建国"的背景之下，各方采取的克制态度保证了改组行动的渐次推进。此番改组过程，既受政治干预和人事纷争的影响，亦包涵以区域格局调整实现西北高等教育培植的意图。经过两次改组，国立西北联大一分为五，塑造了西北地区高等教育发展的基本格局。

第一节　战时教育方针的厘定

　　1937 年 10 月 30 日国民政府宣布迁都重庆，意味着战时政治中心的确立和长期抗战的发端。战局变幻之际，战区高校的迁移几经波折。从最初的迁徙流亡，到逐步的安顿稳定，国民政府针对战时教育采取了一系列举措，订定教育方针政策，以应抗战建国的实际需要。通过对全面抗战初期国民政府教育政策的梳理，有助于把握其时高等教育发展的基本理念与发展趋势。

一、战时教育政策的制定

1938 年 4 月，国民党为了确立战时大政方针，在武汉组织召开了临时全国代表大会，讨论战时政治、经济、文化等各方面的问题。这次大会以"抗战建国"作为战时的指导思想，以持久抗战作为取得最后胜利的基础。通过多方讨论，大会颁布了《抗战建国纲领》（以下简称《纲领》）。"中国共产党认为这次国民党临时代表大会，是最近十年来国民党最有历史意义的一个会议，这个纲领可以作为全国人民共同奋斗的纲领，而愿为其完全实现而奋斗的。"[①]在社会各界广泛认同的基础上，坚持长期抗战、争取最后胜利的观念成为指导此后战时各项事业的基本方针，并确立了"抗战"与"建国"并进的战时政策取向。

经过战争初期的仓皇无措，各级文教机构逐渐在后方安顿，如何维持现有机构的运作和建立适应战时需要的教育系统，成为这一时期各方关注的焦点。战争暴露了和平时期教育的弊病与弱点，也为改造教育提供了契机。战时背景下，国民政府秉承教育、经济、武力是为现代国家生命力的理念，注重教育在抗战建国中所能发挥的积极作用。当沿江沿海地区文教事业或停顿或沦陷之际，立足西南西北的空间，秉持抗战建国的理念，重塑

---

① 任弼时：《为彻底实现抗战建国纲领而斗争》，《解放》，1940 年第 111 期，第 5 页。

现代中国教育成为战时教育改造的重点。这种诉求在国民党临时代表大会上得到充分体现。《纲领》在教育领域进行了战略安排,进而又制定了分级实施的《战时各级教育实施方案纲要》(以下简称《纲要》)。从《纲领》到《纲要》,其一系列方针政策在宏观层面希望回答教育制度之持变取舍;在微观层面则着力于师资课程等方面的具体改造。

《纲领》的基本精神,强调以国民党的领导为中心,集中动员全国各方,捐弃成见、统一行动,力求抗战必胜,建国必成。政治方面,组织国民参政会以利团结,以县为单位筹备地方自治以备宪政;经济方面,以军事为中心改进农业水利,开发矿产,树立重工业基础和鼓励轻工业经营。关于教育事业,《纲领》规定了四项内容:

> 二十九、改订教育制度及教材,推行战时教程,注重于国民道德之修养,提高科学的研究,与扩充其设备。
>
> 三十、训练各种专门技术人员,予以适当之分配,以应抗战需要。
>
> 三十一、训练青年,俾能服务于战区与农村。
>
> 三十二、训练妇女,俾能服务于社会事业,以增加抗战力量。[1]

以上规定,致力于寻求战时需要与平时教育的调和,即"推行战时教程"与"提高科学的研究"并重,从而在维持正常教育秩序的基础上消除战前教育存在的种种弊端。另外,"训练各种专门技术人员"的要求为此后高等教育组织建设和培养目标提供

---

[1]　《中国国民党抗战建国纲领》,中国国民党中央执行委员会宣传部编:《抗战建国纲领浅说》,正中书局,1938年版,第171页。

了指向。

临全大会以"抗战建国"为指针,则其教育政策的制定,就需要处理"抗战"与"建国"、"平时"与"战时"等诸多关系。其时,国内各界迫于存亡之危,"国防教育""战时教育"的呼声不绝。抗战情境之下,"建国"与"救国"的不同考量决定了相异的教育取向,一者图长远,一者顾当下。《纲领》中关于教育方面的规定,则为教育发展的取向确定了基调。这种立场,在《纲要》中得到了具体的体现。《纲要》对于教育设施之方针共分九点,即:

> 今后教育之设施,其方针有可得而言者:
>
> 一曰,三育并进;
>
> 二曰,文武合一;
>
> 三曰,农业需要与工业需要并重;
>
> 四曰,教育目的与政治目的一贯;
>
> 五曰,家庭教育与学校教育密切联系;
>
> 六曰,对于吾国固有文化精粹所寄之文史哲艺,以科学方法加以整理发扬,以立民族之自信;
>
> 七曰,对于自然科学,依据需要,迎头赶上,以应国防与生产之急需;
>
> 八曰,对于社会科学,取人之长,补己之短,对其原则应加整理,对于制度应谋创造,以求一切适合于国情;
>
> 九曰,对于各级学校教育,力求目标之明显,并谋各地平均之发展,对于义务教育,依照原定期限,以达普及,对于社会教育,力求有计划之实施。[①]

---

① 教育部编:《中国国民党抗战建国纲领·庚 教育、战时各级教育实施方案纲要、各级教育实施方案》,出版地不详,1938 年版,第 3 页。

立足高等教育制度内容的战时需要与区域分布的平均发展两个方面进行考察,《纲要》一方面从满足现实需要、发扬民族精神的立场出发,力求在精神上唤起民族自信心,"即是将东鳞西爪沉埋的国粹,一一抽绎出来,加以组织而建成一种新的体系,使其意义能现代化,而予民族以新的活力"①,在民气衰微的战时重塑民族精神;另外在学科方面,自然科学须在满足需要和迎头赶上之间寻求平衡,既适应战时急需,又奠定科学基础。社会科学方面,由于过去尚属草创,"有时不免有饥不择食之苦,不问其是否适合于国情,不问其是否能够有裨事实和有无流弊,人云亦云,有形无形中贻误国事不少,今后必须改弦易辙,以创造为中国而制定的制度"②,通过科学方法整理以立民族自信。其余文武合一为满足自卫卫国之军事需要,农工并重则以实现自给自足的经济立场,皆以教育的战时化改造为立足点,以适应其时的政治、经济与文化建设需要。

国民政府制定的《纲要》第九条提出了教育发展"谋各地平均之发展"方针,痛陈过往之弊端。战时文教机构西迁,则为此前的高等教育区域分布失衡问题提供了改善的可能。"在设置地区上,过去往往集中于都市,以致成为地域上畸形的发展,边区及内地有求过于供的现象,沿海及交通便利的都市,则学校林立,师资人才因分散于各校而不能集中,物力设备因学校过多而不免苟简,而且投考入学的学生人数是一定的,学校太多,则为了维持经费之故,学生程度因入学试验不能一致严格,而无形降低。"③为了避免高校集中造成的问题,国民政府教育部要求大学

---

① 陈立夫:《战时教育方针》,正中书局,1939年版,第28页。
② 陈立夫:《战时教育方针》,正中书局,1939年版,第30—31页。
③ 陈立夫:《战时教育方针》,正中书局,1939年版,第33页。

分布顾及不同地区的平均发展，进而提高内地的文化水准。这种调整，目的在谋求各级学校安全的同时，改变内地教育的落后面貌。经过综合考量的大学内迁，从西北到西南，以往高等教育落后之地皆由此造就学府林立、文化勃兴的景象。同时，战区大学由沿江沿海向内地的迁移过程，改变了以往高等学校集中都市、师生漠视民间疾苦的弊端。跟随长沙临大湘黔滇旅行团的北大学生钱能欣自述：

> 我对于西南问题的注意，始于西安事变以后，但因身在北方，又无关于西南现状的书籍可读，故一年来只在脑海中存一种憧憬而已。……二月中笔者得有机会参加长沙临时大学湘黔滇旅行团，两个月零十天，行了三千五百里，这对于旅行者自身，是件非常高兴而值得纪念的事情。……最后一言，尚须告诸君者：西南是一个资源丰富的地方，将来开发，前途远大；但高山峻岭，急川涌流，只利于自守，而不宜于向外方发展。故国家失去江浙华北以及任何沿海一角领土，而不思收回失地，则生命上所受的威胁，便无解脱。①

个人层面，家国的烽火、沿途的见闻，增加了个体对于国家社会的理解，进一步激发了师生的爱国热情。迁徙过程中，最为显著的影响，是大学的被迫迁移将高等教育扩展到内地省份，实现了高等教育从沿江沿海的"中心"向内地边疆的"边缘"的转移。从机构组织的发展而言，这种迁离无疑阻碍了高教系统的正常发展，并且影响到大学教学研究的正常运作，造成师生日常生活的困苦艰难。就高等教育发展的区域布局而论，这种转移

---

① 钱能欣：《西南三千五百里》，商务印书馆，1939 年版，自序。

对于高等教育发展极不均衡的中国社会而言，则意味着区域教育格局改善的可能。这种因为战争而对既有格局的打破，削弱了改革过程中的种种阻力，从而在无可避免的战争情境下开展了实属必要的结构调整。面对"抗战建国"的历史使命，国民政府教育部抓住这一契机，积极推进高等教育区域结构的调整。《纲要》即是这一努力的体现。

全面抗战的爆发以及由此引发的高等教育改革，深化和落实了高等教育发展的战时性与均衡化两方面内容。严峻的内忧外患为改革增添了动力，各方在共同抗击日本侵略的立场上达成暂时的妥协。其中战时性的意味，指向在战时情境下改革高等教育以符合中国社会的实际需要。微观课程层面的更动，突出实用性与民族性，强调物质生产与精神建设并重；宏观均衡化的目的，则是矫正高等教育过于集中的弊端，实施合理的改进，为内地区域发展提供高等教育支持。随着第三次全国教育会议在重庆召开，以上观点在会议中得到广泛讨论，形成了关于战时高等教育发展的社会共识。

二、第三次全国教育会议的召开

虽然已经有《纲要》作为指针，但为了更有针对性地解决抗战建国时期的教育问题，满足国内外复杂形势下的具体需要，全国教育会议的召开就显得尤为迫切。1938 年 8 月国民参议会第一次集会就教育部提案进行决议，认为全面抗战时期的教育问题甚多，有必要召集全国教育会议集思广益，革新教育。同年 10 月，国民政府教育部鉴于第二次全国教育会议闭幕后长期未有赓续，"抗战军兴，教育上之优点劣点，悉皆暴露，如何改进以增厚抗战力量，奠定建国基础，成为举国一致关心之问题而必须解决"①，决定于 1939 年 3 月在重庆召开第三次全国教育会议。

　　第三次全国教育会议是全面抗战期间国内教育领域的一次盛会。国民政府教育部于 1938 年 10 月 24 日成立筹备委员会，委派教育部次长张道藩，参事陈石珍，司长章益、吴俊升、顾树森、陈礼江，秘书张廷休、郭有守，督学郝更生，战时教育问题研究委员会委员谢循初等人为第三次全国教育会议筹备委员会委员，并以张道藩为主席及召集人，多次就会务组织及提案审查召开会议讨论，最后按照教育行政、初等教育、中等教育、高等教育、师范教育、职业教育、社会教育、边疆教育、侨民教育、训育、体育及军训等十一类改进案进行编目，以便分组审查。为了体现广泛性与代表性，会议共邀集正式代表 166 人，其中教育部当然出席人员 17 人，中央党部各处部代表 5 人，行政院各部会代表 10 人，军事委员会政治部代表 1 人，国立中央研究院、北平研究院、故宫博物院代表 3 人，各省市教育厅局 32 人，国立大学校长 18 人，省立大学校长 3 人，私立大学校长 18 人，独立学院院长 4 人，专科学校校长 4 人，国立编译馆、图书馆、博物院代表 4 人，专家 40 人。此外，另有列席人员 65 人，共计 231 人。除部分代表因交通阻隔或事务缠身未能出席外，其余代表均从各地汇集重庆，共商抗战建国事业中教育的改进与加强。

　　此次会议从 1939 年 3 月 1 日至 9 日，历时九天，先后召开 10 次会议讨论 11 类教育提案。时任国民政府教育部部长陈立夫指出："这一次教育会议的主要目的有二：第一，就抗战方面说，是要使全国教育界同人，怎样尽最大的努力，来协助战事。

---

① 　陈立夫：《战时教育方针》，正中书局，1939 年版，第 68－69 页。

第二,就建国方面说,是要使全国教育界同人,怎样的准备着,在战事继续进行时和战争结束以后,当大建设时代来临之时,全国智识份子,早已在最短时期内,准备完成了基本建设的能力,这两个问题的解决,是此次全国教育会议的主要目标,也是各位平时所注意到而在努力的。"①一方面,全面抗战以来全国教育事业遭到严重破坏,需要积极加以整顿恢复,从而在保持教育不辍的基础上满足战争需要;另一方面,战争也暴露出我国教育事业在组织结构、教育内容等方面的一系列问题,需要通盘筹划,加以改革。

此次会议,聚焦于战时教育与平时教育之同异。由前述可知,所谓教育的平时与战时之争,自"九一八"之后就未曾止息,并随国难日深而愈发激烈。"抗战以来,教育上辩论得最热烈的问题,是战时教育究竟与平时教育是同是异,因而有人甚至于主张彻底改造我们的教育制度,这是一派;但也有人主张不必从新做过,而只要加以调整,以适应非常时期环境的需要的。"②种种争议面前,教育事业何去何从成为彼时各方关注的焦点。从现实情境而言,严峻的抗战形势要求一切事业必须以国防为中心,否则必然招致亡国灭种的灾祸。出于此种目的,部分热血沸腾的青年学生纷纷投笔从戎,奔赴抗战前线;社会舆论亦有将一切教育改为战时教育的主张。对此,陈立夫认为:"至于我国则兵源众多,而受大专教育的人数太少,当时全国只有四万人,即人口一万人中受大专教育者不及一人,为了国家建设前途,也为了储备作对军事更有价值的贡献,不应无分别的与一般壮丁一同

---

① 《开会式议长致词》,中华民国教育部编:《第三次全国教育会议报告》,出版地不详,1939年版,第68页。

② 陈立夫:《战时教育方针》,正中书局,1939年版,第1页。

抽调入伍，应该仍令受完大专教育而加以军事训练，遇将来必要时，再行征调。"①教育事业的长期性和连续性，构成了另外一方观点，即战时需要应当顾及，但教育秩序不应打乱，不到万不得已，无须改弦更张而实行完全的战时教育。

战时教育与平时教育的争议声中，蒋介石以最高领袖身份发表的意见，为两种取向的采择确定了基调。他明确提出了"平时要当战时看，战时要当平时看"的主张，认为现代国家的生命力由教育、经济和武力构成，而教育作为一切事业的基本，不管是在增强武力克敌制胜的现实考虑之中，还是在建设富强现代国家的未来设计之中，都具有举足轻重的作用。全面抗战以来凸显的政治、经济、军事、文化问题，成为民族生存的重大障碍，而教育负有救国建国的时代使命。有鉴于此，就需从方针到细节，审慎考察，仔细筹划，制定积极有效的教育政策，倡导"平时要当战时看，战时要当平时看"。其立意在于：

> "战时生活就是现代生活，现在时代无论个人或社会，若不是实行战时生活，就不能存在，就要被人淘汰灭亡。"我们若是明了了这一个意义，就不必有所谓常时教育和战时教育的论争。我们因为过去不能把平时当着战时看，所以现在才有许多人不能把战时当着平时看，这两个错误，实在是相因而至的，我们决不能说所有教育都可以遗世独立于国家需要之外，关起门户，不管外边环境，甚至外敌压境了，还可以安常蹈故，一些不紧张起来，但我们也不能说因为在战时所有一切的学制课程和教育法令都可以搁在一边，因为在战时了，我们就把所有现代的青年，无条件的都从课室

---

① 陈立夫：《成败之鉴——陈立夫回忆录》，正中书局，1994年版，第289页。

实验室研究室里赶出来,送到另一种境遇里,无选择无目的地去做应急的工作了,我们需要兵员,必要时也许要抽调到教授或大学专科学生,我们需要各种抗战的干部,我们不能不在通常教育系统之外,去筹办各种应急人才的训练,但同时我们也需要各门各类深造的技术人才,需要有专精研究的学者,而且,尤其在抗战期间,更需要着重各种基本的教育。①

这一教育意旨,与"抗战建国"的方针相一致,以艰苦奋斗的态度应对长期抗战的需要,既通过教育内容调整以满足战时需要,同时又保持正常的教育活动维持教学科研的常态运作,从而在当前需要和未来准备的张力之间维持了平衡,避免了故步自封或改弦更张的极端取向。但是"战时要当平时看"的号召,隐含着思想控制的意图,进而出现了干涉学术、加强控制的政策取向。全面抗战时期集中力量固不可少,而统一思想却被国民党利用,作为排除异己、控制思想的手段。

遵循孙中山"革命的基础在于高深学术"的教导,结合抗战建国的需要和国家民族的前途,第三次全国教育会议对高等教育的改进多有擘画。与会代表共提出了四十七项有关高等教育的议案。其中从教育分布均衡化出发的议案,立足于全国文化水准的平均发展而推动大学的改组与迁建。此种战时情境下的教育改造,将抗战需要的应急教育与建国需要的正常教育统一在"战时要当平时看"的宗旨之下,为处于战乱颠沛中的高等教育事业提供了制度方面的支持和实践方面的指导。

---

① 《总裁训词》,中华民国教育部编:《第三次全国教育会议报告》,出版地不详,1939 年版,第 6—7 页。

三、区域格局调整的政策设计

"战时要当平时看"的方针，平息了战时社会各界对于教育何去何从的争议。这一方针的出台，综合了各方意见。为了呼应第三次全国教育会议的召开，《大公报》刊登社评，提出"教育与政治互为表里。……所以抗战建国，同时并举，不抗战则无国可建，不建国则抗战仍属消极，失其最后之意义。抗战需要应急之教育，而建国仍需要平时正常之教育，二者不可偏废"①。按照蒋介石的解说："现代国家的生命力，是由教育、经济、武力三个要素所构成，教育是一切事业的基本，亦可以说教育是经济与武力相联系的总枢纽。"②上至最高领导，下至报刊舆论，都在广泛讨论国家前途的基础上就教育的常态运作达成了共识。这种制度安排，以既有的制度与组织作为支撑，结合抗战的时代需要，同时顾及建国的长远规划，在过去、当下与未来的三个维度上开展对战时高等教育的改造。

第三次全国教育会议召开之时，全国各高校多数因战争原因迁徙流离至内地，既有的高等教育格局遭到严重破坏，西南、西北薄弱的社会文化生态十分需要外界力量的补充。为了解决这一问题，在"抗战建国"的基本国策指导之下，关于高等教育均衡发展的问题重新浮现。虽然这一问题在东北沦陷之后成为举国关注的问题，但由于地方政治的限制和各方意见的冲突，始终未能得以实施，而全面抗战导致的大学迁移，为重新规划中国高等教育的区域结构和均衡发展，创造了条件。

---

① 《贡献于全国教育会议》，《大公报（重庆）》，1939年3月1日，第2版。

② 《总裁训词》，中华民国教育部编：《第三次全国教育会议报告》，出版地不详，1939年版，第6页。

　　根据教育部的统计，战前专科以上学校共计 108 所，"因校舍遭敌人占领或轰炸，不得已而迁移或停顿者，达九十四校之多，其中有一迁再迁，迁移至五次之多者，经不断迁移之结果，财产的损失，经济之浪费，甚至性命之伤亡，乃至不可以数计"①。为了有效安置迁移大学，满足后方人才需要，第三次全国教育会议就高校的重组和设置问题进行了讨论。国民政府提出以西南作为抗战基地，西北作为建国基地，坚持"教育是一切事业的基本"的宗旨，因此内地的教育事业在量与质两方面皆亟待提高。大学的地理分布和专业布局问题，成为全面抗战时期高等教育改革调整的主题之一。

　　通过观照会议提案，关于高等教育区域分布均衡的设想，表现为划分学区与院系裁并，前者为宏观筹划，后者为具体落实。按照《划分中等以上学校区案》的设想，在通盘筹划的基础上，根据各地实际需要，教育资源应当进行平均的分配，使得文化易于普及和各地民众教育机会亦得均等。"中央应斟酌各地交通、人口、经济、文化及现有专科以上学校分布情形，划分全国为若干师范学院区及若干大学区。"②其基本原则为每一师范学院区，至少设置一所独立师范学院或大学师范学院，每一大学区设置一所大学。教育部提请讨论的《高等教育改进案》，鉴于过去专科以上学校缺乏一贯的计划，多数学校集中于少数都市，而边远各地学校数量极少，无法实现推进教育文化和生产建设的责任，因此提出相应的改进办法：

---

　　① 　教育部：《抗战期间的中国教育》，中国第二历史档案馆编：《中华民国史档案资料汇编·第 5 辑·第 2 编·教育（一）》，凤凰出版社，1997 年版，第 302 页。

　　② 　《教育行政改进案》，中华民国教育部编：《第三次全国教育会议报告》，出版地不详，1939 年版，第 86 页。

一、教育部应斟酌各地交通、人口、经济及文化等情形,将全国划分为若干大学区,每区至少设立大学一所,各大学须兼负研究所在区域内社会文化及生产建设等问题之责任。

二、每一师范学院区,设师范学院一所,各师范学院,须兼负研究及辅导所在区域内中等教育之责任。

三、就适当地点,统筹设置农、工、商、医等专科学校,各校应与邻近区域内大学之农、工、商、医等学院及生产事业机关,密切联系,并辅导本区内高初级职业学校。

四、增设农、工、医各学院。以就省需要酌设一所为原则。现有农、工、医各学院之学额,加以扩充,并酌增设农、工、医药各专修科,以宏造就。

五、在同一区域内,各校重复及不合需要之院系,仍应继续调整。

六、西南各省内专科以上学校,自战区迁入者甚多,数目突然增加。此等学校,在抗战结束后,应有通盘整理之办法。在抗战期内,除过分重复者应酌予归并外,余仍暂准照常设置。但在同一区域内之学校,在课程设置、设备使用及教员支配等方面,应有切实合作之办法,以求增加效率。

七、私立专科以上学校之设置,分别情形予以限制或奖励。[①]

这一规定,从区域分布到院系设置,皆由国民政府教育部进行了周密谋划,成为战时高等教育发展的指导方针,在地理分布

---

① 《高等教育改进案》,中华民国教育部编:《第三次全国教育会议报告》,出版地不详,1939年版,第167—168页。

和院系整合方面都产生了积极效果。按照教育部部长陈立夫的设想:"关于地理分配不合理一节,原来大学集中于少数地区,因为战时的迁移,此种不合理情形已自然解决一部分,我在决定各校迁移地点时,也曾注意合理分布的原则。但是因为战时种种限制,又因战区时有变迁,所以没有达到完全合理分配的理想。我当政府在武汉时,也曾有一通盘计画,将大学的文理法三学院合称为综合大学,在后方分区设置;将农、工、医、商、教育等专门学院由大学分开就各地区需要分别设置。当时并拟有各地分设综合大学和专门学院的蓝图。此种革命性的措施,因为上述原因,未能实行。"①虽然如此,在其后的一系列调整过程中,西部地区的高等教育发展遵循这一规划,尤其以国立西北联合大学拆分为一综合大学、四专科学院的组织机构变动,充分体现了这一调整意图,并取得相对显著的成效。

第二节 西北联大的战时坚守

1938年4月3日,国民政府教育部根据行政院第350次会议通过的《平津沪地区专科以上学校整理方案》,将国立西安临时大学改名为国立西北联合大学。方案称:"国立北平大学、国立北平师范大学及国立北洋工学院,原联合组成西安临时大学,现为发展西北高等教育,提高边省文化起见,拟令该校各院逐渐向西北陕甘一带移布,并改称国立西北联合大学,院系仍旧。其

---

① 陈立夫:《成败之鉴——陈立夫回忆录》,正中书局,1994年版,第250-251页。

经费支配及调用教授办法，悉仿国立西南联合大学办理。"①由此，国立西北联合大学与远在昆明的国立西南联合大学南北并置，成为战时后方两所著名学府。西安临大师生历经艰辛，再次播迁辗转，开始在陕南继续学业。

汉中地区时为陕西第二都会，也是区域性经济文化中心。其远离战火的地理位置和较为丰腴的物质条件，不失为战时联大的居留之所，但深处巴山汉水的境况也对西北联大的发展造成了很多困难。"由于北边是千里秦岭，南边是几百里的大巴山，千峰万岭，交通闭塞，……校舍分布在三县六处，不少院系的教室设在庙宇和破旧的公房里，宿舍和其他必要的教学设备全无，没有电灯，没有自来水，一切物质方面的保证均谈不到。"②为了解决学生的住宿问题，校方积极利用已有建筑开展宿舍的修葺与改造，从而保障基本的学习生活条件。虽然各方面条件异常艰苦，但是远离战争阴云的西北联大得到了较为稳定的办学环境，免于空袭的侵扰。经过长途迁徙，汉中政府机关和地方民众给予学校充分的支持，西北联大由此在汉中地区站稳脚跟，各项事业也开始步入正轨。

1938 年 5 月 2 日上午，国立西北联合大学在城固校本部补行开学典礼，标志着由平津至陕西的战时流离暂告段落，也开始了各校在此合分变动的办学历程。开学典礼上，校务委员李书田略述迁校过程："回忆这次迁移所费达一月有奇的长久时间，

---

① 《教育部拟定之平津沪战区专科以上学校整理方案》，中国第二历史档案馆编：《中华民国史档案资料汇编·第 5 辑·第 2 编·教育（一）》，凤凰出版社，1997 年版，第 11 页。

② 西北大学校史编写组：《西北大学校史稿》，西北大学出版社，1987 年版，第 49—51 页。

全体师生徒步近千里的路程，过渭河，越秦岭，渡柴关，涉凤岭，从事这样的长途旅行，在我们学界，却是破天荒的大举动。我们对于沿途各地的风俗习惯，得有详细调查的机会，对于自己的身体健康，亦得到不少的益处。"由于战时汉中各机关单位云集，给西北联大的选址造成许多困难。经过多方商谈，最终本着因地制宜的原则，学校院系得以分散安置。"本校大学本部文理教育工学院均设于此（城固），医学院设于南郑，因该地居民较多，可便利民众的诊病，法商学院设于本城西关外，农学院设于沔县武侯祠，利用汉水开掘沟渠从事灌溉。体育、地理、土木三系及高中部均设于古路坝，利用大自然的形势和环境，研究地理，实地测量及锻炼身心，这是分配校址的大概情形。"①对于西北联大的到来，城固各界抱有极大的热情，希望借重联大的人才，培养学校师资，开发物产资源，从而改善汉中地区的经济、文化环境。开学典礼上，陕西省第六区张伯常专员对联大师生徒步到达汉中表示敬佩，希望联大能够改善地方事业、提升民众智识水平，担负起抗战建国和民族复兴的责任。城固县余县长简述了汉中地理及城固现状，称该县物产丰富，但因之前政治不良，民众散漫无知，社会发展极为缓慢，鸦片盛行。教育方面，"此处文化甚为落后，但数年来小学教育极为发达，本县设有完全小学二十多处，不完全者亦有数百处，毕业学生因经济关系，升学者甚少"②。联大的到来，为改变这一状况创造了条件。学校常委陈剑脩报告迁移经过和更改校名的意义，指出"本校现改名为国立西北联

---

①　《本校城固本部举行开学典礼志盛》，《西北联大校刊》，1938 年第 1 期，第 7 页。

②　《本校城固本部举行开学典礼志盛》，《西北联大校刊》，1938 年第 1 期，第 9 页。

合大学，其意义一方面是要负起开发西北教育的使命，一方面是表示原由三校院合组而成"①，略述了西北联大的组织结构以及其所应发挥的作用。为了平复学生的参战热情、明确迁校的积极意义，校常委徐诵明表示抗战期间大学学生救国不一定要拿起枪杆到前线，而在后方研究科学增强抗战力量，也是救国的表现，激励学生安心读书。校常委李蒸则要求学生去除私心，立志做事，同时注意在地方上留下好的印象。各委员的发言，皆以抗战建国使命为出发点，鼓励师生在战时安心学术，造福地方，进而为抗战事业做出自己应尽的贡献。

迁移稍停，困难踵至。联大城固校址原系中央军校勘定，暂时由联大交涉借用。随着军校大量招生，因此有意收回城固校址。联大一时未能觅得合适的校址，只得由校常委徐诵明、陈剑脩二人赴西安与胡宗南、蒋鼎文二人接洽，希望长期借用校舍，并向西安各界人士解释联大迁移之真正意义。经过校方争取，幸得各方谅解，西北联大城固校址得以继续留用。之后，徐、陈二委员继续前往汉口，与教育部接洽经费问题。西北联大由于设在城固，交通不便，致使学校在招考学生、聘请教授、购置设备等方面均感不便，因此需要添购交通工具，加强与后方文化、经济中心联络；此外，设校后的基础设施建设、学校办学经费，皆遭遇到极大困难。西北联大向教育部申请增加办学经费时陈述："本校最初在西安成立时，其经费为原三校院经费总额之三成五，自本年一月份起，增加半成，共为四成。以之办理一联合大学，诸事草创，殊觉困难。故拟向教部请求增加经费，以期从事

---

① 《本校城固本部举行开学典礼志盛》，《西北联大校刊》，1938 年第 1 期，第 10 页。

必需之建设,使本校得渐成为一完善之大学。"①虽然多次争取,经费问题却久拖不决,给西北联大办学造成极大困难。根据常委胡庶华报告:"本校上年度经费为八万元,因为工农两院奉令分别独立的关系,每月减少至五万一千元。在支出方面,教职员薪资占三万五千元左右,仅余一万五六千元,包括全校公费开支在内,所以在设备方面,就谈不上建设。"②处此窘困境地,联大师生体恤国难,撙节财用,虽然物质条件匮乏,仍然注重精神之建设,努力承担起抗战救国的重任。

　　根据 1938 年 4 月 18 日西北联大常委会议通过的《章程:本大学组织系统说明》,国立西北联合大学包括文理学院、法商学院、教育学院、农学院、工学院、医学院等六学院,系科设置是文理学院分为国文系、外国语文系、历史系、数学系、物理系、化学系、生物系、地理系等八系;法商学院分为法律系、政治经济系、商学系等三系;教育学院分为教育系、体育系、家政系等三系;农学院分为农学系、林学系、农业化学系等三系;工学院分为土木工程学系、矿冶工程学系、机械工程学系、电机工程学系、化学工程学系、纺织工程学系等六系;医学院不分系,形成了专业齐备、规模宏大的联合大学体系。随着学校局势的逐渐稳定,1938 年7 月 20 日西北联大奉部令撤销联大筹备委员会,改设校务委员会。原来的筹备委员周伯敏、臧启芳、辛树帜、陈剑脩、李蒸、徐诵明、李书田等人,均为校务委员,加派胡庶华为校务委员,并指定李蒸、徐诵明及胡庶华为常务委员。后来又添设了张北海为校务委员。为了健全行政机构,增进训导效率,学校裁撤了总务

<hr>

① 《历届纪念周讲演纪要》,《西北联大校刊》,1938 年第 1 期,第 11 页。
② 《本校法商学院本学期第一次纪念周纪录》,《西北联大校刊》,1938 年第 7期,第 23 页。

处及西安留守处，增设训导处及文理学院事务室，将会计、出纳、庶务、校医四室直辖常务委员。通过以上一系列调整，西北联大的行政与教学机关基本稳定，开始了战时西北联大的弦歌历程。

一、西北联大的教学研究

艰难困苦的环境之中，西北联大师生秉持学术热情和爱国精神，在汉中开始了教学、科研和社会服务等一系列的实际行动以支持长期抗战。"那时候的物质生活虽苦，精神生活却很丰富、很快乐。国家、社会、人人都充满了希望；个个乐观、奋发，要跟日本人拼个你死我活。……学生们喊着，叫着：我们要上前线，我们要复仇！校园里贴满了壁报，鼓吹抗日，报导前方浴血作战的兄弟们的故事……但是，学校老师却把学生们沸腾的热情给稳住了。'留着你们为未来的建国……'，语重心长，老师们谨守着教育当局、最高领袖的原则，把着关、咬着牙、忍住泪，不哭，要把这群年轻人培养好、带大。"[1]在这种学习氛围中，教师苦教，学生苦学，形成了西北联大优良的学风。学校常委李蒸立足战时教育的国家立场，认为过去教育的失败"完全因为过去的教育只是个人立场。……现当抗战建国的期间，任何事业，都要和国家发生密切的关系，国家利益，高于一切。当前学制，应将国家政策，注入在教育精神里面去"[2]，强调教育的国家优先原则，以符合战时的现实需要。

为了答复教育部征询的各种教育问题，西北联大黎锦熙教

① 尹雪曼：《尹雪曼的文学世界：回头迢递便数驿》，楷达文化，2003年版，第112—113页。
② 《本大学校本部本学期第十一次纪念周记录》，《西北联大校刊》，1939年第13期，第21页。

授、黄国璋教授拟具了《答复教育部征询各种教育问题之意见》，集中表达了联大校方关于战时教育的发展方针和西北联大的教育取向。关于抗战期中教育如何调整以切合目前和将来需要的问题，两人认为："在抗战期中，中国教育应如何调整，方能切合目前及将来之需要？在抗战期中中国教育，仍应注重正规教育。但为适应战时的需要，可多设各种特别训练班。"[1]坚持奉行"战时要作平时看"的既定方针，注重学术发展的内在逻辑，同时兼顾战争时期的现实需要。为了加强教育与政治、经济、国防等方面的沟通联系，《意见》建议凡与政治、经济、国防有关的材料应当在教材中充分引证讲述，并将政府机关出版的统计刊物和其他材料以最低价格出售，供给各校作为研究参考。社会教育方面，答复意见提出重视补习教育、减少文字困难、注重小学师资、推行电影教育等方针以供教育部参考。有感于现行教育制度偏重学术口授、忽视德行熏陶的问题，他们强调以导师制作为手段，对诸如训导工作繁重、导师人选采择等实施方法进行改良。《意见》同时对全国大学地域分布问题进行了回答，指出"大学之分布宜以比较均匀为适当。盖过去国内大学分布不均，许多优秀青年往往因家居内地，为经济所限不能远道出省，遂致中途辍学者，实不少也。按各区域自然环境之需要，应多设'因地制宜'的专科学校，如西南应设矿科专校，西北应设医科专校，江浙应设蚕业专校，各省应设农科专校，各区应设师范学院等"[2]，明确意识到高等教育区域分布均衡化问题，并以"均匀分布"和"因地

---

① 黎锦熙、黄国璋：《答复教育部征询各种教育问题之意见》，《西北联大校刊》，1938 年第 6 期，第 24 页。

② 黎锦熙、黄国璋：《答复教育部征询各种教育问题之意见》，《西北联大校刊》，1938 年第 6 期，第 27 页。

制宜"为原则。

教学内容方面，国民政府教育部因大学各院系课程缺乏共同标准，导致程度不齐，教材庞杂，分请各校教授专家拟定各学系理想科目表，以便建立共同的标准。1938 年 9 月，教育部首先颁布了文、理、法三学院的共同必修科目，其后又颁发农、工、商三学院的共同必修科目。鉴于战时迁移对学生学习造成相当影响和精神的松懈，联大校方在实行军事管理方针之外，加强了学生学业成绩的考核与评定，要求全校所开课程，都须以考试来评定学业。各科成绩分为五等：甲、乙、丙、丁（45－不满 60）、戊（不及 45－0），丁等补试，戊等重修，以此确保学生水平不因战争影响而下降。

有限的办学条件之下，西北联大同时开展了一系列学术研究活动。联大师范学院为了研究高深学术、训练教育学术专才，协助解决师范学院区划内的教育问题，专门成立了师范研究所，分为教育原理、教育心理、教育行政和教材、教法四部进行分门研究。对于研究生的入学资格和考核要求，师范研究所进行了具体的规定，设立生活津贴和发放奖学金以鼓励学生投考。地理系教学以课堂教学和野外实行并重，除了必修课程以外，师生多以调查实习补充书本知识的不足。一年级普通地质班在郁士元教授的带领下前往沔县定军山、高家泉等地考察，鉴别不同地层，采集岩石标本。二年级地理测绘课程在课堂讲授之外，师生多次赴野外实地测量，测绘周边地形。毕业班学生论文并没有因为学校转移而停顿。临大时期，师生本拟以西安都市地理调查为题，组织学生进行研究。迁居陕南后，由于材料搜集困难，于是转为对南郑都市地理的调查，拟定的选题包括西安的住民和人口；西安的商业；南郑的都市地理等。教育系为了训练学生对于教育问题的研究能力，虽然参考资料缺乏、研究环境困难，仍然要求学生撰写毕业论文。经过师生探讨交流，最终确定了理论研究与现实分析相结合的选题方向：抗战期间城固之民众教育；墨子思想概要；汉南民众日常思想之分析；抗战中之青年心理；城固儿童之情绪研究；自由主义的教育；抗战期中南郑中等学校之训育；抗战期中的音乐教育；犯罪行为之心理研究；抗战时期南郑之中等教育；庄子教育哲学概观；吾国自抗战以来所暴露之弱点及今后在教育上应努力之途径；王阳明的教育学说；抗战期间城固之强迫教育。从地理系与教育系的论文选题，可以发现这种立足地方需要、理论与实践相结合的教研方式变革。虽然迫于战争的冲击，但是一改此前空疏浮泛的学术风气，推动了学术与社会的交融。

汉中地区古迹丰富，具有发掘整理的学术价值。联大历史系考古委员会许寿裳、李季谷等人认为西汉博望侯张骞为中国历史上不可多得的民族英雄，实有表彰的必要，决定对其墓地加以整理，而且借此为历史系学生提供考古练习的场所。考古委员会首先拟定了《张骞墓间古物探寻计划书》，计划挖掘张骞墓前的两座西汉石兽，对墓地进行清理发掘，然后将考古范围扩大至附近的萧何、樊哙、李固及勉县诸葛亮墓，其他如褒城石门和附近的文化古迹，亦拟请款调查发掘。为了锻炼学生，历史系派出学生从事测绘、记录、检查、摄影和监工事务，进行实地练习。1938 年 5 月 20 日，联大同人徐诵明、李蒸、许寿裳等人从城固出发，前往张骞墓冢考察，确定对其加以整理。6 月 18 日，由联大教授何士骥指导，雇佣当地工人，派定实习学生，开始对张骞墓进行整理发掘。当地传闻，墓前石虎入地数丈，前人挖掘未得成功，且有愈掘入地愈深，每当夏季大雨则水涨石高，永远露出地面数寸。联大发掘人员以为其深埋地下，每日雇佣工人五名，预计约四五日完工。7月3日开工后，工作人员发现石虎埋藏较浅，一日即完成发掘工作，证实此前传闻实属谬误。为了进一步深入研究，联大何士骥教授认为有必要打开墓门，对各部分进行全部清理，从而澄清墓主，以及年代、建筑、遗存史料等，其意义"于今日一致唤醒民族意识，对外实行抗战之际，必有极大之裨益，不仅为正史列传中增加一部分新注脚已也"①。1938年8月24日至9月2日，考古委员会计划发掘张骞墓冢。当挖掘过程进入墓冢东侧墓道时，考古工作引发张氏后裔的不满，纠集千余人寻衅闹事，导致工作中断。此次发掘，清理出石虎、陶片、五铢钱等器物。最重要的发现是刻有"博望□铭"的篆书印泥一方，确证了其即是张骞墓冢。此前时人关于当地碑刻铭文方面的知识，多由清代毕沅的《关中金石记》而来。其书在金石之学方面贡献卓著，但其对关中历代帝王、名人碑记，多依据方志传闻，并无考古学上之科学根据。联大诸人对张骞墓的发掘，则矫正其缺陷。为了扩大影响，1939年1月13日、14日联大还在校内举行了博望侯墓道古物校内展览，计有教育部次长顾毓琇、联大常委李蒸、徐诵明、胡庶华、黎锦熙等师生百余人前往参观。作为唯一一次对张骞墓的正式考古发掘，该行动"在中国外交史、对外开放史、文化交流史和'丝绸之路'研究上均有重要意义，同时也突出得彰显了西北大学在汉中8年期间对陕南文化的重要贡献"②。

---

① 何士骥、周国亭：《发掘张骞墓前石刻报告书》，《西北联大校刊》，1938年第1期，第37页。

② 姚远：《西北大学对汉博望侯张骞墓的发掘与增修》，《西北大学学报（哲学社会科学版）》，2006年第6期，第9页。

1938 年 8 月,教育部转发国民政府关于搜集抗战史料的命令:"查自抗战军兴以来,时逾一载,全民蹈厉,在最高领袖统一指挥下,矢勤矢勇,共复国仇,……不有记载,何以激发将来,垂光泽世,属会有鉴于此,现在从事编辑抗战史料。"①西北联大据此成立抗战史料编纂委员会,致力于搜集日本摧残中国文化、屠杀中国民众的事实,以及违犯国际公法引起国际反对的种种情形,使国人能够认识真相,巩固民众的信仰和力量。内容方面,商定的抗战史料大纲包含三部分的内容,中国部分:一、军事方面;二、政治方面;三、党务方面;四、经济方面;五、外交方面;六、社会方面;七、抗战损失;八、叛逆活动;九、暴敌兽行,国际部分:一、英国;二、俄国;三、美国;四、法国;五、德国、六、义波两国之公然袒日抑华;七、世界舆论及多数国家对华抗战之同情与援助;八、九国公约会议;九、欧洲各重要问题及其新形势;十、各国扩军问题;十一、国联问题;十二、各国对于中国抗战之重要言论,日本部分:一、军事方面;二、政治方面;三、经济方面;四、外交方面;五、社会方面。搜集整理工作开始之后,除向各书坊采购抗战史料外,历史系组织的抗战史料纂集指导委员会又分向各处机关征求,其征求信云:

> 吾国此次抗战,为民族复兴之肇端,关系重大,亘古所无,其史料之珍贵,不烦多言,亟应搜求编纂。方足以信今而传后,因此,敝校历史学系同人及全体学生拟即分组搜集加以整理,一方足为提倡民族复兴之助,一方使珍贵之史料得有系统之保存,除组织抗战史料纂集指导委员会并推定李季谷、许寿裳、陆懋德、许重远、谢兆熊、胡鸣盛、何士骥、

---

① 《教育部命令·搜集抗战史料》,《西北联大校刊》,1938 年第 3 期,第 4 页。

吴世昌、唐祖培、周国亭、何竹淇诸先生为纂集指导委员，广为搜求外，拟请贵　将一年来之出版物及其他足为抗战史料之印刷品全部赐下一份，则不但敝校历史学系师生感激不尽，亦我中华民族全体之幸也。①

为了更好地学以致用，以学术研究配合地方需要，西北联大黎锦熙教授在传统方志学的基础上，以城固县志的续修为对象，提出了现代方志编撰的"三术"与"两标"，为我国方志研究开辟了新的编撰与研究路径。所谓"三术"，分别为："续"，即对职官、贡举等内容，"或其制讫清末而革除，但存掌故；或其事入民国虽赓续，只须列表者是"；"补"，即"旧有者类多阙遗，须为拾补；或涉舛误，应与纠绳……凡兹订改补充，统谓之'补'"；"创"，则为新增之事物如地质、公路、党务等，即是旧志所有者，"或宜更易名称，用符实际；或则悉换新质，仍循旧名，皆属之'创'"。② 于此可见，黎锦熙将方志的传统内容与现代意蕴在续修的基础上加以统和，形成新的编修方案。他同时指出方志作为"地方之史"，其新修之目的，落实在两点，即"地志之历史化"，不仅考察其沿革，必要使读者明了演变之实况，推知发展之总因；另外则追求"历史之地志化"，将史家笼统抽象的观点，经由具体的地方实况加以证实，从而使宏观改革在微观层面得到具体分析和印证。

二、西北联大的校园生活

紧张的学习之外，秦岭巴山之间的汉中平原为联大师生提

---

① 《历史系征求抗战史料》，《西北联大校刊》，1938 年第 6 期，第 20—21 页。
② 黎锦熙：《现代方志之"三术"与"两标"》，《西北联大校刊》，1938 年第 4 期，第 1—2 页。

供了良好的学习环境。古朴保守的汉中地区也因为联大师生的到来,在文化、教育方面发生了很多变化。虽然在生活习惯方面略有冲突,城市学生的衣着打扮也引起乡民的议论,但全新的思想观念和生活方式,对于改变汉中地区的落后面貌,产生了重大而深远的影响。

从西安迁至陕南的联大师生初到汉中城固等地,由于奔波月余,条件有限,洗澡亦成困难。因为陕南地带有汉江与褒河流经,于是学生纷纷前往,擅于游泳的同学更有兴致表演一番。联大少数女生一起参加游泳,当地民众认为其有伤风化。另外当地还传言女人在河里洗澡(当地人多不分游泳与洗澡)造成的不洁,影响以后使用。不料当年陕南庄稼丰收,家家欢喜,于是当地民众传言大学先生带来福气,所以收成最好。民众对联大学生的误解逐渐解除,而广大师生也逐渐融入这种学习环境之中:

> 陕南的春天极美,我们校园内外的春天也极美。校园内的春天,充满了洋槐树的花香。校园外的春天,充满了一片金黄色的菜花花香。而汉江,从我们学校所在的小城——城固南门外迤逦地向东南流过。啊,啊,那宽阔、平静的江面,那清澈、碧绿的水流。年轻人在它的怀抱中游泳,在它的身畔唱歌;在它的沙滩上做梦,在它的轻抚中谈爱。太阳西下了,金黄色的阳光洒落在小城的城墙上,洒落在城门楼上、树梢上、屋顶上。炊烟升起了,凉风刮起了,回去吧,回去吧。于是,一群群的学生们,穿着轻轻便便的衣服,拎着游泳衣裤,露着古铜色的背膀、大腿,嘻嘻哈哈,在

夕阳中走回校园中去了。①

联大初到陕南时，当地物产丰裕，消费低廉，市面流通的钱币为铜圆和一角、二角的纸币。联大师生当时经济情形尚好，沦陷区学生除了亲友接济外，政府每月发给六元贷金补贴生活，因此学生均出手大方，购买力强。此种现象引起当地人猜想：大学师生不耕田做工，怎么会如此大方。于是有人自作聪明地传言"大学先生会印角角"并提出了证据：

> （1）迁校时学校仅有的少量仪器、土木系测量仪器均系沦陷地区地方性工程或测量单位结束后借给学校装于木箱内。工人搬运，觉得甚重，且押运人在旁监视，毫不放松。因此认为一定是贵重仪器，大概是印钞票的。（2）当时受战事影响，政府支出浩繁，新钞大批出笼。学校每月所领经费（包括学生贷金）均为新钞，故教职员、学生及眷属出手就是全新钞票，且有一元以上大钞。如非大学先生自己能印，那会有那么多全新钞票，这是无可置疑的有力证据。②

宿舍方面，联大草创之际，学生散居于各教室内，席地而眠。为了迅速收容学生，联大斋务组将城固旧文庙改建为男生宿舍，将旧考院西北小院修葺为女生宿舍，宿舍均建双层木床，共计容纳学生七百余人，并于 5 月 30 日迁入：

> 吾校初迁来城固，一切均系草创，学生均散居于各教室内，席地而眠，当时急务，惟有速建校舍以收容此千数负笈

---

① 尹雪曼：《尹雪曼的文学世界：回头迢递便数驿》，楷达文化，2003 年版，第 113 页。

② 王玉琳：《趣事三则》，陈明章编：《学府纪闻·国立北洋大学》，南京出版有限公司，1985 年版，第 194 页。

远来之学子,经与学校当局筹商结果,将旧文庙修葺改建为
男生宿舍,将旧考院之西北小院修葺改建为女生宿舍,……
经偕同庶务组督饬工匠赶修,于五月底完工,五月三十日全
校学生均按规章迁入矣,惟草创伊始,管理及设备上之缺点
甚多,且各斋房屋均非新建,依旧屋修葺而成,本地房屋构
造又皆不甚坚固,而屋顶瓦片尤甚,故一遇阴雨,必有数处
雨漏,此则缺点中之最著者。[①]

惟在全面抗战时期,经济拮据,师生皆以勤勉努力为责,维
持整齐清洁而无所怨言。学校要求学生一律住校,参加集体生
活,并规定了严格的住校条例,以维持学校纪律。联大设立了学
生生活指导委员会对学生日常事务进行管理和指导。受到校址
分散的限制,学校分派 23—27 名指导委员进驻城固大学本部、
法商学院、文理教工分院、农学院、医学院五处,其主要职能为指
导学生的思想行为、课外作业、团体生活、个性人格发展及战区
学生申请贷金的审查等。

为了丰富校园生活,加强师生交流,联大导师常务委员会制
定了学期课外活动项目及日期表,举行体育比赛、演说竞赛会、
时事辩论会等。学校课余组织校内比赛竞争委员会,激发同学
参加校内竞赛的兴趣,增进竞赛技能,以便养成良好体育道德并
联络同学之间的感情,因此校内时有举行女子篮球、小足球及男
子足球等比赛。

西北联大同时成立了学生国语演说竞赛会,组织学生参加
演说,进而振奋学生精神,凝聚战时意志。《本校学生国语演说
竞赛会简章》规定对演说从思想、言语、结果、姿态四个方面进行

---

① 《学生斋舍修建情形》,《西北联大校刊》,1938 年第 1 期,第 20 页。

评分,前三名学校予以奖励。1939 年 1 月 14 日,学校在文理学院举行全校国语演说竞赛会,聘请黎锦熙、李建勋、李季谷等七人为评判员,参加讲演学生共计八人。经过一番演说,最后评定政经系学生原景信的《怎样作一个真正的革命青年》、物理系学生孙汝达的《师资训练之重要》、政经系学生吴寒钦的《抗战期间中国需要怎样的政治》、地理系学生薛贻源的《我们应当响应和领导义卖运动》作为优胜者予以奖励。2 月 3 日,学校举行英语演说竞赛会,聘请余坤珊、谢文通等六人为评判员,听讲学生 200 余人,竞赛获奖题目:第一名为 *The Fallacy of Conquest*;第二名为 *The Two Defences-military of Economic*;第三名为 *There Can Be No Consideration of Any Compromise*;*How We Should Struggle To Win The Final Victory*。这些活动,有助于师生认清战争现状,激发大家的爱国热情,鼓舞广大师生为抗战作出自己的贡献。

联大校园生活中尤为值得注意的是导师制的推行。国民政府教育部有鉴于平时教育偏重智识传授而忽视德育指导、师生关系疏远的现状,参照中国古代书院师生关系及英国牛津大学、剑桥大学的导师制办法,要求各中等以上学校切实遵照实行。按照《中等以上学校导师制纲要》的规定,"导师对于学生之思想、行为、学业及身心摄卫,均应体察个性,施以严密之训导,使得正常之发展,以养成健全之人格"[①]。其用意虽然在纠正平时教育重智识而轻德育的现状,但无形中成为政府控制大学和学生思想的工具。西北联大向来注重对学生的道德培养和人格塑

---

① 《教育部颁发之中等以上学校导师制纲要(1938 年 3 月 28 日)》,中国第二历史档案馆编:《中华民国史档案资料汇编·第 5 辑·第 2 编·教育(一)》,凤凰出版社,1997 年版,第 212 页。

造,因此对导师制极为重视。学校审议通过了《本校训导大纲》和《本校导师制施行细则》,训导学生切实理解三民主义之真谛,养成德智体群美兼备的人格。为了实现这一目标,并有纲要之规定:

一、依据国训、校训及青年守则,以养成高尚的道德。

二、厉行学业考查,并奖励勤奋,以养成彻底研究的态度。

三、厉行节约运动,纠正浪漫习气,以养成俭朴勤劳的习惯。

四、实施军事训练、体育运动等,以养成强健的体魄。

五、鼓励并指导各种服务团体之组织,以养成互助合作的精神。

六、陶冶爱好自治及崇尚秩序的美德,以养成有组织有规律的生活。①

为了确保制度顺利推进,联大成立了导师会,首先聘定文理学院和师范学院各年级导师。以化学系为例,该系聘请刘拓、陈之霖两位教授为四年级导师(学生 21 人),赵学海教授为三年级导师(学生 15 人),张贻侗教授为二年级导师(学生 9 人),朱有宣教授为一年级导师(学生 13 人)。战时情境下,这种方式有助于师生之间的学习和生活交流,具有积极的意义。教育系与家政系联席会议讨论制定导师制实施办法,编制学生家庭状况调查表、个人状况调查表、训导纪要簿、学生个性考察表及思想性行评判表。具体举措方面,不同年级学生各分为两组,每组指定

---

① 《本校训导大纲》,《西北联大校刊》,1939 年第 8 期,第 32－33 页。

导师一名负责训导工作，并请注册组将各生学业成绩抄送教育系，分转各导师以备训导参考。为了使学生明了导师制的来源、意义和必要性，教育系召集全体学生训话，分述导师制实施办法，要求学生将家庭状况、个人状况调查表限期填报。实施过程中，除了学系导师与学生个别谈话外，还组织远足活动以增进师生感情：

> 于七月十日联络家政系举行全体导师学生远足会，晋谒民族英雄张骞墓，特约许重远先生，讲演张骞史略及其贡献于吾人应有之感想，是日上午八时，由各导师分别率领同学出发，齐达目的地后，先行谒墓礼，次由许先生讲演，听者莫不动容，嗣后全体肃立唱党歌，同学等更分组表演武术、唱歌及讲故事等游艺，正午于关帝庙共进午餐，饭后由导师略作余兴，最后师生共唱《当我们在一起歌》，仍分组返校，归已三时余矣。①

除此之外，校方规定全校一年级学生要进行《修养日记》和《读书札记》的撰写。其具体办法为每周上第一堂国文课时，由老师分发《修养日记》格纸，每人四张，每日至少须写半张，次周国文第一堂时将全周日记交由老师审阅。《修养日记》内容以每日起居行动、思想言语、修己治学为主，亦可自由发表对于社会时事及个人感受，老师可以从文字、思想、事实三方面进行评阅。老师评阅后，按周将日记送各院主任导师，每学期装订一册以便教师调阅。《读书札记》则于每日读书有心得或有疑问时，随时记写。

---

① 《教育系自本校迁移以来所经办之重要事项纪要》，《西北联大校刊》，1938年第1期，第18—19页。

从形式及内容考察,西北联大导师制的规定可谓严苛,受到了学生的非议和抵制。教育系为了让学生明白导师制的用意,特别召开导师与学生谈话会,从导师的责任、导师制的起源以及为什么设置导师制等方面向大家进行了解释。李建勋以个人参观牛津大学时"曾见导师与学生,同食同游,融融乐乐,如家人父子然,导师之高尚人格,于无意间浸染于每个学生的日常生活中"的感受,沉痛反思了新教育实施以来发生的教育偏狭,认为:"所谓自由主义、浪漫主义输入中国以来,一般人往往误解,以致流成偏狭的个人主义、自私主义,把教育思想界弄得一塌糊涂。直至本年四月间,在教育部积极整顿教育的原则下,始颁布明令,实行导师制。不过此种制度,在北平师大业已实行,颇见功效。"①黎锦熙并以《青年学生学养与服务两个重要的条件》为题,专门讨论学生撰写日记和导师调阅日记在青年成长过程中的重要作用:

> 一个人很不容易对自己有明确的认识,必须从写日记来认识自己,这是写日记的主要旨趣和方法。此外关于社会的实际问题,以及时事、政治等,也可以在日记里面自由发表自己的观点和感想。日记是对自己负责任,任何人不能干涉的。大家或者以为把日记给导师看了,岂不是泄漏自己的秘密吗?其实这种观念是错误的,……对的,导师就对你加以辅导;不对的,就对你加以纠正。要是导师不明了每个同学的日常生活和他的长处短处,根本就无从指导。……我自己十岁开始写日记,是从二十世纪的前一年写起

---

① 《教育系一年级导师与学生谈话会记录》,《西北联大校刊》,1939 年第 9 期,第 15 页。

的，经过四十年，从没有间断过，我现在翻起日记来，看数十年来经过的事情，……都可以看出许多深切的具体的有趣的关系来。这是本人的经验谈。……要从你每日所经历的事实当中，经一番反省的工夫，得到认识和感想，或是迷惑，或是觉悟，把他很经济的记叙出来。[①]

通过丰富多彩的校园活动，利用导师制加强师生之间的互动，西北联大在战时情境下，不仅侧重学生的知识学习，同时从身体健康和品德修养方面皆有关注，取得了良好的教育效果。

三、西北联大的社会服务

接续西安临大时期开展的资源开发、社会教育、抗战服务等活动，身处汉中的西北联大继续在陕南地区进行了一系列社会服务工作，发挥其自有的学科特点和人才优势，积极深入民间，加强与当地政府部门和企业机构合作。

早在1936年，教育部即令北平师大设立小学教育通讯研究处，沟通教育研究与学校实践。经过各方教育问题的征集，师大方面审阅整理200余题进行部分解答。战事爆发，师大内迁，各项研究工作因经费问题而中断。1939年初，为了响应教育部通令各大学兼办社会教育事项，兼以陕南各县小学教师亦有此项要求，西北联大师范学院教育系组织设立小学教育通信研究处，从而对区内陕西、河南、甘肃、青海、宁夏、新疆等六省区的小学教育改进提供建议和帮助。研究处从1939年1月20日开始招生，设置普通教学法、小学各科教材及教学法、儿童心理、教育心

---

① 黎锦熙：《青年学生学养与服务两个重要的条件》，《西北联大校刊》，1939年第13期，第37页。

理、民众教育等五种科目作为通信研究的范围。问题分类,则为行政类包括法规、学制、组织、经济、设备、人员、儿童、事务、调查、推广、其他;训管类包括训练、考察、犯过、奖惩、联络、环境、特殊儿童、其他;教学类包括教材、教法、课程、成绩、级务、课外活动、低能儿童、教学设备、测验、统计、其他;社会活动包括学校、儿童、家庭、社会、其他等五个方面。为了扩大授受范围,研究处决定发行《小学教育实际问题研究报告》刊物,每年一期。委员会印制了招生简章、研究生状况调查表、小学教育实际问题征集表,函送招生简章5050份至陕西、甘肃等六省教育厅,寄送900份至陕南城固南郑六县教育局,另有165份单独寄出,合计6115份。此外,研究委员会还在《大公报》《西京日报》《教育通讯》《城固日报》等处广泛刊登招生广告。最后研究处共招收特别研究生34人,籍贯分布为河南7人,河北6人,陕西4人,江苏4人,四川4人,甘肃1人,浙江1人,安徽1人,湖北1人,广东1人,未注明者4人。修习科目人数为民众教育14人,小学各科教材及教学法13人,教育心理13人,儿童心理13人,普通教学法6人,未注明者6人。此次招生,涵盖面广泛,充分达到了预期目标,为在全国范围内深入研究小学教育问题创造了契机。

战时地方矿产富源的开发,亦为急务。联大工学院教授魏寿昆、雷祚雯、张遹骏等奉陕西省建设厅约请,勘察安康行政区砂金矿,先后前往安康、旬阳、紫阳、石泉、汉阴等五县,历时三个半月。经过详细考察,魏寿昆等人从矿藏储量、开发难易及科学价值等方面提出建议,认为安康砂金区域广大,但是含金量低下,较之世界一般砂金含金量相去太远,只是我国人工费省,生活程度低,可以选择一二较富的富矿带进行小规模经营;石泉附近富矿带,应该继续开展详密的勘探,因其砂金生成状态迥异,具有科学研究的价值；陕南洋县、城固、南郑、沔县、汉江沿岸均产砂金（每吨有四五厘），如果对其来源进行系统的勘察，极有可能发现富矿带；略阳及阳平关地区的嘉陵江流域，也有砂金出产，其矿床成因可能与汉江砂金有相当关系，具有详细勘探之价值。综合以上分析，"陕南砂金，以国民生计论，以科学上之价值论，均有详密研究之必要。寿昆等此行，期间仓猝，而又困于经济，未能作充分的勘探，深引为憾。故愿以后能再有机会，作进一步之工作；苟能有所发现，则不独寿昆等精神上得无上之代价，即陕省民众之经济，亦以有利赖也"①。其言行，反映了联大各位教授严谨的科学研究精神和高涨的社会服务热情。

抵达汉中后，联大教授郁士元认为汉中地区地质矿产丰富，应该进行详细的调查，以做学术的探导。1938 年 7 月，联大地理系学生即前往沔县实习，计划开展较大区域的考察，因为时间所限未能如愿。随后该县煤矿急欲开采，行政院主办的工业合作社此时也在沔县成立办事处。为了更好地开展采煤及淘金事业，在沔县政府及合作社办事处的邀请之下，郁士元于 11 月再度前往沔县，由县政府派专人保护前往矿区考察。在东西十里、南北五里的矿区范围内，通过土法采掘煤炭，郁士元认为此处煤质色黑有光，质量尚好，但煤块易碎为其缺点。鉴于汉中区域产煤极少，而抗战建国之际煤炭需量又大，因此建议利用机器实施矿井开采，提高产量，并在原有山路基础上修筑大路，用畜力或汽车运至车站，再行转运各处，从而满足战时的煤炭需求。

联大师生继续开展了广泛的社会教育，以期训练民众，养成

---

① 魏寿昆等：《勘察安康行政区砂金矿简要报告》，《西北联大校刊》，1938 年第1 期，第 52 页。

民族意识与国家观念。针对当时陕南民众识字率低的状况,黎
锦熙提出利用"注音汉字"刊物施教,缩短民众学习期限,增加阅
读效能,从而使民众对于训练和动员具有真切的认识与信念。
从北洋政府时代到南京国民政府时代,黎锦熙致力于推广"注音
字母",提倡改革语文,启迪民智。"他的与众不同的地方是,他
不仅重视语言学理论的研究,更加重视语言生活的现代化,认为
这是整个国家现代化的必要条件。"①战时情境下,黎锦熙回顾了
过去中国社会教育的效果,比较了知识分子与普通民众对待抗
战工作的不同态度,认为施教成败的关键在于民众心目中民族
意识与国家观念的深浅与有无。当时中国民众,大多数不知"日
本国在哪里","中国有多大",仅仅靠临时召集、各方宣传,实难
收效。因此社会教育事业要有成效,"减轻'用力难而收效少'的
困难,那么最重要的一个目标,就是要急速办到人人能够自动的
读书阅报,至少人人能把看一张通俗小报当作每日生活中一种
不可缺少的成分"②。具体措施方面,则需要推行有效的辅助识
字工具——注音符号。作为国语改革运动的推行者,黎锦熙积
极从事于文字改革,并将这种尝试落实到具体的民众教育之中。
他建议今后抗战民众课本,均以"注音汉字"印刷,并推广"注音
汉字"钢模,从而贯彻识字主旨,培养民众的国家民族观念。

　　为了执行教育部关于各级学校兼办社会教育的要求,从培
养人才与服务社会并行、推广学术至于社会、贡献方略专技的立
场出发,西北联大于 1938 年 9 月 15 日召开社会教育推行委员
会第一次会议,拟定《国立西北联合大学二十七年度兼办社会教

---

　　①　周有光:《百岁新稿》,生活·读书·新知三联书店,2005 年版,第 178 页。
　　②　黎锦熙:《社会教育与民众组训中间的桥梁》,《西北联大校刊》,1938 年第 2
期,第 2 页。

育计划大纲》，由学校常务委员会议推定组成联大社会教育推行委员会，由教职员领导各学院学生办理。按照不同的专业特性，西北联大的社会教育事业分别由不同学院承担不同任务，务必使其适合社会需要，实现学以致用。其承担院系及内容分别为：

　　一、文理学院主办：（一）国语及注音符号讲习班（办理两期，每期一个半月）；（二）防空防毒讲习班（办理两期，每期一个月）；（三）科学常识讲习班（办理两期，每期一个半月）；（四）调查陕南城固、南郑两县风俗民情及协助各县改良陋俗（会商两县县政府计划进行）。

　　二、法商学院主办：（一）法律常识讲习班（期限两个月）；（二）地方自治讲习班（期限两个月）；（三）商业补习班（期限三个月）。

　　三、师范学院主办：（一）小学教员讲习会（暑期举办，期限一个月）；（二）小学教员通讯研究部；（三）民众学校（指导学生办理）；（四）体育训练班（期限三个月）；（五）民众业余运动会（春季举办一次）；（六）家事讲习班（期限三个月）。

　　四、医学院主办：（一）救护训练班（期限一个月）。[①]

以陕南六县小学教师暑期讲习会为例，其范围包括了陕南城固、洋县、西乡、南郑、褒城、沔县六县，目的为增进小学教师教学之知识及技能，增进小学教师组织及训练民众之能力，以及增进小学教师之抗战意识。讲习科目包括精神讲话、学术讲演、战时教育问题、防空防毒常识、小学教育、各科教材及教法、学校卫生、民兵组训、注音符号、体育、军事训练、乐歌等。讲习会的教

---

　　① 《国立西北联合大学二十七年度兼办社会教育计划大纲》，《西北联大校刊》，1938 年第 2 期，第 14 页。

师由师范学院从当年毕业的品学兼优、思想纯正的学生中间选任，由有关讲习各科目之系主任或院长就本系学生中选派，每人派往一县或二县，配合各县政府，开展教学及指导工作。

另外，化学系师生发现汉中一带没有制造胰子的工业，并且缺少制胰的原料牛油，而胰子又为当地生活必需品，因而供需紧张。为了满足地方需要，发挥专业优势，联大师生通过调查，从学理方面进行探究，试验利用当地土产的臼油为原料进行胰子的试制工作并取得了成功。

通过以上可知，立足专业领域和社会需要，联大师生开展了一系列活动来为抗战建国提供服务并取得了有效的成果。在位置偏僻、资源有限的汉中地区，联大师生因地制宜，联系地方实际，从物质生产到文化整理，都对当地产生了切实长远的社会影响。

身处汉中的西北联大在教学、研究、社会服务等方面，都作出了有益的贡献，体现了战时大学的担当与责任。一所大学的精神所寄，并于校训、校歌中得有充分的体现。全面抗战期间，国民政府为了砥砺学风，振奋精神，要求各个学校以其不同的历史环境及一贯的传统精神，制定校训、校歌，昭示师生，以为遵守之准绳。同时，为了统一思想，以共同一致的道德信念作为民族自尊自信之基础，颁定国训，其内容为"忠孝仁爱信义和平"，要求务必制成匾额悬挂于各校礼堂，作为共同遵守之道德准则。为了加速进展，教育部要求各校限于一个月内，将办理情形及校训、校歌呈报备核。另外教育部制定的《青年守则》，重述"修齐治平"的传统儒家道德，要求成为青年行为之准则。以上种种，有统一精神的用意，但也有保守倒退的嫌疑。1938 年 10 月 19 日西北联大第四十五次校常委会议通过了"勤朴公诚"的校训，与国训"忠孝仁爱信义和平"一并制成匾额,悬挂于礼堂。按照黎锦熙的解释,"勤"是勤奋敬业,勤以开源;"朴"是质朴务实,朴以节流;"公"是以天下为公,公以去私;"诚"是不诚无物,诚以去弱。这四字校训,表达了西北联大师生的办学理想和精神所向,呼应西南联大"刚毅坚卓"的校训。为了进一步凝聚师生精神,激发抗战斗志,西北联大校方邀请黎锦熙、许寿裳二人根据西北联大的办学实况,创作联大校歌,以反映西北联大的学风、校风。1938年12月1日的《西北联大校刊》第6期刊登了西北联大校歌的歌词:

> 并序联黉,卅载燕都迥。
>
> 联辉合耀,文化开秦陇。
>
> 汉江千里源嶓冢,天山万仞自卑隆。
>
> 文理导愚蒙;
>
> 政法倡忠勇;
>
> 师资树人表;
>
> 实业拯民穷;
>
> 健体明医弱者雄。
>
> 勤、朴、公、诚,校训崇。
>
> 华夏声威,神州万物,
>
> 原从西北,化被南东,
>
> 努力发扬我四千年国族之雄风![1]

为了尽快完成校歌,校方请许寿裳和齐璧亭两位先生介绍专家从事歌谱的编制工作,但是到1939年8月,国民政府命令

---

[1] 黎锦熙、许寿裳:《本校校歌》,《西北联大校刊》,1938年第6期,第3页。

西北联大改组,设立国立西北大学,校歌于是成了未竟之作。虽然如此,这首校歌生动体现了西北联大由华北迁移西北的艰难历程,以及通过联合办学的方式发展西北文化教育事业的决心。院系组织方面,文理、法商、师范、工、农、医的学科结构,致力于改善西北愚蒙民穷的现状,并以勤朴公诚的校训为指导,刻苦钻研学术,发扬民族精神。

第三节　西北联大的两度改组

国立西北联合大学的办学轨迹,起伏跌宕。学校解体改制的结果,给予外界内部不和以及政争激化的印象。"不幸的是,西北联大不久就沦为私人纠葛与机构纷争的牺牲品,西南联大却在宽厚容忍、和衷共济的精神下坚持了八年之久。"[①]通观整个过程,经过先后两次的改组,西北联大由一校分割重组为五校,较仅增设一师范学院而大制未变的西南联大,其变动过程可谓剧烈。立足我国高等教育区域结构调整的时代进程,梳理西北联大的校际改组,透过政策设计和实际操作,在消极的分治面向中发现积极的建设因素,有助于全面了解西北联大改组的现实缘由以及后续的文化价值。

一、第一轮改组:国立西北工学院和国立西北农学院

1938 年 7 月 21 日,鉴于过去专科以上学校设置缺乏计划导致学校分布不均,无法满足社会需要,教育部参酌当时情形,令

---

① 易社强:《战争与革命中的西南联大》,饶佳荣译,九州出版社,2012 年版,第100 页。

国立西北联大工学院和农学院与国立西北农林专科学校、国立东北大学工学院、私立焦作工学院，合并改组成为国立西北工学院和国立西北农学院，并将教育学院改组为师范学院，由此开展了针对西北联大的第一轮改组。此次调整，紧随刚结束的国民党临时全国代表大会。会议通过的《抗战建国纲领》和《战时各级教育实施方案纲要》，强调训练专门技术人员以应抗战需要，注重谋各地之平均发展。国立西北工学院和国立西北农学院的建立，充分反映了《纲要》中"农业需要与工业需要并重"的方针，而学校以"西北"命名也体现了政府希望将其永留西北而改善西北高等教育结构和进行农工人才培养的用意。

　　战时情境下，国家存亡与学校发展之间的矛盾不可避免。"合并过程中，保护自我利益、各群体间相互冲突的需要以及层级化的决策都加剧了张力和冲突。合并引发的巨大变化不仅局限于学校管理层、使命、计划和程序上，所有学校组成者，包括教师员工都受到影响。"①改组合并的消息传出，农学院全体学生联名呈请维护西北联合大学完整，以教育部命令与最高国防会议决议案相左、学校历史彪炳全国等理由反对合并，并呼吁学校诸公齐心协力保持西北联大的组织完整：

　　　　我西北联合大学既经联合当为一体，彻理任当共负之，联大之荣即三校之荣，联大之辱即三校之辱，昔既联合而负其使命，今背其联合是则联大之蠢，此所以恳诸公同心协力者一；我三校按校址之处在以往历史之光荣以及其在我国所负使命，……宜如何图其共存共荣而希于抗战胜利之后

---

　　①　纽芳怡、曾满超：《发达国家高校合并研究》，《教育发展研究》，2007年6A，第8页。

重回故土乎……此所以恳诸公同心协力者二。①

联大校方此前即对改组计划提出异议,致电教育部表达意见,并计划派遣代表前往教育部接洽。为了安抚联大同人的不满,1938 年 7 月 11 日教育部电告西北联大校方:

> 查本次调整国立各校院系计划系根据全国代表大会之决议及抗战建国纲颁之规定,谋全国高等教育机关设置之合理,各校院系之改组均就目前全国实际需要而定,固不能全为一校一院设想。……至北平收复后如有设立两院之必要时,仍得照旧设置,……所望各教授共济时艰,竭尽智虑致力于发展西北教育,勿于本部既定方针有所异议,并勿派遣代表来部以免徒劳往返,是所至盼。②

从国家大义的需要和将来恢复的承诺出发,各校暂时接受了改组的命令。西北农学院方面,按照教育部要求成立筹备委员会以完成学校建制。1938 年 7 月西北农学院筹备委员会成立,以国立西北联合大学农学院、河南大学农学院畜牧系与国立西北农林专科学校三校院系为主干组建为国立西北农学院。时任西北农林专科学校校长辛树帜、教育部农业教育委员会委员曾济宽、原国立西北联合大学农学院院长周建侯三人为委员,后来国民政府又增派教育部农业教育委员会的张丕介为筹委会委员。

① 《教育部有关院系调整方案及工学院农学院合并改组事宜、设立师范学校等通知训令函件(二)》,西北大学西北联大研究所编:《西北联大史料汇编》,西北大学出版社,2012 年版,第 641 页。

② 《教育部有关院系调整方案及工学院农学院合并改组事宜、设立师范学校等通知训令函件(一)》,西北大学西北联大研究所编:《西北联大史料汇编》,西北大学出版社,2012 年版,第 640 页。

经过讨论,筹委会确定以西北农林专科学校校址作为西北农学院院址。早在西安临大时期,当时的临大筹备委员会曾拟将西安临时大学农学院及文理学院生物系共计八个系设于武功,虽然房屋设备有限,农专校长辛树帜仍热情欢迎临大的到来。后来临大的校舍问题在西安设法解决,取消了分校计划,但是两校之间的联络仍然得到保持。1937 年 11 月 27 日,临大筹委会致函农专请求支援实习材料和植物标本,得到农专的大力支持,给予所有之水稻三种,小麦八种,大麦、玉蜀黍、黍、粟、稷、荞麦、大豆各数种,蔬菜种子五十种,昆虫八种。艰苦的战争年代,两校初步的合作,使西北联大农学教育在设备标本匮乏的情况下得到顺利进行,也为此时的合并减少了阻力。

较之国立西北农学院的建立进程,国立西北工学院的建立由于北洋工学院的因素,增加了更多的困难和变数。作为当时国内一流的工科大学,北洋工学院以悠久的历史和卓越的成绩,致力恢复北洋大学以重现昔日荣光。国立西北工学院的建立,彻底取消了北洋工学院的建制。这种情况在北洋师生和校友中间产生巨大震动,纷纷表示反对。考虑到战时情境,北洋工学院师生反对合并的情绪暂时让位于国家需要,但校际的矛盾由于工学院筹委会主任李书田的强硬举措进一步激化,导致了工学院冲突的发生。

1938 年 7 月 2 日,教育部令北洋工学院、北平大学工学院、东北大学工学院和私立焦作工学院合组西北工学院。院校重组之时,联大常委、原北洋工学院院长李书田主张新校称"北洋工学院",以维持北洋光荣传统。时任教育部部长陈立夫认为定名"北洋工学院"不利于团结其他各校,因此与李书田发生冲突。为了保证改组顺利进行,陈立夫先后派矿冶学会会长孙越崎、北洋校友曾养甫劝说,李书田才勉强答应放弃北洋称谓,但对北洋工学院独立一事始终念念不忘。

1938 年 8 月,西北工学院筹备委员会在城固建立,教育部任命李书田、胡庶华、张北海(部派),以及平大工学院张贻惠、东北大学工学院王文华、焦作工学院张清涟、雷宝华等人为委员。在抗战建国的共同目标下,东北大学工学院、焦作工学院师生迅速集中到城固。在当地政府和民众支持下,学院以城固古路坝天主教堂为校址,并加紧在教堂附近新建教职工住宅和学生宿舍。10 月 3 日,学院开始在重庆、成都、西安等地招收新生,逐步完成了各系组建和教师聘任工作。

经过紧张的筹备工作,1938 年 11 月 12 日西北工学院举行开学典礼,12 月 12 日正式上课。西北工学院集中了焦工、东工的图书设备,北洋、平工的师资和四校优良传统与办学经验,"四校的融合不是形式上的联合,而是以新的办学实体出现在我国大西北,成为抗日战争时期以至后来国家培养高等工程技术人才的重要基地"[①]。但四院合并产生的矛盾,由于时任院长李书田主导的工学院整顿措施进一步升级,导致了"驱李事件"的发生及北洋工学院部分师生的出走。此次事件,集中体现了区域分布均衡化过程中的大学改组在大学传统与国家政策之间产生的冲突。

组成西北工学院的四个主体,北洋工学院历史最久,师资优良,在工学院组织中占主导地位;北平大学工学院、东北大学工学院,以及私立焦作工学院实力稍逊,但是为西北工学院建立提

[①]　陶秉礼主编:《西北工业大学校史》,西北工业大学出版社,1995 年版,第 16 页。

供了必要的师资设备，特别是焦作工学院提供的书籍构成了工学院图书馆藏书的主要来源。具有不同历史传统的合组各院，门户之见不能短期内取消，需要假以时日慢慢磨合。工学院成立不久，校内就流传着不利于团结的意见，如传说焦作工学院的教师有抽大烟的，有加入青洪帮的；东北大学工学院的教师年轻，没有教学经验；北洋工学院教师学术水平高，北洋学生综合素质高。作为院长的李书田办事认真勤恳但失之武断，诸事与筹委会缺乏商议，言辞之间流露出对他校师生的轻视，造成其他学校师生对李书田行为的不满。同时北洋学生的优越感时有流露，以上种种皆造成三校师生与北洋的对立。时任工学院教务长的潘承孝为了维护团结，专门为此劝告李书田，未能起效。这种对立的情绪，随着李书田加强师生考核而进一步激化。当时，面对原有各院参差不齐的办学水平，为了贯彻北洋工学院"重质不重量，贵精不贵多，宁缺毋滥"的教育理念，李书田强行提出考核全校教师和学生，以此提升教学质量和办学水平。揆诸初衷而言，秉持战时不能降低学术水平的教育理念，对于人才培养至为重要；但就团结而论，这种做法伤害了其他各院师生的感情。为了严肃学风、提升学生水平，李书田在1938年8月16日主持召开的西北工学院筹备委员会第三次会议上研究了工学院三十七年度学生成绩办法：

> 一门不及格者准予补考，补考不及格者留级，补考后不及30分者退学；
>
> 两门不及格者准予补考，补考不及格者留级，补考后不及40分者退学；
>
> 三门不及格者留级；
>
> 四门不及格者退学；

三门不及 50 分者退学;

二门不及 40 分者退学。①

1938 年末,李书田单独决定按照此前北洋工学院的规定:两科不及格者要留级。北洋学生公开赞成,其他院校学生一片哗然,加之之前累积的摩擦与矛盾,导致发生学生斗殴和"驱李"事件。1938 年 12 月 30 日凌晨,三十多名学生手持棍棒将李书田轰出校门,继而其他院校学生与北洋学生发生冲突,造成九人重伤,十余人轻伤。虽然各校教师共同出面劝阻维持,但没有发挥效果,工学院暂时停课。1939 年 1 月,李书田赴重庆向教育部报告"驱李"经过,再未返校。1939 年 3 月,不满取消北洋工学院的北洋部分学生愤然南下,扬言要在四川成立北洋工学院。其一行南下到四川广元,教育部令地方断其水陆交通,阻止其前进。为了妥善解决工学院风潮,教育部任命赖琏为西北工学院代理院长,并与李书田、曾养甫(北洋校友,时任国民政府交通部部长)一道去往广元劝阻,希望顺利解决纷争。当时,西北联大胡庶华率领的调解小组也赶到广元,代表北平大学工学院、东北大学工学院、焦作工学院师生慰问北洋学生,劝说其返院。经过协商,北洋工学院学生同意返回城固,但不愿再去古路坝西工院部。为了防止冲突再起,校方将其转移到城固龙头镇、七星寺居住,安排教授给他们上课。李书田坚持北洋工学院复校,决意不回陕西。为了延续北洋血脉,他率领北洋工学院部分教职工南下,选址西昌泸山,经国民政府批准,创建西康技艺专科学校,成为当时西康省历史上第一所高等学府。

---

① 北洋大学—天津大学校史编辑室:《北洋大学—天津大学校史》,天津大学出版社,1990 年版,第 270 页。

持续四个月的"驱李"风波，导致西北工学院长期停课，给学院造成了很大的损失。此次事件"是西北工学院校史上不寻常的一场波折，一次沉痛的教训。说明院校调整合并中，安定团结、互相尊重是何等的重要！山头主义，派系之争，唯我独尊，危害极大！"[1]1939年7月，教育部明令赖琎担任西北工学院院长。到院后他立即召集学生讲话，宣布次日复课。"我又保证教职员补发半年来的欠薪，并保证学生今后安心求学，不至再受任何方面的威胁或干涉。我说这些话，并没有绝对的把握。可是，我有自信心和乐观的希望。……我当时有一个坚强的信念：那便是学生和我的年龄相差不太远，他们一定和我一样的有理性，爱祖国，一样的想在举国一致抗日的大时代，对国家尽忠效命。"[2]经过一番整顿，由于经费的充足和师生的支持，"教授有课上，学生有书念，职员有事做"，并加以战时的爱国热情，西北工学院在新任院长赖琎的带领下，恢复了正常的秩序。学期结束后，住在七星寺的原北洋学生也逐渐回迁本部，四校合并、全院统一的局面至此得以达成。

经过一番周折建立的国立西北工学院，以西北联大原有北洋工学院及北平大学工学院的实支经费、焦作工学院本部补助费、中英庚款会补助西北联大工学院设备费以及国立东北大学工学院经费作为经费来源。院系编制设土木工程、矿业工程、机械工程、电机工程、化学工程、纺织工程六系，后来又呈报教育部增设水利工程系、航空工程系，成为全面抗战时期国内学科门类最齐全的一流工科学院。

---

① 陶秉礼主编：《西北工业大学校史》，西北工业大学出版社，1995年版，第18页。

② 赖景瑚：《烟云思往录》，传记文学出版社，1980年版，第199—200页。

二、第二轮改组:三校分立

1939 年 8 月,国民政府教育部宣布将国立西北联合大学再次改组为国立西北大学、国立西北师范学院和国立西北医学院,实施了针对西北联大的第二轮改组。"这是国民党教育当局长期以来蓄谋已久的分而治之阴谋的实现,也是为加强对高等院校的统治、肢解西北联大砍下的最后一刀。"[1]政治的意图、国家的需要、大学的传统,不同的利益诉求集中于西北联大的改组过程。其中既有政治压迫和思想控制的指向,亦蕴含制度框架内的高等教育格局调整,同时伴随着校际人事的纷争。单一化的解释,可能失之偏颇;多元性的分析,有助于厘清其中的纷繁与复杂。

1939 年 3 月召开的第三次全国教育会议,与会代表深刻检讨了全国教育问题,研究切实的办法以适应抗战建国的需要,其中就涉及高等教育区域的划分和院校的建设。西北地区既然作为建国基地,自当在教育领域承担起人才准备和资源开发的重任。教育会议提案涉及教育行政方面的《关于划分中等以上学校区案》和教育部交议的《高等教育改进案》,皆以高等教育"均衡化"发展为取向,具体规划了大学区、师范区及农、工、商、医等学院的设置问题。会议之后随之而来的西北联大两轮改组,恰好呼应当时整个国家的高等教育政策,其目的即在通盘考虑的基础上调整内迁高校的组织设置,在内地建设综合大学和分科学院,使得高校分布满足抗战建国的需要。

---

① 西北大学校史编写组:《西北大学校史稿》,西北大学出版社,1987 年版,第90 页。

从战时情境和内地开发的需要出发,这种改组具有积极的意义。但从大学的历史和传承考量,谁应该被改组和如何改组成为亟待解决的现实问题。时任西北联大教授的许寿裳(战前为北平大学女子文理学院院长)获悉改组消息后致函联大校长徐诵明(战前任北平大学校长),要求竭尽全力保存北平大学:

> 慨自前岁平津沦陷,同人等誓与暴日,不同(共)戴天,所以茹千辛,冒万险,牺牲一切,间关西来,无非愿在先生指导之下,服从政府设立联大之至意,继续黾勉,两载于兹,希冀同日收复失土,复兴我平大也。不料西迁以来,教部对于我平大,迭事纷更,去夏既令裁并我农、工两院,今夏忽添派常委两人,忽又取消西北联大,将我医学院独立设置,并得仅存之文理、法商两院,改组为西北大学。朝令夕改,一再摧残,独使我平大,完全消灭于无形,查西北、西南两联大之设置,均经最高国防会议通过,同时成立,今西北联大既除,而西南联大无恙,此非教育部有所歧视自相矛盾之明证乎。值前军事第一,胜利第一之际,同人等对于此举,本不忍有所批评,惟念我政府屡布德音,招致战区智识分子,以增强抗战力量,同人等因皆由战区脱险而来者,而教部如此蔑视,显与政府原意相违,虽有百喙,莫能解辩。①

教育部对西北联大的不公正待遇,尤其是分拆和取消北平大学的举措,引发以许寿裳为代表的平大旧人反对,但是战时情境一如许氏所言,"值前军事第一,胜利第一之际,同人等对于此举,本不忍有所批评"。虽然有过相应的努力,但一校的存亡不

---

① 许寿裳等著,彭晓妍等编校:《许寿裳书简集》,"中研院"中国文哲研究所,2010年版,第127—128页。

应阻碍整个高等教育结构的调整,也需要在抗战建国的目标面前有所妥协。西北联大最终在 1939 年 8 月 8 日奉令改组成立国立西北大学,由胡庶华任校长。联大原有的医学院、师范学院分出,成立国立西北师范学院和国立西北医学院,分别由李蒸和徐佐夏担任院长。但是,这种强力改组伤害了平大旧人的感情,冲击了学校的正常发展。"联合大学突然改组,许多朋友不能聚首一堂再做快乐梦。有几位意志不坚定的家伙竟一怒回到北平,加入伪组织当汉奸去了。一班朋友与先生(许寿裳)多飞云南转四川,我则始终逗留在陕西、河南一带,直到抗战胜利为止。"[①]其中即包括了徐诵明、李季谷、胡元义、寸树声、吴英荃等十余人。由于生活及改组原因,医学院院长蹇先器等人亦先期辞职离校。国家需要名义下对大学改组造成的负面影响,由此可见一斑。

国立西北师范学院方面,关于其改组的计划早在 1938 年 10 月 20 日教育部召集的全国高级师范教育会议即有提及。会议当时决定由各地区师范学院与省市教育行政机关合作推进中等教育发展,将全国划分为若干师范学院区,其分配区域为中央大学师范学院负责四川、西康与湖北;中山大学师范学院负责广东、福建;浙江大学师范学院负责广西、贵州;西北联大师范学院负责陕西、河南、甘肃、宁夏、青海;西南联大师范学院负责云南;国立师范学院负责湖南、江西。就区域配置而言,依托原北平师大力量的西北联大师范学院,负责五省区的师范教育,责任最为繁重。

---

① 谢似颜:《白头犹是一婴儿》,绍兴市政协文史资料委员会、浙江省政协文史资料委员会编:《许寿裳纪念集》,浙江人民出版社,1992 年版,第 176 页。

全面抗战以来，随着时局恶化，中学毕业生学业水平堪忧。为了提高师资水平，保证教育质量，教育部筹划重新划分师范区，举办独立师范学院和大学附设师范学院以满足各地中等教育师资的需求。按照教育部《国立中央大学等校设立师范学院办法》的规定，国立中央大学、国立西南联合大学、国立西北联合大学、国立中山大学、国立浙江大学自1938年起将原有的教育学院改制为师范学院，并将不合师范学院规定的系科归并到其他学院，各大学师范学院实施独立核算以示独立。继承北平师大组织和人员的西北联大师范学院，设置有教育、体育、国文、史地、数学、理化、英语、家政八系及劳作专修科。学校师范特色鲜明，专业设置齐备，为西北地区师范教育发展提供了坚实的组织支撑。

原北平师范大学校长李蒸在1938年11月19日的总理纪念周，报告了他前往四川的感受，认为西北联大在物质设备上，虽然不如华西大学、南开学校，但是联大的精神风貌并不比其他学校落后。论及高级师范教育会议，李蒸表示该会议对师大的关系极大。从训练师资的角度而言，师范向来不受重视，社会上认为中学教员只要有学问就可以胜任，而忽视了师范教育的重要性，进而导致了师资水平的下降。作为具有优良师范传统的北平师大，自是竭力呼吁而谋求师范教育的发扬光大。此前曾有全国六个高等师范区的设置，到最后各校乘"改大"之风气，升格为普通大学，唯有北高师独立支撑，且因为普通大学毕业生找不到出路而转入中等教育界的原因，对师大多有嫉视，常有取消之主张。高师教育会议的召开，则在新时期重新确立了师范教育的重要性。李蒸认为："抗战发生，政府感觉到师资训练的重要，毅然设立六个师范学院，颁布的规程，大部是与我们师大的

性质与精神相同,将来师范学院,也许会独立的,这在师范教育
史上,是一件极重要的事实。"①此次会议,激发了李蒸等人重新
树立师范教育的雄心,认为战前师范教育的没落状况可以得到
改观。随着师范学院的设立,教育学专业师资缺乏,各校招聘均
感困难,因此在当年的庚款考送留学生名额中予教育一名额,可
见教育人才之急需,以及师范教育发展的峰回路转。同时,由于
西北联大师范学院承担的任务最重,涵盖的区域最广,因此有必
要独立设置。以上种种,都为西北师范学院的独立设置提供了
支持。

　　1939 年 8 月西北师范学院独立设置。虽在组织上保持独
立,但是师资、校舍等都与国立西北大学共用。经费资源极为有
限的情况下,西北师院积极开展师范教育事业,培养中等学校师
资。各项教学、研究和社会服务活动,得以有效开展。1939 年
12 月,《国立西北师范学院校务汇报》出版印行。作为西北师范
学院第一任院长的李蒸在《发刊词》声言:"本院改组伊始,负训
练中等学校师资,发扬北平师大精神之二重责任。"②致力接续北
平师大传统,呼应国家师范教育改革,继续培植师资人才。

　　1940 年 4 月,国民政府教育部下令将西北师范学院迁往甘
肃兰州。从政策的出发点而言,教育部的迁移命令,是希望借此
改善西北地区的高等教育,并进一步推进高等教育区域分布的
均衡化。观照西北师院当时的办学情形,随着抗战局势恶化,大
量的学校机关涌入汉中地区,其中来自北平、天津、西安等地的
大中专学校就有三十余所。这种战时的繁荣,虽开发了向来闭

---

① 《本大学校本部本学期第五次纪念周纪录》,《西北联大校刊》,1939 年第 8
期,第 39 页。

② 李蒸:《发刊词》,《国立西北师范学院校务汇报》,1939 年第 1 期,第 2 页。

塞的汉中,但也给居留在此的大学造成了困难。汉中处在秦巴山间,虽然素称"鱼米之乡",物阜民丰,但是交通不便,地盘狭小,人员机构的膨胀使得战时大学的近况愈发艰难,有的学校伙食供应只有渗水发霉的陈米和不见油盐的白水煮菜,每天仅吃两顿。为了解决这些问题,出于缓解地方压力,改善办学环境和推进大学分布均衡等方面的考虑,国民政府教育部对汉中地区的大学结构进行了重新规划,力促其进一步西迁。1940年4月,教育部部长陈立夫签署"渝字1528号训令",对由西北联合大学改组而成的各校进行再度迁移:

> 惟各该校改组以后,仍多集中于南郑、城固一带,不足以应西北广大社会之需要,而谋学校本身之发展。兹经本部通盘筹计,决定:西北大学迁设西安,西北工学院迁设宝鸡,西北农学院仍设武功,西北师范学院迁设兰州,西北医学院迁设平凉。西北大学与西北工学院本年暑假暂缓迁移。西北师范学院迁移兰州后,原有甘肃学院之文史、教育两系,即并入办理,并以其院址作为该院之院址。西北医学院移设平凉,应觅适当校址,并将甘肃学院之医学专修科并入办理。该两院迁移事项,应于本年暑假内办理完竣。[①]

政令颁布后,西北师范学院的迁移立刻提上日程。出于不同关涉主体的办学构想,这一涉及国民政府教育部、甘肃省地方政府以及西北师范学院三方的迁移活动,呈现出不同的利益取向,其中的博弈也呈现了高等教育区域分布均衡化努力的曲折。

国民政府教育部在推动高等教育区域分布均衡化方面不遗

---

① 《规定西北各校院永久校址》,《国立西北师范学院校务汇报》,1940年第11、12期,第5页。

余力，此前为奠定西北高等教育基础而在 1938 年、1939 年实施
的西北联大改组，迅速地扩充了西北地区的高等教育力量，并形
成了较为合理的院校结构。虽然这种不顾及大学历史传统和发
展意愿的政策不免伤害大学独立和师生感情，但是在战时情境
下，为了响应国家需要，各校最终还是接受了战时改组的现实。
改组之后的各大学独立发展，但是过于集中的局面导致各校之
间的困难，汉中一地也无法承载如此多的大学机构，同时西北其
他地方的高等教育事业依然没有起色。为了满足西北地区广泛
的社会需求，提供学校发展的充足资源，教育部出台了西北师院
迁移兰州、西北医学院前往平凉的计划。作为教育部长的陈立
夫同样致力于高等教育布局的改革，也以此作为 CC 系在教育领
域扩大势力的手段。1940 年 6 月中旬，视察城固的陈立夫即叮
嘱李蒸院长同往兰州勘察新校址。

　　甘肃方面对于西北师院迁兰表示出极大的热忱，祈望西北
师院的迁移改善西北地区的文化教育。甘肃省教育厅厅长郑通
和、省参议会议长张维及甘肃学界、北平师大校友，积极协助学
校的迁建工作。1940 年 5 月甘肃省教育厅致电教育部表示："省
府及地方人士均热诚欢迎西北师范学院迁兰。"7 月甘肃省以临
时参议会名义邀请师院："贵院历史悠久，成绩卓著，海内飞声，
比闻有奉令迁甘之议，将于西北整个文化推进贡献重大力量，本
会代表全甘民众，至表欢迎并愿切实赞助，盼早来临。"①当时甘
肃专科以上学校仅有省立甘肃学院，以及 1939 年 4 月经国民政
府行政院批准建立的西北技艺专科学校，高等教育事业薄弱。

---

　　①　《为代表全甘民众欢迎贵院早日迁甘请遵照由》，西北师范大学馆藏档案，案
卷号：001-ws.1940-011-3030-0231n。

甘肃省教育厅厅长郑通和鉴于甘肃省内中等学校分布不均的状况,为求均衡发展,提出并实施分区设校的意见,使甘肃基本实现县有初级中学,行政专区有完全小学、师范学校和职业学校,但是由此也出现了中等学校师资力量的短缺。具有悠久传统和师资力量的西北师院迁兰,对甘肃地方具有极为重要的现实意义,因此受到了甘肃各界的热烈欢迎。

与教育部、甘肃省的积极推动不同,时任西北师院院长的李蒸,长久以来致力于保持北平师大的组织和传统。虽然迫于形势不得不取消北平师大的建制而改组设立西北师院,但他时时以恢复北平师大为己任,因此对于关涉师院的种种举措无不在现实环境和长远规划之间进行衡量,决定取舍。得知教育部训令后,李蒸亲自到教育部陈明师院师生意见,认为师院迁往兰州存在诸多困难。教育部考虑到实际困难,也同意暂时缓迁。但缓迁不意味着不迁,现实的政治压力和学校的实际状况,迫使院长李蒸和师院同仁认真考虑迁移的利弊:"西北师院在政治上没有力量,无法'抗令',同时在城固同西北大学在一起,麻烦也很多,学校同仁考虑到:为谋学校发展,迁到一个较大的省会地方也好,于是决定迁校兰州。"①经过协商,涉事三方终于就西北师院迁兰达成一致,于是在教育部推动、甘肃省支持、西北师院操作的合力之下,西北师院开始从城固向兰州迁移的过程,进一步深化高等教育区域分布格局的调整。

虽然共识已成,但是西北师院的迁移依然涉及具体操作中的困难。城固与兰州相距 2000 余里,当时交通运输不便,学院

---

① 李蒸:《北京师范大学历史上的存废之事》,李溪桥主编:《李蒸纪念文集》,中国社会科学出版社,1996 年版,第 80 页。

的整体搬迁实为不易。按照教育部训令,西北师院迁兰后当以甘肃学院院址为基础,如若可行,则能够迅速恢复教学,节省开支。1940 年 6 月,李蒸率团赴兰州勘察教育部所定院址后发现两大困难,一方面是甘肃学院的校舍不能用,另一方面则是与甘肃学院合并存在问题。西北师院校方鉴于城固期间校舍合用的种种不便,无意借用甘肃学院校舍,希望在兰州建设永久校址,一举奠定西北师资训练的高等师范教育基础。为了有效完成校址勘察的工作,李蒸先后两次前往兰州,综合考虑后提出了选择永久校址的基本条件:

> 我们的校舍第一个条件,不能在城内,在目前是怕空袭,以后为了一个师范教育机构,设在城内不甚合式。第二条件,不能离城太远,也不能离得太近,最好仿照北平清华大学、燕京大学的方式,离城在十里到十五里之间。第三个条件,要交通方便,最低限度能通汽车和人力车。第四条件,必须见得到黄河,一方面为风景问题,一方面为吃水问题,万一用水发生恐慌,还可以到黄河去取水。[①]

经过一番详细的考量,从地理位置到办学取向,西北师院最终决定在距离兰州城约七公里的区域商购土地,开展校舍的建设工作。考虑到实际搬迁的困难,以及维持正常教学秩序的需要,西北师院提出举校迁往与分步迁移的两套方案。

教育部批准了分批拨款、分批迁校的计划。师院决定从1941 年暑假开始在兰州十里店建设西北师范学院分院,同时开始招生。城固仍为院本部,停止招生。旧有的学生仍在城固至

---

① 《国立西北师范学院二十九年度第二学期第六次纪念周纪录》,《国立西北师范学院校务汇报》,1941 年第 27 期,第 2 页。

毕业为止，无需迁移，而教职员和图书、仪器、设备则视课业需要分批迁往兰州，持续四年完成迁校任务。如此一来，在保持正常招生和教学的情况下，师院可以大大减轻迁移困难，同时兰州分院的校舍建设也可以有序推进，避免了仓促应付。

1941年3月教育部向西北师范学院发出训令，要求学校按照教育部筹备兰州分院的办法，迅速开展迁建事项。"现三十年度业已开始，转瞬即届暑假，关于迁建事项，应即从速筹备，兹订定办法如下：一、该院应于三十年暑假在兰州设立分院，先办一年级。二、该院三十年暑假招考新生，应在兰州举行，城固本院不再招收新生。三、该院原有教职员一部分应于三十年暑假调往兰州分院供职。四、兰州分院迁建费即在该院本年建置费十二万元项下开支。五、兰州分院地址，应由该院与甘肃省教育厅会商选择，报部核定。上项办法仰即遵照办理。"①

1941年4月，李蒸再次赴兰筹划校址及兰州分院建设事宜，并与甘肃省教育厅厅长郑通和等29位兰州各界知名人士组成"兰州分院校舍建筑委员会"。1941年6月，"西北师范学院兰州分院筹备处"在兰州成立，学校选派胡铭佑为筹备处主任，负责筹建兰州分院事宜。1941年10月1日，国立西北师范学院兰州分院正式成立，齐国梁任兰州分院主任。李蒸表示："本院迁兰去年即已奉到命令，当时尚感困难，因对兰州情形不甚明了。本年奉令在兰设立分院，聘定齐璧亭先生担任分院主任，深庆得人，又得赴兰诸位教职员热心前往，象征本校兰州分院前途光

① 《令知筹备兰州分院办法仰遵办由》，西北师范大学馆藏档案，案卷号：0001-ws.1941-011-303-0218。

明，实堪欣慰。"①

兰州历史上是丝绸之路的重镇，全面抗战时期成为西北国际公路的枢纽。虽然地位重要，但由于深处内地，环境闭塞，生活环境十分艰苦。1941年秋，学校首先建立起两栋中垒土、外抹灰沙的教室，作为西北师范学院扎根甘肃的开端。兰州分院的第一批教室和学生，分散在十里店公路两侧的土房里。分院建设过程中，经费支绌问题严重。初拟建设房屋百间以应所需，由于教育部拨款未至，只好先修建房屋24间，其中15间为教室，9间为办公室。另外租住十里店公路两侧政府所建为躲避日机轰炸的房屋十余间作为教职员及学生宿舍。当时国民政府教育部仅拨付第一期迁建费30万元，并且长期没有到位，除去日常经费，实际用于校舍建设的经费仅11万元。1942年6月李蒸再度向教育部呈文，陈述兰州分院迁建费用的困境：

> 　　查去岁本院奉令迁移兰州，因国家财政困难，建设费不能一次拨给，乃规定逐年迁移计划，先发给购地、建房、设备、迁移等费二十五万元（内有前师范大学存款七万元），结果虽以五万元购地二百七十余亩，而以十万元建房，仅建成教室七个，分两排共二十四间。……因上述情形，本院来兰师生对于前途均感失望，甘省人士对本院能否达成其任务亦多怀疑。窃以钧部前令本院迁兰，系依抗建并进之国策，本师院分区之方针使本院负培植西北师资，发展西北教育之重任，本院仰体钧旨，自当努力奋发，对学生时加鼓励，俾能克服环境上之困难，以完成钧部所授予之使命。惟生活

---

① 《兰州分院筹备谈话会记录》，《国立西北师范学院校务汇报》，1941年第32期，第4页。

上之安适可以牺牲，而教学训导及行政上之便利不可久缺。去岁本院初移，建设简陋，当可勉强迁就。本岁年级增加，科目分化，倘建设仍不能改善，非但添聘教授、招收学生均成问题，而旧有在兰之员生，亦将发生动摇。如是本院迁兰之目的未能达到，而本院之生命先被摧毁，瞻念前途，不寒而栗。[①]

艰难困苦之中，西北师范学院由汉中迁移兰州，虽然遭遇经费不足、环境恶劣的困难，但师院师生勉力维持，以培植西北师资、发展西北教育为己任，进一步落实了高等教育均衡化的构想，并将格局调整进一步深入到西北腹地的兰州，拓展了教育影响的范围。

三、政治压迫与联大改组

西北联大的短暂存世，既是国民政府抗战建国的长期政策需要，同时不可避免地受到全面抗战时期国共两党在文教领域内的斗争影响。陈立夫领导下的国民政府教育部积极开展战时应急工作以争取青年，防止其为敌伪利用或奔赴延安等地，因为"大凡子女之能入中学或大学者，其家庭多半为中上之家，吾人若在后方照料其子之学业，其父兄绝不为日伪所利用，甘为汉奸"，而且，"奔赴自由区之学生青年，深信政府必能为之设法，若来而无人照顾，势必为共党所设之延安抗日大学等勾引，欲求补救，将不及矣。故虽花费大量国帑，亦属值得"[②]。随着全面抗战

---

① 《为陈述本院兰州分院需要建筑设备费迫切情形等由呈文》，西北师范大学馆藏档案，案卷号：0001-ws.1942-011-303-0341。
② 陈立夫：《成败之鉴——陈立夫回忆录》，正中书局，1994年版，第287页。

进入相持阶段,国民政府对共产党和进步团体的压制进一步强化,以便维护所谓"三民主义"思想指导下"一个领袖,一种信仰"的方针。"许寿裳事件"和"解聘进步教授事件",成为国民党干涉学术自由、压制西北联大的真实写照,也在一定程度上加深了国民政府教育部对西北联大的偏见,从而以防范异党活动和加强管控措施的立场出发,加速了对西北联大的改组。

　　组成西北联大的北平大学法商学院、北平师范大学,历来作为传播进步思想的阵地,集合了一批进步教授。"当时的很多名牌学校,包括北大、清华,教师都是正经八百的学院派,或者说'资产阶级的学院派'。倒是那些差一点的,特别是一些私立大学,政治上的要求不是很严格,真正成了宣扬马克思主义的场所。……平大虽然是公立的,但因为原来都是专科大学,水平差一些,不同思想的教师也比较容易进,所以就成了左派的天下。特别是法商学院,那里左派教师集中,学生多是左派,所以法商学院也是最闹事的。"①西安临大时期,沈志远、曹靖华等教授即以马列主义学说联系抗日救国实际,论述全国总动员、改革政治、实现民主及民族团结诸问题,深受广大进步青年的拥护和欢迎。1937年11月,西安临时大学的党组织以原北平大学地下党的力量为主,组成了中共国立西安临时大学支部。利用全面抗战初期国共合作的有利形势,临大党支部和抗日民族解放先锋队分队部与西安七贤庄八路军办事处保持着联系,八路军办事处主任林伯渠经常在办事处接待西安临大爱国师生。同时,西安临大一批全国知名的学者、教授也经常主动到八路军办事处

---

　　① 何兆武口述,文靖执笔:《上班记》,牛津大学出版社,2022年版,第109－110页。关于具体政治纷争的分析,见陈钊:《左右之争与大学校政:陈立夫、徐诵明与西北联大法商学院的整顿》,《抗日战争研究》,2018年第1期。

向中共人员请教有关抗日形势及抗日救国问题，并在课程教学中传播马克思主义观点：

> 我那时读经济系二年级，感到有几门课有战时教育的气息。一门是章友江教授的《比较宪法》，他以历史唯物主义为依据，论述全国总动员、改革政治、实现民主及民族团结诸问题，指导学生从理论上认识全面抗战和抗战救国纲领。另一门是沈志远教授的《中国社会性质问题》，他以马克思的经济理论为武器，分析我国半殖民半封建的社会性质，论及抗日救国是全体人民的历史任务。这些课提高了同学的政治认识，激发起青年的爱国热情。进步教师传播马列主义，宣传抗日救亡，深得学生的尊重和信任。[①]

作为共产党的革命群众组织，西安临大"民先队"拥有队员202人，此外还成立了女同学会、临大剧团、社会科学研究会和西安临大抗敌后援会。其中西安临大抗敌后援会作为官方组织，成为不同政治取向团体争夺的阵地。1937年秋，晋南前线战事吃紧，学校抗敌后援会决定组织"西安临大战地服务团"，接近敌占区进行动员群众、组织群众的工作，共有团长薛启犹、副团长申振民等二十多位同学参加。服务团中少数是共产党员，其他多为民先队员和进步同学。1937年11月、12月间服务团去往潼关、华阴等地开展抗日宣传工作，于1938年春回到西安。从西安临大到西北联大，该校师生营造的进步氛围，导致了国民党对西北联大的防范和敌视，其中尤以"许寿裳事件"和"解聘进步

---

① 李可风：《从抗日救亡蓬勃发展的西安临大到白色恐怖笼罩的西北大学》，西北大学校史编写组：《西北大学校史资料汇编（第一辑）》，内部资料，1987年版，第32页。

教授事件"最为典型。

（一）许寿裳事件

西北联大法商学院院长一职，起初乏人承担，由学校常委徐诵明兼任。随着联大各项工作的开展，徐氏事务繁忙，无法继续担任。1938 年 9 月，经联大第三十八次常务委员会议议决，决定徐诵明辞去兼职，聘请许寿裳担任法商学院院长并兼任历史系主任。为了专心院务，许寿裳亦辞去历史系主任一职，改由联大历史系教授李季谷担任。

作为一项正常的人事更替，以许寿裳的学识人品，担任联大法商学院院长，自无疑义。但是，在国民政府强化大学控制的氛围下，此项任命遭到了教育部的反对。部方认为徐诵明任院长时已经实行了过于宽容的政策，更不能允许像许寿裳这样思想左倾的学者担任院长，因此借口法商学院院长须以超然接近中央者为宜，提议由张北海担任院长一职。为了达成目的，他们组织三青团围攻许寿裳，在全校欢迎许寿裳先生的大会上发难，并与进步学生发生冲突。会后，许寿裳有感于正常工作无法开展，不愿赴任，其后曾对友人表示："自民二七秋弟兼长法商学院时，教部长别有用意，密电常委。谓院长宜择超然者，弟闻之愤而立刻辞职，从此不欲与陈见面。"[①]国民党教育部利用这一机会，打破《大学组织法》关于大学院长由校长聘任的常例，指派 CC 系成员张北海为该院院长，加强了对法商学院的控制。在 11 月召开的联大常委会议上，校方以许寿裳先生一再函请辞去院长及兼代政经系主任职务为名，决议正式聘任张北海为法商学院院长，

---

① 《许寿裳致谢似颜、朱少卿函（1941-3-21）》，许寿裳等著，彭晓妍等编校：《许寿裳书简集》，"中研院"中国文哲研究所，2010 年版，第 201 页。

改聘许寿裳为联大建筑设备委员会主席，续任历史系教授。许寿裳得知情况后，愤然向校长徐诵明辞职。徐诵明为了表示同情和抗议，立即准许其辞职，并同时向教育部请辞。最终，这场人事纷争以国民党 CC 系掌控法商学院，排挤进步教授结束，引发了国民党当局与西北联大进步力量之间关系的紧张并持续恶化。

（二）解聘教授事件

1938 年 11 月 21 日，法商学院举行总理纪念周。联大常委胡庶华向广大师生介绍新任院长张北海，表示："张院长过去曾在国内文化界，颇为努力，此次担任本院院长，我想一定会有很好的成绩表现。"[①]但是张北海的赴任在进步师生之中引发强烈反对，大家认为这是国民党反动分子控制大学校务、干涉学术自由的序幕。为了抵制张氏，法商学院曹靖华、沈志远、章友江、彭迪先、黄觉非等十余名教师开会，决定挽留许寿裳、反对张北海担任院长，并立即发出油印传单"快邮代电"送全国报社、各大专院校和各机关团体，反对教育部决定，指责张北海不学无术、品质低劣，不仅不足为师表，更不配当大学院长。这番举措在校内外引发强烈反响。时任齐鲁大学国学研究所主任的顾颉刚闻听此事，认为："不幸教育部长是陈立夫，他是只知有系而不知有党，只知有党而不知有国的人，在他极端褊狭的心肠中，总想把 CC 系统一全国大学。西北临时（联合）大学本来徐诵明做得很好，他派张北海做该校法学院长，带了手枪去发给学生，教他们

---

① 《本校法商学院本学期第一次纪念周纪录》，《西北联大校刊》，1938 年第 7 期，第 23 页。

闹起风潮来,就把徐氏逼走。"①张北海到院视事后,为了平息事端,加强控制,积极与联大复兴社骨干杨立奎、李在冰等人联络,商量对策,在学生中组织"新生社",其中有国民党、三青团骨干分子开始带着手枪上课,并在同学之间炫耀招摇。进步教授彭迪先讲课时,特务学生坐在前排持枪擦弄,进行蓄意威胁。还有特务学生有意在课堂捣乱,向彭迪先提问:有一个教授每月领国难薪二百几三百元,但讲的是马克思主义经济学,试问这从"边际效用学说"看来,这有无"边际效用"? 如此行径受到彭迪先的严厉驳斥。在国民党当局加大控制的同时,具有进步倾向的联大教授也积极展开斗争,并加强与中共的联系。1938 年夏,时为联大法商学院俄文教授的曹靖华接到中共电报,赴武汉与周恩来见面,决定服从调配,待将联大工作安排妥当后到武汉参加工作。校园中的对立,由于政党因素的掺杂日益恶化。

1938 年底,国民政府教育部严斥西北联大继续讲授马列主义,并以开设俄文课程、引进共产党学说为名,禁止联大法商学院学生继续学习俄文,同时要求解聘曹靖华、章友江、沈志远、韩幽桐、彭迪先、寸树声、黄觉非、刘及辰、李绍鹏、方铭竹、吴英荃、夏慧文等一批进步教师,并通令全国各院校对于解聘的教授一律不得再予聘任。为了抗议国民政府教育部的倒行逆施,法商学院推举曹靖华、彭迪先二人作为受到迫害的教师代表,前往校本部抗议。两位代表怒斥校方"不遵守聘约,不讲信用,不讲民主,迫害教师就是摧残教育"。彭迪先与校委常委胡庶华激烈辩论,使其面红耳赤,狼狈不堪。全校进步学生在中共联大地下党支部领导下,继续向教育部和校方开展请愿斗争。法商学院学生李昌伦组织 200 余人签名请愿，并由学生桂奕仙执笔起草了谴责国民党摧残教育的传单，公开张贴，并"快邮代电"向全国大专院校请求声援，提出反对教育部解聘进步教授，要求恢复商学系俄文课程等诉求。文学院院长黎锦熙也和学生一道，支持师生的正义斗争。但是在严苛的政治氛围中，西北联大校方仍然坚持教育部的既定安排，CC 系出身的张北海对请愿学生逐个训话审问，并特意在办公桌上放一把小手枪以示威胁。斗争之际，西北联大章友江教授亲自到重庆向周恩来请示斗争策略。周恩来要求进步师生充分利用国民党派系间的矛盾，注意保存一部分左派教授的力量。由于斗争进一步扩大，校方亦无计可施，教育部部长陈立夫不得不派教育次长顾毓琇于 1939 年 1 月 9 日来到西北联大对校务进行整顿。中共联大地下党支部在章友江教授的帮助下，经过酝酿讨论，决定围绕反对解聘教授这一主题，本着有理有节的宗旨向顾次长请愿。1 月 12 日上午 9 时，浩浩荡荡的请愿队伍到了城固顾次长住地，表达对教育部和学校的抗议。了解学生的诉求之后，顾氏表示将向教育部转达同学们的要求。

随着抗战形势的变化，国民党消极抗战，积极反共的政策已经越来越明显，教育部对西北联大的压制也日益加深。1939 年 3 月 5 日深夜，几十名便衣特务将中共联大地下党支部书记刘长菘、党员郑登材和李昌伦三人分别逮捕，并于次日凌晨押解到汉中国民党陕南党务督导专员办事处肃反组关押审问。事发后西北联大进步师生群情激奋，中共联大党支部在上级党组织的领导下，改组了支部，积极营救和组织进步师生探监慰问。彭迪先、章友江、沈志远等教授多次奔波于城固、汉中之间，到处呼吁营救。寸树声为此专程从城固赶到汉中与校常委徐诵明商议办法。随后徐诵明同黄觉非教授同去汉中警备司令部进行疏通。重庆生活书店邹韬奋也以国民参政员的身份发出呼吁,要求国民党立法院院长孙科主持公道,电令陕南当局释放被捕无辜学生。经过三个月的营救,国民党汉中当局迫于社会舆论压力,加之三位共产党员拒不承认,只好将其释放,但全校仍然笼罩着恐怖的阴云。暑假之前校方制造事端,借故将进步学生王佐才、江效楚、杨文杰三人开除学籍。白色恐怖笼罩下,中共联大地下党组织和联大进步师生,根据周恩来通过章友江传达的指示精神,积极组织撤退。1939年暑假前夕,教育部当局解聘的十多位进步教授,先后被迫离开西北联大,转移至四川等地继续进行马列主义宣传工作和抗日救亡工作。联大教授曹靖华被解聘后,带着一家四口,越过蜀道,抵达重庆。周恩来向曹靖华表示:"我全知道了,你被解聘了。那是早料到的事。阶级斗争嘛! 你挖反动派的墙角,反动派就解聘你,这就是阶级斗争,最具体的阶级斗争。"①随后通过中共的安排,曹靖华进入中苏文化协会,作为理事编译反映十月革命和反法西斯文艺作品,继续进行革命斗争。那些从西北联大毕业或无法立足的六七十名进步学生,随后也都分别抵达四川,通过以上进步教授的社会关系,帮助他们安排和介绍了工作。

由此可知,全面抗战时期以西北联大为对象的高等教育改组过程,不免夹杂国共两党在大学校园之中的斗争和冲突。西北联大由于其明显的进步色彩,遭到国民政府教育部的防范和压制,不时受到政治因素的干扰,影响了学校的正常运作。

---

① 曹靖华:《曹靖华散文选》,陕西人民出版社,1983年版,第3页。

第五章　黉宫立西东：大学复员下的均衡努力

国立西北联合大学经过前后两次的调整，最终形成了国立西北大学、国立西北工学院、国立西北农学院、国立西北医学院和国立西北师范学院的一校四院体系，有力地支撑起西北地区高等教育体系。1945 年 8 月 15 日，日本天皇宣布无条件投降。经过艰苦卓绝的十四年抗战，中国军民与同盟国其他成员一道，迎来了世界反法西斯战争的胜利。短暂的喜悦之后，千疮百孔中的国家重建问题提上日程。高等教育重建作为战后亟待解决的问题，备受关注。经过战时流离，各校在胜利之后迫切渴望回迁复校。当时，大量高校云集西南、西北地区，冀望早日回返故地。面对突然而至的胜利，大学的复员时间和复员方式，成为战后教育界关注的重点。

胜利之后，国立西北联大改组过程中被取消的国立北平大学、国立北平师范大学、国立北洋工学院等院校师生，强烈要求复员重建。这种诉求与国民政府教育部谋求高等教育改造的复员政策发生冲突，也在各校所处的省区引起"教育真空"的现实担忧。大学的去留问题，引发高等教育均衡发展与大学历史传统赓续的矛盾，"复员"还是"复原"成为高等教育区域格局调整过程中必须面对的实际问题。宏观设计层面，教育复员涉及整个国家的高等教育政策；微观操作层面，则是相关院校与国民政府教育部之间的博弈。国家希望利用战时形成的高等教育格局，一举改善长期困扰国内高等教育的分布不均问题，提振内地教育，发展建国事业；关涉高校则为保存大学生命而进行不懈抗争，赓续学术传统。与此同时，复员还牵连战时收容高校省区的教育发展问题。围绕大学的存废去留，不同的利益主体之间展开了激烈的博弈，也成为影响高等教育区域格局调整成败的关键。

第一节　全国教育复员会议的均衡化设计

随着抗日战争的结束，胜利复员成为战时流离高校的迫切愿望。返回故地，重建学术的热情在胜利的氛围中日益高涨。内迁各校积极准备复员之际，国民政府教育部对高等教育格局的调整却有着完全不同的考量。早在 1940 年，其在制定的《教育计划与国防计划之联系方案大纲》中明确指出：“战前专科以上学校几均集中于京沪及平津等地，院系之设立未能尽与国防计划相符，战后各校均迁至西南西北各省，俟抗战军事成功后，专科以上学校设置区域，应依国家总复员计划，统筹规定，分别迁置，以利国防，并将各院系按照国防需要加以调整，其农工商医各学院以分区设置为原则。”①如果按照院校意愿，所有内迁学校完全撤回原址，那么战时形成的高等教育区域分布调整又将

---

① 《教育部制定的教育计划与国防关系之联系方案大纲》，中国第二历史档案馆编：《中华民国史档案资料汇编·第 5 辑·第 2 编·教育（一）》，凤凰出版社，1997年版，第 124 页。

退回战前水平，不合于建国需要。院校回迁导致的教育真空，甚至可能摧毁初见起色的内地教育事业。为了有效地化解国家需要和院校意愿之间的矛盾，深入推进逐步完善的高等教育分布格局，国民政府教育部决定召开全国教育善后复员会议，以谋统筹规划、集思广益，讨论迁移后方教育机关的复员、收复区和光复区的教育整理，以及留在内陆地区各级教育机关的继续发展等问题。

一、"复员"与"复原"

1945 年 8 月 27 日，国民政府教育部教育复员计划委员会推定黄炎培、傅斯年、罗家伦、王云五、段锡朋等人为筹备委员，商议召开全国教育善后复员会议，邀请各界代表共商教育复员大计。此次会议关系到战后全国教育事业的发展方向，致力于重建备受摧残的文教机构，希望为即将开展的建国进程奠定坚实的教育基础。对于后方高等教育机关的复员问题，出于高等教育均衡化分布的考虑，院校回迁与否成为有关高校和教育部门争论的焦点。

战后复员的走向与选择，不同的参与主体有其各自的现实考量。在学校的立场，全面抗战时期学校被迫流离，师生处境艰难，弦歌不辍。胜利复员既有利于学校发展，也是振奋师生精神的良机，回迁实在情理之中；从政府的角度，战前高等教育机关过于集中，而西南、西北亟待开发。战后应当利用转移后方的高校扎根内地，从而优化大学区域分布结构，提升内陆地区文化教育水平，建设新的文化中心。两种截然不同的复员取向下，战时经过迁移改组的各院校动用各种力量以期返回旧址，恢复建制，重新接续学校传统。这其中尤以历史悠久、学风笃厚、屡遭改组以至取消的原西北联大各校为著。为了解决问题、调和争端、规划将来,全国教育善后复员会议为平衡各方利益提供了充分讨论的平台。其关于高等教育的一系列议题,也充分体现了高等教育区域结构调整过程中国家与地方、政府与学府之间的博弈。虽然政策导向层面国民政府教育部占据主动,强力推进大学区域分布调整,但是关涉高校仍然在集合力量、呼吁同情的基础上提出异议,追求学校利益的最大化。战后利益各方的博弈过程之中,"复员"与"复原"的问题、院校迁留的问题、师生就学的问题,成为各方关注的焦点。

（一）会议的召开

1945 年 9 月 21 日上午,全国教育善后复员会议在重庆中央图书馆会场正式举行。会议由教育部部长朱家骅主持,推选清华大学校长梅贻琦、教育部次长朱经农为副议长,与会代表有戴季陶、翁文灏、陈立夫等政学各界 300 余人。会议就内迁教育机关的复员问题、收复地区教育的复员与整理问题、台湾地区教育的整理问题和华侨教育的复员问题进行分组审议。其中内迁教育机关的复员问题,尤其是大学去留和均衡分布之间的矛盾,成为善后复员会议上讨论的焦点。

国民政府主席蒋介石在全国教育善后复员会议上强调,教育问题是建国时期的基本问题。为了建设一个现代国家,需要将建国工作与教育设施相互配合,努力培养各种建设人才。其中,西北与西南将是此后需要重点开发的区域。为了更好地实现这一目标,必须提高西部地区的教育文化水平:

> 今后国家建设西北和西南极为重要。在这广大地区教育文化必须发展提高。至少须有三四个极充实的大学,且

必须尽先充实。除确有历史关系应迁回者外，我们必须注意西部的文化建设。战时已建设之文化基础，不能因战胜复员一概带走，而使此重要地区复归于荒凉寂寞。[①]

这番训词希望与会代表在讨论教育复员问题时，应当从内地发展需要和学校历史关系两方面出发，规划全国教育布局，拟定大学复员计划。

从战时转入平时，国民政府内部对于利用善后复员的契机调整高等教育布局抱有极大期望。教育部部长朱家骅在会议致辞中重新提及战前国联教育考察团报告对于中国大学分布杂乱的批评，希望利用复员加以改进，从而扩大文化传播，改观民族文化。"教育上的复员并非就是还原，站在国家民族教育文化均衡发展的立场上，我们对所有学校及文化机关应当注意到地域上相当合理的平均分布，以改变过去的畸形状态。"[②]时任考试院院长戴季陶在开会致词中，针对大学回迁过程中"下江学生东迁，本地的教授学生也愈走愈远"的情形，亦旗帜鲜明地指出"对于不平衡的现象，要使他合理化，平衡化，要奠定坚实的基础，要造成多少的因素，使他向平衡的路上去"。[③] 这就牵涉到如何平均分布、迁移何处为宜，以及学校的去留问题。

（二）"复员"与"复原"之间

会议首先确立了善后复员的基本立场，即"复员"不是"复

---

① 《主席训词》，全国教育善后复员会议筹备委员会编：《全国教育善后复员会议报告》，出版地不详，1945 年版，第 22 页。

② 《开会式朱议长致词——教育的复员与善后》，全国教育善后复员会议筹备委员会编：《全国教育善后复员会议报告》，出版地不详，1945 年版，第 24 页。

③ 《开会式考试院戴院长致词》，全国教育善后复员会议筹备委员会编：《全国教育善后复员会议报告》，出版地不详，1945 年版，第 29 页。

原"。这并非字面上的简单纠缠，而是涉及大学机构的有无和均衡格局的存废。观照与会代表的立场，战后高等教育的重点不是重新恢复战前高等教育的分布格局，而是站在国家文教事业均衡发展的立场，通过全盘规划，重新调整全国高等教育结构，顾及国家发展西北、西南的战略需要。战时就任教育部部长的陈立夫关注高等教育与内陆地区之间的关系，积极筹划改善高等教育不平衡的现象，并在任职期间主导了国立西北联合大学的改组事宜。他指出：

> 平津迁来学校，均冠名西北二字，因为西北向无大学，乘此建立几个，西北需要之学校将来使之迁往西北，他如云南、贵州亦复如是。吾人想到不独为战时打算，为复员亦需有所准备，万不可战事已终，后方学校，一哄而散。所以四川、贵州、云南及西北各地学校，多数由省立改国立，俾能建立永久基础。[1]

由于战时军事与经济问题，他的建设构想未能完全达成，因此在善后复员会议上，他强调为了避免后方由于复员而导致教育真空，重点应关注内地的教育需要，而不可以完全听任高校的迁移要求。

调整高等教育格局、发展内地教育的初衷，虽然得到了广泛认可，但是具体如何操作仍然争论不息。出于学校利益的考虑，战时改制的高校积极开展复校运动。例如国立北洋工学院内迁陕西后，改组成为国立西北工学院，其建制取消。虽然囿于战时情境，北洋工学院师生接受改组，"然在西北员生，以及各地校

---

① 《开幕式中央组织部陈部长立夫讲辞》，全国教育善后复员会议筹备委员会编：《全国教育善后复员会议报告》，出版地不详，1945 年版，第 29 页。

友，复校思潮，仍与日俱增，卒成一发不可复遏之势"①。针对当时国内教育情况，李石曾认为"吴（稚晖）先生又说人家说几年来教育是畸形发展，他说畸形诚然，发展则未。现在确实畸形，而不发展。各省无大学，把别的学校迁进去，不是均富，倒是均贫，中国古话说不患寡而患不均，兄弟赞成积极做，但我仍然是超然态度"②，流露出其对战后高校设置的态度：保持原校，增设新校，从而避免争议，发展教育。

参酌各方意见，为了改善教育事业，发展内陆地区文化，高等教育区域分布调整成为教育善后复员问题的重要内容。学校层面，"复原"意味着恢复旧址旧制；国家层面，"复员"则需要打破旧有局面而开创均衡合理的新局面。两者之间如何调和，成为各方争论的焦点。学校关注传统赓续，国家侧重社会需要，这些都在会议提案中得以表达，呈现出不同的利益取向和制度设计。

二、复员议案中的内地高等教育设计

内迁教育机关的复员问题主要集中在学校的迁留、师资的归属、设备的处置等方面。内迁高校师生期待重返故园的心情，甚为迫切。残破的校园需要重建，中断的传统需要延续，这种感情构成了内迁高校师生的共同愿望：胜利还乡。此间值得关注的另一个问题随即浮现：内迁高校复员后内陆地区文教事业怎样保存及如何发展？原为西北师范学院院长的李蒸致力于战后

① 李书田：《北洋大学之过去五十三年》，左森：《回忆北洋大学》，天津大学出版社，1989年版，第152页。

② 《开幕式中李石曾先生讲辞》，全国教育善后复员会议筹备委员会编：《全国教育善后复员会议报告》，出版地不详，1945年版，第31页。

北平师范大学的恢复，对此表示：

> 按理所谓复员，应当是由战时恢复到平时，即是战前的教育机关因战事关系迁移后方，现在抗战胜利应当仍迁回原处。仅在战时新设立之教育机关，于胜利之后斟酌需要，决定裁撤或保存，其设立地点亦可根据需要加以调整。但是战前很久就有人批评，我国高等教育机关集中在沿海沿江各大都市之未尽合理，故教育当局拟趁此抗战后迁移到后方各省之机会，加以调整重新分布，这也是可以考虑的一点，因此教育复员，就自然发生了问题。[①]

教育部门、大学当局和地方政府三者之间在此问题上展开激烈的讨论。国家全局的需要和大学传统的权衡、建设内地和返回故地的碰撞，构成了会议讨论的基本问题。

（一）大学机构的去留问题

教育部交议的《专科以上学校及研究机关复员案》作为国家层面的教育复员规划，体现了国民政府对于高等教育发展的取向。基于全面抗战之前专科以上学校及研究机关过于集中在沿江沿海地区，导致内地文化水准不易提高的状况，教育部为谋求全国教育文化平衡发展起见，对于文教机关的迁移提出重新调整的办法。由于战后人力物力困难，复员工作主要是集中力量充实提高已有公私立专科以上学校及研究机关。既然新校无力建设，旧校又当迁离，平衡全国教育文化就归结为内迁高校的迁移安置问题。按照议案设想，一方面"现在全国专科以上学校及

研究机关，应依据各地人口、经济、交通、文化等条件，一面注重全国各教育文化重心之建立，一面顾及地理上之平衡发展，酌予调整，作合理之分布"；另一方面，"抗战期公私立专科学校，凡已停办，或归并而其历史悠久成绩卓著有恢复设置之必要者，得予恢复"。① 经过战时的组织变动，以国立西北联合大学为例，原有的北平大学、北平师范大学、北洋工学院等院校为适应战时需要先后改组为国立西北大学、国立西北工学院、国立西北农学院、国立西北医学院和国立西北师范学院。这种改组对于区域均衡发展和内地文教中心的建立，具有积极意义，理应继续保持而不受复员的影响，从而奠定西北地区高等教育的坚实基础。而从大学的历史传统出发，北平大学、北洋工学院、北平师范大学等院校均有悠久的历史和卓越的成绩，按规定理应恢复设置。战时因为民族大义与现实需要而被掩盖的政策安排和大学发展之间的矛盾，随着战后复员计划的实施逐渐凸显。

考虑到内迁大学复员造成的影响，内地各省人士及与会代表积极提出了解决方案。为了改善西南地区的教育，四川省教育厅考虑到战后情形，提出了《为迁川大学即将先后复员拟请于四川省境内筹设师范学院医学院音乐院及工业专科学校以资造就各种专门人才而利建设大业案》，通盘考虑中等学校学生出路与建国建川人才需要，建议在成都、重庆各自筹办国立师范学院一所，在成都筹设医学院和音乐学院一所，并以国立武汉大学乐山校址、国立东北大学三台校址、山东省立医学院万县校址为基础，筹设工业专科学校。作为战时后方的云南，地方政府认为复

---

① 《专科以上学校及研究机关复员案》，全国教育善后复员会议筹备委员会编：《全国教育善后复员会议报告》，出版地不详，1945 年版，第 44 页。

员之后，外籍教师多数将返土重迁，进而导致云南各地师资紧张。为了避免此类情形发生，云南省教育厅提出《请将国立西南联合大学师范学院留昆单独设置并加扩充以适应滇省今后中等学校师资之迫切需要案》，建议国立西南联大回迁后将联大师范学院在昆明单独设置，并根据云南地方需要加以扩充，从而缓解云南中等学校师资恐慌。云南省参议会也认为："查联大系由清华、光（北）大、南开三校联合成立，闻将分别复员，而师范学院则为临时成立，且有云大之教育学系归并办理，既不属于上述三校之任何一校，似勿庸随之迁移，拟请将该师范学院留设滇省，以应地方师资培养之迫切需要。"[①]西南各省预见到内迁高校复员后，势必造成西南地区教育的空虚，因此积极筹建新校、存留旧校，以挽救教育颓势。

时任甘肃省教育厅厅长的郑通和也与其他代表一道，积极谋划西北地区高等教育的持续均衡问题。他认为甘肃、宁夏、青海、新疆四省交通阻塞，地广人稀，仍然没有大学，不仅不符合分区设校的原则，同时与国家谋求各地平均发展的政策不符，因此提出《拟请在甘宁青新四省适中地点筹设国立大学一所以应西北建设需要案》，建议：

> 查甘、宁、青、新四省，过去以交通阻塞，列为边远省区。其面积约占全国四分之一，然尚未设有大学，此不仅未能实现分区设校之原则，且与国家谋求各地教育平均发展及"提高边远省区文化"之教育政策，亦未符合，允宜先在此四省适中地点，筹设国立大学一所，以树立西北各省高等教育之基

---

① 《拟请将联大师范学院留设滇省以培养师资案》，全国教育善后复员会议筹备委员会编：《全国教育善后复员会议报告》，出版地不详，1945年版，第54页。

础。以事实而言，抗战以还，西北地位，顿形重要，总裁曾昭示"西北为建国根据地"，故建设西北，实刻不容缓，今西北建设伊始，各项事业，范围尚小，然所需高级建设干部，十九聘自外省，现抗战胜利大局救平，是项专门人才，已纷纷离去，各项事业现状，已难维持，倘欲续谋发展，更属无人可用。为今之计，必须及早培植，俾能就地取才，故在西北设置大学一所，实为建设西北之根本要图，为国储才之百年大计也。[①]

与会代表周太玄等人以内地升学青年日增，而后方大学分布不均、数量缺乏，复员后问题将愈发严重，因此从全体均衡发展的角度出发，在《后方应增设大学专科学校及增加原有学校院系案》中提出三项意见："一、将西南、西北各省作为二教育区位，就人口数量、环境条件、建设需要，以决定增加院校之数量与其分布。二、就原有及可能增加之院系，参照地方建设需要，增设院系。三、已有各院系增加经费设备，容纳较多之名额，以造就多量之专门人材。"[②]院校回迁造成的不安，交织着内地省区维持教育事业、培养建设人才的希望。鉴于内迁高校回归故地的现实情境，各地还是希望通过新建大学来满足本地文化教育的现实需要，但是从战后的国家政治局势和财政状况而言，增加新校的实际操作又是困难重重。

---

① 郑通和等：《拟请在甘宁青新四省适中地点筹设国立大学一所以应西北建设需要案》，全国教育善后复员会议筹备委员会编：《全国教育善后复员会议报告》，出版地不详，1945 年版，第 58 页。

② 周太玄、魏嗣銮：《后方应增设大学专科学校及增加原有学校院系案》，全国教育善后复员会议筹备委员会编：《全国教育善后复员会议报告》，出版地不详，1945 年版，第 52—53 页。

(二)教职员工的补充问题

战时大量内迁的文教人员满足了内地教育事业发展的实际需要,促成了后方教育事业的繁荣,重庆、成都、昆明、桂林、西安、汉中等地中等教育蓬勃发展,大学迁入也提升了地方的大学入学率。随着抗战胜利,学校复员,师资流失势所必然。纵然教育机关得以存续,但如果缺乏合格师资,势必降低内地教育水平。为了缓解这一问题,在内地缺乏足够数量合格师资的情况下,出台具体的操作办法尤有必要。梳理善后复员会议议案,其中涉及通过奖励办法鼓励大学教师继续在后方服务。教育部认为陕、甘、新、川、藏、滇、黔等七省高等教育,尚未充分发达,全面抗战时期大量高校内迁和新建院校数量较多。抗战胜利之后,内迁学校均要复员,新设学校虽然保持不变,但聘用教员纷纷打算返乡,造成后方专科以上学校师资流失。为了预谋补救,因此提出四项奖励办法:

一、凡服务后方各省国立专科以上学校教员有眷属在学校所在地者,由校按照人口建筑或租赁适当敷用之房屋,免费供给居住,并供给必要之家具设备等。

二、凡服务后方各省国立专科以上学校之单身教员由校补助回家往返旅费,每年一次,其携带家眷者,由校补助其全部往返旅费每三年一次。

三、后方各省国立专科以上学校之图书仪器及各种教学设备,应力求充实,并尽量供给教员研究学术之一切便利。

四、服务后方各省国立专科以上学校教员,得按聘约所规定之待遇，加一成至二成支薪。①

议案经讨论通过，与会代表要求为边远省份教师增加生活保障，并在后方各省中加入广西省，以求全面。国立云南大学提出《复员后于僻远地方之大学或专科学校应特定优待教员办法俾减少师资困难而谋整个国家文化之平衡发展案》，同样建议以优待办法解决偏远地区师资聘用困难的问题。

参会代表傅斯年深切认识到大学"复原"对于国家建设事业和民族健康发展所造成的危害，并持感恩之心看待全面抗战时期内地省区对于教育事业的支持和收容。"抗战以来，我辈栖息西土，食毛践土，于兹八年，若于复员之时，不特将自己之学校，全数搬走，并将西方各省学校之教员大量拐走，诚属有愧，中国学生，如专受海滨城市生活，即无异甘居次殖民地之人生观，故以后东南各地中学毕业生，应使其分一部分到西方就学，……西方各省，既必须开发，即必须建设文化重心，以为推动之原力，若必俟西方经济发达，然后建设文化中心，国家进步，必蒙其不利。"②从其私意，内迁高校有必要赞助内地教育事业发展；就论国情，西部各省开发须以文化建设为动力。为了实现这一目标，就需要在内地建设文化中心的基础上，通过复员高校与内地大学之间的帮扶互助，实现师资交流。他提出以西安、成都、昆明、兰州为亟待建设的文化中心，具体办法为：

---

① 教育部：《奖励后方七省"内迁"专科以上学校教员仍在后方继续服务案》，全国教育善后复员会议筹备委员会编：《全国教育善后复员会议报告》，出版地不详，1945年版，第49—50页。

② 傅斯年：《请确定西安成都昆明兰州四地为五年以内必须树立之文化中心点积极建设其机案》，全国教育善后复员会议筹备委员会编：《全国教育善后复员会议报告》，出版地不详，1945年版，第161页。

一、在复员中，西方各大学之师资问题，应由教育部设法，予以保障。

二、将西北、四川、云南三大学，建设成为第一流之大学。

三、兰州之西北师范学院与甘肃学院，可并为兰州文理学院，充实师资与设备，短期内改为兰州大学，以为甘青宁三省文化之重心，并发挥其地域性之学术，如文科之考古、农科之畜牧等。

四、西方各大学与东方各大学，自行约定某某为"姊妹学校"，交换其教授与研究生，例如中央大学可与四川大学为"姊妹学校"，北大与西北大学或兰州大学，清华与云南大学。

五、教育部在西方各大学中，设置讲座实验室，聘请第一流学者担任，并设奖学金，此制在西方未充分实行前，不得在东方各大学行之。

六、西南联合大学之师范学院，仍留昆明，由清华、北大等校，逐年分其教授，前来任教。[①]

这一办法，从宏观区划着眼，在文化中心建设和东西教育交流的基础上，致力于实现区域高等教育发展的均衡化，取得了与会代表的原则通过，并增加重庆、贵阳两处文化中心。

（三）教育设备的补充

追求高等教育区域均衡，发展内地文教事业，在学校机构和

---

① 傅斯年：《请确定西安成都昆明兰州四地为五年以内必须树立之文化中心点积极建设其机关案》，全国教育善后复员会议筹备委员会编：《全国教育善后复员会议报告》，出版地不详，1945年版，第161页。

师资队伍之外，教学设备与图书资料也是必需的办学资源。面对内迁高校的复员潮流，如何保证内地高校获得足够的发展资源，也成为会议重点考虑的问题。

关于设备，内迁高校在战时有限的经费条件下，虽然在校舍、仪器、图书方面倍感困难，但还是得到一定程度的发展。胜利复员之际，原有校舍设备的处置问题，成为高校与地方需要共同解决的问题。如果学校回迁，为了充实后方学校及学术研究机关，减轻复员工作的负担，就有必要将图书、仪器设备赠予后方学校。按照设想，"一、留遗后方之教育学术物品，可分两种方式，移交与相同性质之机关院系。一赠与，二廉价让与。二、将复员负担节省下之费用，按比例分配与复员学校机关，以补充其新设备之费用"①。为了有效实现这一目的，与会人士建议教育部从复员经费中大量拨助后方学校以充实各校图书、仪器等设备，同时通令复员学校遗留的校舍和附属设备，由后方教育机关尽先利用。四川省临时参议会为此提出《请在四川区酌增设大学及专科学校并尽量利用迁川各校复员后所遗校址及设备案》，要求利用各校遗留的校舍设备，针对地方需要，增设专科学校或学院以培养专才。其方法为："（一）、就武汉大学东北大学等校迁移后之校址及一部分设备，以筹设大学或专科学院之用；（二）成都之大中医学院一切设备，应请留川，设一独立医学院；（三）请在宜宾、万县、南充等县，各筹设大学一所；（四）请在四川设立一独立师范学院，并于各大学中普遍设立第二部，专攻师范课

---

① 周太玄、魏嗣銮：《请教育部商洽复员学校暨学术机关尽可能将图书仪器设备赠与后方学校案》，全国教育善后复员会议筹备委员会编：《全国教育善后复员会议报告》，出版地不详，1945年版，第54页。

程,以解救战后之师荒。"①

在设备、师资、区划等方面,全国善后复员会议代表都进行了深入的研究,并从具体提案出发进行议决,初步确定了全国教育复员计划。新建或回迁的院校,按照既定方案,逐步推进。但是,在此过程中,改组高校尤其像西北联合大学,纠合了大学的回迁愿望与区域的均衡发展这对矛盾,其复员问题就变得极为复杂和艰难。这种去留之间的博弈过程,体现了大学自治与国家需要之间的巨大张力。

第二节　西北联大各校的迁离与驻守

全面抗战期间,从包括国立北平大学、国立北平师范大学、国立北洋工学院、河北省立女子师范学院的国立西北联合大学,到集合国立东北大学工学院、焦作工学院、西北农林专科学校改组而成国立西北大学、国立西北工学院、国立西北农学院、国立西北医学院和国立西北师范学院,组织变动最为显著。教育复员开始之后,大学、教育部与地方政府出于不同的利益考量而产生的矛盾也日益凸显。按照善后复员会议的规划,一方面要求高等教育事业的均衡发展;另一方面具有历史成绩的高校也要适当恢复。这两者之间如何取舍,构成了战后高等教育区域均衡化过程中不容回避的问题。尤其是北平大学、北平师大、北洋工学院,因为战时需要改组为西北高校,教育部意图使其常驻西北,开发西北。战时状态下,各校师生虽然不满合并计划,但是

---

① 四川省临时参议会:《请在四川区酌增设大学及专科学校并尽量利用迁川各校复员后所遗校址及设备案》,全国教育善后复员会议筹备委员会编:《全国教育善后复员会议报告》,出版地不详,1945年版,第53页。

皆以国家利益为重，即使强烈要求恢复北洋大学的李书田经过劝告，也暂时容忍了教育部对北洋工学院的改组，转而通过其他途径寻求北洋大学的重建。但是胜利之后，随着内迁高校逐步返回，为谋西北高等教育发展而牺牲学校历史和传统的西北联大构成各校，开始积极谋求复校。仔细考察原属平津各校的复校努力和新建西北各校的战后安置，可以清晰地呈现出其时大学与国家在高等教育区域布局调整方面的矛盾。

一、原平津各校之处置

战时北平大学、北平师大和北洋工学院由平津暂驻西北，历经教育部主导的合并改组，"实存名亡"，皆以"西北"命名，以示永驻西北。这种举措，既改善了战前高等教育过分集中平津的情形，同时为西北地区的高等教育发展提供了机构、人才支持，可谓"一举两得"。西北各省区政府，尤其是陕西与甘肃，从中获得本地区高等教育发展的助力，亦愿意各校常驻西北，改善本区学生的入学条件，培养需要的建设人才。原平津各校的立场则殊为不同。既然内迁是战时被迫的行动，那么抗战胜利之后，各校皆应返回故地、重建学术，从而结束流亡状态恢复旧有的传统。其中包含了归乡的心切，同时也带有学术的考量。持平而论，各方的立场和观点皆有可取之处，但如何于纷争中达成妥协，则成为区域分布调整过程需要面对的现实问题。教育部着力改善教育结构的努力，与原平津各校师生主张复校的呼声，以及西北地方政府期望大学留驻的心态，集中体现为北平师大、北洋工学院和北平大学三校的复校过程和不同际遇。

（一）北平师大复校

累经更迭的国立北平师大，以改组为国立西北师院暂告段

第五章 黉宫立西东：大学复员下的均衡努力

落。虽然学校改组已定，但恢复师大仍然是师院同人的寄望所在。1942 年 12 月 17 日，西北师院在陕西城固和甘肃兰州两地同时举行"师大及本院四十周年纪念日"庆祝大会，李蒸院长回顾师大历史，百感交集，对于学校今后的走向，"惟聆今年盟国开始反攻，胜利在望，本校校庆在城固和兰州两地同时举行，象征本校明年校庆将在兰州和北京两地同时举行"①。西北师院教授代表李建勋也痛惜北平师大作为具有历史成就的高等学府竟然被改组取消，"对教育有崇高信仰之西北师院教职员及同学，应努力使其复活"②。历史悠久的母校横遭改组，伤害了北平师大师生的感情。随着抗战胜利的临近，战时情境下实施的改组再次受到质疑。

当时国民政府教育部为了进一步推进高等教育均衡化改造，要求西北师范学院继承北平师大的传统和组织，永久在西北办学。1943 年 4 月 6 日，袁敦礼主持召开了北平师大第四届校友会第一次谈话会，通过了"复校呈文"，推举李建勋为复校代表赴渝交涉复校事宜。1944 年 9 月，北平师大复校委员会展开复校宣传及请愿活动，向社会各界发出电文宣传复校理由。师大校友总会进而选出李建勋、易价两位校友作为代表赴渝请愿。9月 14 日，国民参政会参议员马毅等 43 人联署提交"提请教育部恢复国立北平师范大学案"获参议院通过，并送请政府实施。1944 年 12 月，前北平师范大学教授李建勋、黎锦熙等八人致函新任教育部部长朱家骅，以师大历史悠久、人才辈出，分述理由

---

① 李蒸：《北平师大 40 周年纪念日讲话》，李溪桥主编：《李蒸纪念文集》，中国社会科学出版社，1996 年版，第 146 页。

② 《教授代表李建勋先生讲词》，《国立西北师范学院校务汇报》，1942 年第 49 期，第 5—6 页。

271

呈请复校改大：

> 钧部前曾明白表示西北师范学院为北平师大之继承
> 者。但西北师院之范围，限于西北各省区，且纯以训练中等
> 师资为目的，实为一偏重专业训练之学校。北平师大则为
> 全国性之最高教育学府，其使命为双重的，既从事高深教育
> 学术之研究，亦致力专业师资之训练。此等制度，学理事
> 实，双方验证，实易得有效之贡献。①

考虑到甘肃地区师范教育发展的现实需要，函件提议抗战
胜利北平师大复员之后，应在原址基础仍旧设立西北师范学院，
从而兼顾不同方面的诉求。

12 月 17 日，适逢北平师大及西北师院成立 41 周年纪念，师
大校友召集举行"校友总会第四届年会及理监事会议"。与会人
员继续讨论了复校运动的方案，并形成决议：推举李蒸、齐国梁、
曹配言、易价为代表，就恢复北平师范大学事宜向有关方面接
洽；除重庆校友分会推荐的复校代表外，增推郑震宇、陶玄、张志
广、王卓然、王毓琦、崔唯吾等 6 位校友为复校代表；推举康绍言
负责与重庆联络员互通消息，以扩大复校运动的声势。② 复校的
热情，随着可以预见的抗战胜利而进一步高涨。借助广泛的社
会影响和强大的校友力量，北平师大员生不断向教育部施加压
力，以求战后顺利复校。同期李蒸院长在《国立西北师范学院近
况》的序文中表示：

---

① 《原北平师大李建勋等人致朱家骅函》，"中研院"近史所藏朱家骅档案，案卷
号：301-01-09-188，第 9—10 页。
② 《校友总会第四届年会及理监事会议报告》，《国立西北师范学院校务汇报》，
1943 年第 61 期，第 9 页。

　　　　自二十九年起，本院奉令迁兰，历时四载，艰苦备尝，但
　　幸能于本年暑后完成迁校大计，奠定西北高等教育基础，粗
　　具规模。此后自当秉承教育部意旨，负起培养西北各省中
　　等学校师资，促进文化建设之重大使命。抗战已临最后胜
　　利阶段，国家收复失地之日，亦即本院收复失校之时，愿我
　　全院同人及全体校友共同努力，社会人士及教育界同仁多
　　予指导，至深感幸！①

　　面对教育部将师大永留西北的用意，李蒸认为师大战后复
校必然遭遇阻挠，因此需要提前谋划。以当时情势，北平师大在
政府缺乏实力人物代言。1945 年初，张治中邀请李蒸就任三民
主义青年团副书记长。"当时我曾考虑再三，论我与师大的历史
关系和师生感情是无论如何不能离开学校的，但是为了争取师
大复员，我就了三青团副书记长职务，在政治上就有力量可能影
响朱家骅的教育政策。"②为了从政治力量方面加强师大复校的
力量，李蒸辞别师院师生，赴重庆就职。

　　1945 年 8 月 15 日，日本正式宣布无条件投降，北平师大旧
人开始积极谋划复校。1945 年 8 月 16 日《大公报》发表消息称：
"教育复员首为大学之迁回。据悉，中央大学、交通大学、武汉大
学、浙江大学、复旦大学、金陵大学、大夏大学、光华大学、齐鲁大
学、燕京大学、湘雅医学院、上海医学院、江苏医学院均将迁回原
址。西南联大仍将分为清华大学、北京大学、南开大学分别迁

---

　　①　李蒸：《校史简述（代序）》，国立西北师范学院编：《国立西北师范学院近况》，
出版地不详，1944 年版，第 2 页。
　　②　李蒸：《北京师范大学历史上的存废之事》，李溪桥主编：《李蒸纪念文集》，中
国社会科学出版社，1996 年版，第 82 页。

回。"①之前构成西北联大的北平大学、北平师大、北洋工学院等校皆未提及。这一消息在西北师院师生中引发强烈不满。8月29日,西北师院全体学生发表《为拥护恢复国立北平师范大学敬告社会人士书》,倾力维护北平师大的光荣传统。按照当时教育部部长朱家骅的意见,战后需要"积极建设西安、成都、昆明、兰州四地之教育机关,俾五年内得树立为西南、西北之文化中心据点"②,因此国立西北师范学院理当承担起建设兰州文化中心的任务,迁回北平不仅影响到西北地区教育,同时高校再度麇集平津,无改于教育畸形的弊病。因此,教育部以"教育合理分布能在这次复员中实现""北平师大撤销在案"为由未将北平师大列为复员学校。为了反对这一决定,1945年9月1日,兰州国立北平师范大学校友总会向各地校友发函,希望各地校友"联络当地同学以师大同学会分会名义径向有关方面呼吁,以期我具有辉煌悠久历史之师范大学得以永存"。9月11日,复校代表李建勋、易价先后赴渝进行复校工作,与李石曾、吴稚晖、于右任等接洽并得其支持。按照政府观点,西北师院是为西北而设,以"西北"命名和以兰州作为校址的用意,就是希望西北师范学院继承北平师大衣钵而常驻西北。"况师大'七七'以后,早已改组为西北联合大学,继联大又改组为西北大学,另设西北工学院、西北医学院与西北师范学院,为此则北师大早不存在。"③此举引发北师大师生的强烈不满,抗议四起,并通过与师大关系密切的国民

① 《迁内大学均将迁回原址》,《大公报(重庆)》,1945年8月16日,第3版。
② 朱家骅:《教育复员工作检讨》,"中研院"近史所藏朱家骅档案,案卷号:301-01-09-072,第17页。
③ 《元月五日致段焯函(1946)》,"中研院"近史所藏朱家骅档案,案卷号:301-01-09-188,第19页。

党元老李石曾等人向教育部施加压力。朱家骅不得不于 1945 年 9 月 22 日亲自向李石曾去函解释师大复校问题:

> 北师大为一历史悠久之学校,……现在须为之恢复,以为此有历史之大学,自亦甚所赞同。当可予以考虑。……还有人关心地点问题,以现在高等师范制度而论,几大学有文理两院者,皆可报收师范生,在北平一地,已有许多大学,若再有师校,则与师大之发展亦多窒碍,似不相宜。如将师大改为普通大学,则失去师大之性质。意当设在河北省内或高等教育不发达之保定或石家庄等处。①

从复信内容可见,起初不予恢复的北平师大在师大旧人的强烈呼吁下得以恢复。但是从北平师大校址的选定,教育部仍出于均衡发展地方教育的考虑,打算将其设在河北保定或石家庄,以解决北平大学麇集的状况。

在教育部与北平师大为复校问题争执不休且影响西北师院运作之际,甘肃省参议会副议长曹启文于 1946 年向教育部提交了关于西北师范学院问题的函件,针对北平师大复校引发的风潮,表达了甘肃地方对于西北师院发展和北平师大复校的意见:

> 西北师范学院原为西北而设,留驻西北,早经最高当局决定。至北平师范学院之恢复,为教育部早已决定之计划,自必按照预定先将各校复员,继为复校,再次设置新校之三大步骤,逐次推行。……关于后方专科以上学校教员,亦已拟定优待办法。如确抗敌中由前方内移者为欲还乡时,亦

---

① 《九月二十二日致李石曾先生函(1945)》,"中研院"近史所藏朱家骅档案,案卷号:301-01-09-188,第 17—19 页。

可酌给旅费补助，学生之因抗战内移者，为欲还乡时，亦可准予还乡给予转学便利，并可酌予补助旅费。……徒以距离辽远，消息阻隔，以致犹豫滋惑，无端疑揣，为该院员生鼓舞欢欣之□，尤不禁为该院员生此次惶惑不安一憾惜也。[①]

这番陈述代表了甘肃地方人士对于学校复员的态度。北平师大的复校问题，自是需要教育部妥善处理，但是西北师院在西北的发展必须保证。至于原北平师大员生关切的返乡问题，教育部和地方需要向其说明政策安排，从而解除疑虑，避免各方将西北师院保存、北平师大复校和师生返乡三个问题纠合在一起，造成复员的困扰。"结果虽允复校，然名称为国立北平师范学院"，以符合当时的师范学院制度。

（二）北洋工学院复校波折

1938 年 7 月北洋工学院与北平大学工学院、东北大学工学院、焦作工学院合组成立国立西北工学院，北洋工学院建制由此取消。原北洋工学院院长李书田等北洋旧人始终对于学校的取消耿耿于怀，先后两次呈请教育部要求北洋工学院独立。"第一次教育部以'碍难照办'批回；第二次教育部以'仍坚持成见，殊与本部合并改组之旨不合'的批语驳回，方得作罢。"[②]为了顾全大局，北洋工学院复校的念头暂时受到压抑却从未中断。虽然教育部意以西北工学院接续北洋工学院，从此永驻西北而为教育均衡化调整提供组织上的支撑，但是北洋工学院师生却不愿

① 《甘肃省参议会曹副议长代交关于西北师范学院问题之通讯》，"中研院"近史所藏朱家骅档案，案卷号：301-01-09-188。
② 陶秉礼主编：《西北工业大学校史》，西北工业大学出版社，1995 年版，第 16页。

看到母校生命的实存名亡。1941 年 10 月中国工程师学会及各专门工程学会在贵阳举办联合年会，其中多有北洋毕业生。借助此次机会，北洋校友于 1941 年 10 月 23 日召开临时大会，商议北洋大学复名之事，参会人士包括茅以升、孙越崎、陈立夫、叶秀峰、李书田等人。李书田以 1929 年教育部根据行政院决议组织北洋大学筹备委员会为由，呼吁根据此案加紧恢复北洋大学的工作。为了有效推进复校运动，会议研究通过了四项议案：一、恢复国立北洋工学院案。二、筹设私立北洋工学院，由全国北洋校友共同筹办，同时复校案以相机进行。三、恢复国立北洋工学院工科研究所矿冶工程部。四、筹设北洋中学。① 在教育部未有明确答复之前，北洋校友首先开展了筹备私立北洋工学院的活动。时为贵州农工学院院长的李书田辞去职务，立即投身到复校工作之中。

面对北洋复校运动的高涨，"时立夫学长，适掌教部，鉴于北洋并入西北院以后，名已不存，乃毅然以英士大学工学院，更名为北洋工学院"②。1942 年 12 月，国民政府行政院第 606 次会议通过决议，将省立浙江英士大学升格为国立大学，英士大学工学院单独划出成立国立北洋工学院，任命陈荩民为代理工学院院长，北洋工学院由此在泰顺重新恢复，并于 1943 年夏天开始招收新生：

> 泰顺是浙南一个偏僻小县，百丈口为其小镇，人口大约只有几百人，只有 2 到 3 家卖油盐和杂货的小店。校舍方

---

① 　北洋大学—天津大学校史编辑室：《北洋大学—天津大学校史》，天津大学出版社，1990 年版，第 264 页。

② 　李书田：《抗战前期与胜利后之北洋》，陈明章编：《学府纪闻·国立北洋大学》，南京出版有限公司，1985 年版，第 109 页。

面，教室是土墙木架搭起来的简陋土房，教室地面也是未加
修整的土地。教室虽有窗框但没玻璃，遇到斜风雨天，教室
泥泞不堪，无处落脚。学生宿舍也因陋就简，用储藏稻谷的
谷仓改造而成。由于谷仓光线太暗，除了睡眠以外，学生很
少进去。没有电灯，带有玻璃灯罩的煤油灯也成为奢侈品，
一般学生在粗陶瓷碟中放上豆油，加上灯芯，就成为平时自
习的伴侣。[①]

当年年底，李书田被任命为黄河水利委员会副委员长，赴西
安就任。当时西安没有国立高等工程学校，陕甘六省缺乏工程
技术人才。在当地人士的支持下，李书田在西安筹建了一所工
学院，由于北洋工学院在泰顺复校，因此称其为"北洋工学院西
京分院"。

复校的北洋工学院逐渐步入正轨之时，1945 年 6 月教育部
突然电令北洋工学院自当年暑假起归属国立英士大学，西京分
院并入西北工学院。全校师生闻讯后，对教育部朝令夕改，不顾
北洋存亡的做法大为愤慨，泰顺、西安两地学生都组成护校队以
反对接收。僵持之际，适逢抗战胜利，教育部曾有抗战胜利后恢
复北洋的承诺，北洋校友亦积极奔走呼吁，北洋的复校工作得以
展开。教育部部长朱家骅在给蒋介石的呈文中表示："惟北洋大
学历史悠久，素富盛誉，战后仍独立设置，使其发扬光大，本部早
有是议，前于编造复员计划之时，即已将该校列入，将来设置理
工及管理等学院，务期规模宏大，足与世界上有名大学并驾齐
驱。现复员工作甫经开始，一俟收复情况安定，复员经费奉院会

---

① 吴恒安：《泰顺北洋生活片段》，陈明章编：《学府纪闻·国立北洋大学》，南京
出版有限公司，1985 年版，第 76—77 页。

批准，即当尽早将该校恢复……"①战事的结束，使得北洋工学院从颠沛流离的状态转入学校重建的过程。

1946年1月，国民政府教育部下达恢复北洋大学的命令，增聘王宠惠为筹备委员会主任委员，李石曾、王正廷、陈立夫、茅以升等人为筹备委员。其时，天津业已收复，而受到战争破坏的北洋校园，"校舍楼房虽尚完整，但平房率皆倾圮，教室设备亦被搬运或损毁无遗，并有一部仪器被在津德侨借去……"②。为了尽快恢复学校运作，1946年2月北洋大学筹备委员会在重庆召开第二次全体会议，研究复校具体事宜，推举茅以升担任筹建的北洋大学校长，同时研究了成立北洋大学接收保管委员会及其人员问题。经过接洽和争取，北洋教职工和学生宿舍得以修缮，实验室的整理亦在当年10月基本完成，为招收新生、顺利开学创造了条件。

复校的消息传到泰顺和西安，北洋师生皆准备返回天津。1946年4月北洋工学院西京分院的38名学生在李书田的带领下首先踏上归程，渡过黄河抵达山西，并在北洋校友的帮助下免费乘车抵达天津。1946年7月，前在英士大学就读的原泰顺北洋工学院师生200余人由温州齐集上海，由茅以升校长、陈荩民院长带领，乘坐空放北上的运煤货轮，分批抵达天津。1946年8月，北洋大学理学院院长陈荩民代表北洋大学接收了"北平临大第五分班"，成立"国立北洋大学北平部"，设土木、机械、电机、建筑、应用化学等五个系，学生868人。

---

① 北洋大学—天津大学校史编辑室：《北洋大学—天津大学校史》，天津大学出版社，1990年版，第332页。

② 《北洋工学院接收大致竣事内部荡然》，《大公报（天津）》，1945年12月3日，第3版。

至此，来自西北工学院、泰顺北洋工学院、北洋工学院西京分院和北洋大学北平分部的四地师生，经过一系列战争迁移和组织调整的波折，终于回到天津北洋大学旧址，恢复了学校的生命。1946 年 10 月 20 日，北洋大学正式开学，开启学校发展的新篇章。

（三）国立北平大学的复校努力

抗战胜利之后，国立北平大学师生亦开始积极的复校工作。1945 年 9 月 14 日，平大校友总会为了有计划地进行复校活动，在重庆举行全体大会商讨平大复校事宜，计有 300 余名校友参加。大会以曾任平大农学院院长的刘运筹为主席。首先由周建侯代表原平大校长徐诵明报告接洽情形，并宣读了西安平大校友分会及平大复校运动委员会西安分会的通电。经过讨论，全会议决："（一）于校友总会之下成立复校运动委员会。（二）推选徐诵明为复校委员会主任委员，周建侯为副主任委员，各院推选委员之人计十八人，前历任校院长均为当然委员。（三）由委员中互推严持敬、杭维翰、雷友云兼总务，吴英荃、熊乐忱、黄日聪兼宣传，刘运筹、王先嘉兼交际。（四）推派校友熊炳、黄念祖即日去平与留平校友取得联系。（五）派代表向教部请愿。（六）定明（十五）日下午二时举行复校委员会议，加紧复校工作。"[①]颇有声势的北平大学复校运动由此展开。

与此同时，原平大工学院校友也积极争取复校，并进一步提出接续北京工业大学的传统，争取工学院独立的复院运动。1945 年 12 月，北平大学工学院北平校友总会召开胜利后的第一次全体校友大会，原北京工业专门学校校长洪镕等人也莅临参

---

① 《平大筹备复校》，《世界日报》，1945 年 9 月 16 日，第 4 版。

加，其复校热情可见一斑。在团结热烈的氛围中，会议提出了复员运动的口号并改选成立了新的"北平大学工学院校友会"和"北平大学工学院复员运动委员会"，推举代表向社会各界和相关机构开展复院宣传，施加影响。

全面抗战期间，日伪以北平大学工学院一部建立了伪北大工学院。抗战胜利之后，鉴于自身工科薄弱的现状，北大校方有意接收沦陷时期的北大工学院发展工科，平大工学院校友以北大没有办理工学院的经验，反对北大接收。教育部权衡之下，命令将原北京大学工学院改为北洋大学北平部，再行移交北大接办，从而避免与平大工学院复院运动的正面冲突。1946 年 7 月，闻听教育部有意将平大工学院合并到北洋工学院，平大工学院北平校友会在《大公报》发表《国立北平大学工学院全国校友公鉴》，历数学校之历史与贡献，决定成立"复校护院委员会"，指陈此项合并决"上无以副主席工业建国广植人才之旨，下无以慰数千同学以往未来殷殷报国之忧。……同人等与母校休戚相关，不忍坐视，业已一致议决，誓死维持，伏恳钧部……明令准予成立北平工学院，□可永久独立，以宏造就"①。虽然反对之声不绝，但平大工学院与北洋大学的合并依然在教育部支持下继续推进。当两校办理交接之时，平工复校委员会派员赶到北洋大学校长金问洙家中，与其进行谈判。同时交接现场也聚集了大批工学院校友，使得交接工作无法进行，只得决定改期。"一周后，交接仪式仍在工学院进行，动员警方力量进行了严密的警

---

① 《国立北平大学工学院全国校友公鉴》，《大公报（天津）》，1946 年 7 月 3 日，第 1 版。

戒。校友们格于形势,只好作罢,未再前往阻止。"①直至 1947 年夏,北洋大学北平分部正式结束,移交成为北大工学院。虽然平大工学院亦组派代表团赴南京向教育部请愿,但无力改变移交的事实。随着新的北京大学工学院的成立,平大工学院复院运动草草收场。

观察北平大学的复校过程,从校方到院方都有北平复校的意图。这种呼吁,壮大了复校的声势,但又分散了复校的力量。始终关注平大前途的许寿裳在胜利后表示:"平大复校事有希望,甚善,惟欲促成此举,非仅赖教授之力,其最要关键,实在毕业同学广事运动,力量始大,乃平大同学狃于习惯,只重本院而不重全校,不知群策群力,宜其成功之难。徐轶游校长现亦在沪,亦与我意见相同,劝同学多多努力也。"②只是这番复校的努力,与教育部的复员规划相互冲突。按照全国教育复员会议《专科以上学校及研究机关复员案》的规定,复员行动一方面需要顾及地方条件而注重教育文化中心的建立和地理上的平衡发展;另一方面则对停办但有悠久历史和成绩卓越的高校予以恢复。平大于此两条规定,契合前者的需要,而不符后者的要求。为了增加影响,署名为宇维的人士在《世界日报》发表了《介绍北平大学》的文章,制造复校舆论:

> 北平大学,虽说是北伐以后的一个新兴的大学,在七七事变时,它仅有短短的十多年的历史。但是研究学术的空气,甚为浓厚,教师大都是学术界的权威,……北平大学的

---

① 梁铭常:《怀念北京第一所工科大学》,北京市政协文史资料委员会编:《北京文史资料(第 57 辑)》,北京出版社,1998 年版,第 218 页。
② 许寿裳等著,彭晓妍等编校:《许寿裳书简集》,"中研院"中国文哲研究所,2010 年版,第 2241 页。

各院,都是造成北平文化教育区域的功臣,它们曾负三四十年教育责任,为国家培养出四五万专门人才。……北平大学的校友会,正筹备复校。它在重庆有一校友总会,西安、成都、兰州、贵阳、城固、南郑、武功等地设有校友分会。近来各校友会间电讯交驰,务期达到在原来校址复校上课之目的。[1]

经过长期争取,北平大学未能获得复校许可,最终扎根西北,其余脉也分散到西北各院校。从华北到西北,北平大学由此成为大学史上的失踪者,为西北地区高等教育发展奠定了坚实基础。

二、改组后的西北各校安置

平津各校积极开展复校行动的同时,由西北联大改组而成的国立西北大学、国立西北工学院、国立西北医学院、国立西北农学院,以及国立西北师范学院,虽谓常驻西北,但在组织机构和员生回迁的复员环境中,受到了很大的冲击,并且汉中地区亦缺乏办理大学的优良环境,需要重新进行安置。五校之中,西北大学、西北工学院和西北师范学院,各以其复杂的学校背景和复校的强烈诉求,体现了推进均衡化格局的波折。

(一) 西北大学的回迁

抗战胜利,北平大学的复校呼声和西北大学的回迁诉求并进,构成了高等教育均衡化过程在战后面临的"复员"与"复原"问题。早在1940年教育部改组西北联大为西北大学后,明令西

---

① 宇维:《介绍北平大学》,《世界日报》,1945年9月29日,第4版。

安作为西北大学的永久校址。1943年，时任西大校长的赖琎为求学校发展，组织迁校委员会，请求教育部允许西北大学迁往西安。教育部因战事尚未结束，暂时搁置。当日本投降的消息传到城固西大校长刘季洪处时：

> 校中文学院院长萧一山先生首先到我寓所，随后教授多人相继而来，并燃放炮竹，以示庆贺。当即决定召开校务会议，研商以后学校措施。一致议决遵照教育部过去指示，西大将永设西安，积极筹备从速迁校。并由我先往西安接洽校舍，再向中央请拨迁校经费。[①]

为了迅速推进迁校事宜，西大组织成立了迁建委员会，推举校长刘季洪担任主任委员，文学院院长萧一山为副主任委员，下设若干组分别开展工作。为了促成迁建工作，西北大学又聘请了西安军政首脑如战区司令长官胡宗南、省主席祝绍周、西安市市长陆翰芹、省政府秘书长王捷三及地方乡绅为赞助委员。

迁建委员会深感于八年城固时期学校在招生、聘任、图书设备补充方面所遭遇的困境，一致认为以后西北大学的校舍和设备应该从长计议，以"长居久安"为原则。先期暂以原东北大学校舍作为临时校址进行过渡，继而在西安城南勘地建校以谋求学校长期的发展。为此校方首先致电教育部，请予划拨东北大学西安校址给西北大学，并以学校名义函请陕西省临时参议会和西安市为学校迁建提供支持。9月5日，西大迁建委员会副主任委员萧一山代表学校赴西安接洽校址，拜会军政首脑，得到各方的积极支持。省市首脑表示："西北大学为西北最高学府，规

---

① 刘季洪：《教育生涯漫谈》，台湾商务印书馆，1986年版，第171页。

模应力求宏大，俾可垂诸久远，校址似以在城南古文化区曲江旧
址重新建筑为宜，不便因陋就简。"①战区长官胡宗南表示可以将
西安建国公园让于西北大学使用。省主席祝绍周也认为大学规
模宜求宏大，建议在灞桥、韦曲、未央宫等处择地建造，表示将来
学校的建筑费用省府愿意提供补助，征用土地也可以协助办理。
积极准备进行战后建设的陕西地方人士，对于西北大学迁建西
安抱持巨大的热情，希望综合性的国立西北大学支撑陕西高等
教育事业的发展。

9月20日，国民政府在重庆召开全国教育善后复员会议，西
大校长刘季洪请示学校迁建事宜，教育部批准将东北大学的西
安校址拨给西北大学使用，并电令陕西省政府暨第一战区长官
部加以协助。会后，经西大与占驻原东大校址的一战区军官总
队协商，于同年12月2日由校长刘季洪亲赴西安与胡宗南接
洽，方才得到解决。1946年2月，西北大学西安办事处成立，具
体实施迁校事宜。通过更改校历，赶授课程，学校于4月底前完
成学年教学任务，开始了迁校工作。

学校迁建委员会成立后设置了建设组和迁运组，开展西安
校舍的修整和城固院址的搬迁工作，并先后制定了《本大学员工
迁移办法》《本大学学生迁移办法》等细则。教职员和眷属方面，
"规定凡有迁建责任之人员，可先行运送；其他教员按教授、副教
授、讲师、助教顺序排定日期撤离。由城固至西安，行车四天，候
车四天。由宝鸡至西安段乘火车，其他各段乘汽车和人力车"；
学生"集体运送者，按院、系、年级先后搬迁，仍按八天旅程，……

---

① 西北大学校史编写组：《西北大学校史稿》，西北大学出版社，1987年版，第
190页。

愿自由迁动者,可呈请学校训导处核发离校证,凭证照发一切费用"。① 搬迁前夕,城固各界感念西大寓居八年对于地方发展的贡献,组织欢送西北大学筹备会,于 5 月 5 日在城固汉滨大戏院公宴西大全体教职员工,出席者 157 人,城固各界 30 余人到会。城固县长周僖致词表示："贵校迁驻皱邑,于兹八载,既蒙增进文化,复承嘉惠地方。……商祈不遗在远,今后对皱邑文化教育事业之推进,仍继续惠予协助。"②一番盛情,表达了城固民众对于西北大学的祈望和爱戴。为了答谢城固地方给予西大的支持,西北大学决定告别前夕,在校本部旧舍勒碑留念,碑文题为《国立西北大学侨寓城固记》,全文如下：

> 昔周有狄人之乱,不定于邠,转徙其族；公刘率而之豳,亶父至于岐下,王季文武继之,貊其德音,而文教遂东,浸渍于齐鲁,蔚为有周一代八百年之盛。晋为五胡所逼,幽燕失守,河洛为墟；衣冠南渡,集于江左,挥新亭之痛泪,振玉麈之风流,而三吴文教遂丕著于中国。宋因女真为患,长江天堑,不能限北人之马足,临安帝都,不能庇奔至于播越,避寇之士,南进益深,而文教乃广被于七闽。盖我华族,每遭外祸,辄于士类流离之时,开文教更新之运。稽诸往史,历验不爽。老子曰："祸兮福之所倚,福兮祸之所伏。"岂不然哉！迩者东夷扇毒,猾乱华夏：首据关东势胜之地,续聘兵家谲诈之谋,陷冀鲁,取吴越,蚕食中原,鲸吞南国,名城尽下,海内骚然！ 于是,北雍学者,右学诸生,痛夫蕃卫之失,耻与非

---

① 西北大学校史编写组:《西北大学校史稿》,西北大学出版社,1987 年版,第192 页。

② 《本校教职员即迁西安,城固各界公宴饯行平》,国立西北大学校刊(复刊),1946 年第 22 期,第 7 页。

类为伍;或驱车崚路,或徒步荒原,或褰裳涉水,或策杖攀崖,餐风宿露,戴月披星,载饥载渴,载驰载奔,以莅止于陕西之城固。喘息未定,父老来集,劳之以酒食,慰之以语言,荫之以宇舍。于是弦歌不复辍响,绛帐于焉重开,问学之士,闻风而至,咸以志道、据德、依仁、游艺、相与期勉,彬彬乎一时称盛!城固者,北凭秦岭,南倚巴山,中通汉水,号为乐城。垒垣险塞,敌骑望之而不前,平畴沃野,民食资之以不匮。正业居学,藏焉、修焉、息焉、游焉于其间,此诚所谓乱世之桃源也。益以吊张骞之故里,可以发凿空之遐思;展李固之荒茔,可以砺忠贞之亮节。望渭水之奔流,知贤者之泽远;颂橘林之荣茂,想骚人之行洁。登樊哙之台,思鸿门之宴;对子房之山,慕赤松之游。盖进而经纶天下,退而保养性真,无不可供学者之取资焉。惟是大学莅止,风气聿开,平章世事,则说论出于鸿儒;讲诵道艺,则名言绎于硕学。谈宇宙之玄秘,则极深而研几;论文辞之奥窔,则发微而抉隐。他如搜奇考古,则西北文物灿然备陈;格物致知,则陕南花木纷焉入览。于是村童野史,扩其见闻,田父蚕姑,益其神智。益其神智。蚩蚩群氓,乃睹冠冕之盛;济济多士,益见宫墙之美。文教溥被,迥迈寻常。岂非姬周晋宋故事之重演,所谓因祸而得福也哉!今敌首成禽,寇军解体,日月重光,典制渐复。国家定百年之大计,将迁校于西安;师弟怀八载之深情,辄萦思乎城固。爰就讲舍旧址,鸠工相石,镌辞铭念。后之考世运之兴替、文教之盛衰者,其有取于斯文。[①]

全文以战乱之播迁而有文教之勃兴为纲，历数姬周晋宋以来的风气变革，"辄于士类流离之时，开文教更新之运"，恰当地陈述了残酷战争对于国家教育事业所产生的积极一面，继而转危为机，重构了国家高等教育事业发展的路径。

1946 年夏，西北大学迁回西安。5、6 月间第一批教职员由城固返回西安，第二批人员及随校学生在 7 月抵达。其余公私物品分别于 7—9 月间分批运回西安新校址。"现在，长安街头，三三五五的出现了西大学生，他们依然保持着战时破破烂烂的衣服，依然保持着北国特有的沉默风格，虽然他们似乎并不为现在的一般人所重视。然而，西北文化的繁荣和滋长，中国民族的复兴和光大，却完全担负着这一代年轻人的肩头。"[②]全校至此除设有文学院、理学院、法商学院外，增设了医学院，共计四院十五系，开始了在西安长期办学的过程，也成为高等教育区域均衡化改革中的重要见证。

（二）西北师范学院的波折

继承北平师大组织和人员的西北师范学院，作为西北地区师资培养的中心，实为高等教育均衡化布局的重要支撑，其由陕西向甘肃的迁移深化了均衡化进程。抗战胜利后，原北平师大师生经过广泛争取，得以在北平恢复北平师院的建制。在此过程中，西北师院虽然不存在迁建的问题，但在师生去向和两所师

---

① 西北大学校史编写组：《西北大学校史稿》，西北大学出版社，1987 年版，第 193－194 页。

② 卢苇：《自城固迁西安的国立西北大学》，《青年日报（西安）》，1946 年 7 月 4 日，第 4 版。

范学院之间的关系方面，仍需妥善加以解决。

西北师院师生从保存历史悠久的师大传统出发，极力鼓吹师大复校。9 月 11 日、12 日，复校代表李建勋、易价二人赴渝进行复校工作。经过与李石曾、吴稚晖、于右任等人接洽，教育部允许北师大复校。为了符合全国高等师范教育规制，学校改称为国立北平师范学院，以后再予改大。校址方面，为了防止北平高校集中，北平师院计划迁往石家庄。西北师院师生与北平师大复校无关，继续保持正常的教学。政府的意图是不希望师生流失而导致西北师院的运作发生困难，而在校师生希望返回北平者则十分不满这一决定。为此，西北师范学院全院学生于 10 月 17 日晚召开大会，宣布罢课，并发表宣言通电全国。经过校方与甘肃省教育厅厅长郑通和等的劝说，师大复校委员会提出三项要求：(1)恢复师大名义；(2)原任校长复职；(3)本院学生志愿赴北平求学者，到北平复学。[①] 郑通和应允将意见向教育部转达，罢课活动遂于 10 月 29 日结束。

从校方的立场而言，1945 年 12 月 17 日西北师院代理训导长易价在北平师大 43 周年纪念会上提出："我们复校工作根据'原名称、原地址、原任校长复职及本院师生全体返平'三原则进行，不达目的，决不中止。为发展西北教育起见，我们一面进行复校工作，同时应当协助建设西北师范学院，二者并行不悖，使师大还于旧都，发扬光大，在兰州成立永久的西北师范学院，共存共荣，奠定高级师范教育制度，促进国家文化建设。"[②]从而在

---

① 刘基等主编：《西北师范大学校史：1902—2012》，教育科学出版社，2012 年版，第 173 页。

② 《本院暨师大四十三周年纪念会记录》，《国立西北师范学院校务汇报》，1945 年第 81 期，第 3 页。

北平师大复校与西北师院保存的两个层面加以调和。

经过多方努力,教育部准许北平原师大旧址设立"北平师范学院",任命袁敦礼先生为院长,同意西北师院学生,不分地域,可以无条件转入北平师院。经此调整,西北师范学院有40余名教职工和300多名学生转赴北平,回到北平师范学院学习。为了保证正常的教学开展,西北师院利用暑假时间进行了改组,在大部分热心西北教育而继续留校服务的教职员基础上,重新聘任了40余名教职员,弥补了师资流失造成的缺额。承续北平师大组织与精神的西北师院,从此为西北地区高等教育发展提供了组织支持,为西北发展培养了大量师范人才。

（三）国立西北工学院、国立西北医学院及国立西北农学院

1940年5月国民政府鉴于城固地处偏僻,高校集中,因此对于西北联大改组各校的区域分布进行了新的规划,以谋求西北地区高等教育发展的进一步均衡。"惟各该校改组以后,仍多集中于南郑、城固一带,不足以应西北广大社会之需要,而谋学校本身之发展。兹经本部通盘筹计,决定:西北大学迁设西安,西北工学院迁设宝鸡,西北农学院仍设武功,西北师范学院迁设兰州,西北医学院迁设平凉。"[①]按照这一规划,高等教育均衡化进程由陕西向甘肃进一步深入,可以更好地满足西北各地区人才发展的需要,而且可以避免新的不均衡。由于战争原因,除西北师范学院分批迁兰,西北农学院仍设武功外,西北大学、西北工学院、西北医学院寻求永久校址的活动未能展开。直至抗战胜

---

① 《规定西北各校院永久校址教育部训令》,《国立西北师范学院校务汇报》,1940年第11－12期,第5页。

利,西北大学迁建西安,西北工学院和西北医学院的迁移也提上日程。

西北医学院长期居于南郑,自 1939 年 8 月改组以来,直到1941 年逐渐步入正轨:

> 学生上课秩序比较稳定,校舍除原有寺院、庙宇外,又新修部分瓦房草房,学生们也积极参加劳动,用自己的双手修建道路。在教学方面,初步成立了解剖、生化及药理、生理两个极其简陋的实验室,解剖实习每年仅能作到二三次,药理、生理实验室仅有四五架记纹鼓作简单的实验,还购置了约十架昆明造的质量很差的低倍显微镜。临床方面,附属医院基本上依照自己的力量,自力更生办院。当时物价暴涨,货币贬值,师生员工的生活日益艰苦,……以后不少教师,由于生活所迫,感到设备简陋,加之学校处在交通阻塞的乡下,于是纷纷离开学校去西安、成都、重庆等地,致使缺额教师难以补充,教学工作受到很大影响。在设备方面很少增加,标本、模型、精密仪器均谈不到。[1]

艰苦氛围之中,西北医学院勉力办学,虽然略有生机,但仍未摆脱穷困的局面。为了加强甘肃地区的医学教育,1945 年教育部下令西北医学院接收西北医学专科学校,并迁往兰州办学。随着抗战的胜利,西北医学院师生酝酿在北平复校,重建平大医学院,因此停止了向兰州迁移的计划。经过努力争取,医学院的复校努力由于教育部高等教育布局规划的考虑,没能实现。最后经教育部同意,西北医学院迁往西安,以西安崇礼路的原西北

---

[1]　侯宗濂:《解放前的西安医科大学追忆片段》,西安医科大学校史编辑委员会编:《西安医科大学五十年》,1987 年版,第 220 页。

制药厂厂址和附近空地作为校址和附属医院院址。1946年8月，教育部又令国立西北医学院与国立西北大学合并，组成了国立西北大学医学院。

西北工学院按照战前规划，计划迁往宝鸡。1946年起，组成西北工学院的北洋工学院、东北大学工学院和私立焦作工学院先后复员，只有北平大学工学院未予恢复，成为西北工学院的基本力量。由于西北工学院办学认真，校风优良，多数教职工仍然留在西北工学院。为了进一步改善西北地区的高等教育结构，更加合理地安置西北各校，避免高校集中于一地，教育部改定甘肃天水城北的西北公路局旧址作为工学院院址，从而提升甘肃的高等教育水平。为了谋求更好的办学环境，工学院师生坚持西安地点适中，交通便利，一致主张迁建西安。时任西北工学院院长的潘承孝两度赶赴重庆与教育部接洽，经过努力争取，终于在1946年3月获得教育部许可，同意西北工学院复员西安。

1946年6月，西北工学院开始复员迁校工作。当时，城固古路坝距离宝鸡300多公里，一路山道崎岖，运输极不便利。工学院1600余名教职工学生、400名家属和3500件设备仪器皆须运送。经过妥善计划，群策群力，终于在1946年11月将所有人员物资运至西安，完成迁校工作。由于条件限制，西北工学院分别设立了咸阳院本部和西安分院。西安分院位于早慈巷，临时校舍仅有200间，部分暂作办公室，其余作为学生宿舍，教学环境与住宿条件都十分紧张。为了保障正常的教学活动，工学院在咸阳积极进行了校园建设工作。1946年7月，学校成立了以潘承孝院长为首的校舍建筑委员会，积极筹划建设事宜，一面修理旧屋，一面新建校舍。因为工程质量问题，原定的校舍建设有所拖延，为此学校决定，按四、三、二年级顺序，于1947年1月至2

月陆续开课，一年级 3 月开课。"每一宿舍刚刚建成，即时迁入；每一教室门窗初上，立即排课。时值严冬，师生于墙壁犹湿的教室中，开始赶课，未感所苦，反引以为慰。由于开学过迟，取消一切例假，延长学期。"[①]经过迁校伊始的艰难困苦，随着校园建设的完善和师资队伍的补充，西北工学院迅速恢复了正常的教学研究，成为战后学风优良的工科高等学府。

至于国立西北农学院，由于身处武功，虽然北平大学农学院的师生亦有复员的诉求，但在整个北平大学未予恢复的情形下，仍然留守武功，助力于西北地区的农业发展和相关人才培养。

纵观整个西北地区，尤其是西北联大相关各校的复员历程，充分体现了国民政府教育部高等教育格局调整的设想与西北新旧各校之间的矛盾。原属平津的高校，战时激于民族大义，即使学校被拆分改组，仍然服从于抗战建国的需要，隐忍服从，"际此抗战方酣，建国伊始，教育建国，良师建国，群伦共认，溥海同心，况本院西北辖区，包括七省，文化发祥之地，交通冲要之途，熔铸民族，精诚团结，训练经年，智能优秀，斯乃毕业诸同学不容辞之义，无旁贷之责"[②]。待到战争胜利，"凡抗战前原来有基础的学校，现在愿意回到原来的地方去，应请政府用种种方法使其回去，因为这些学校迁到后方来，是因战事发生不得已之举，个人在胜利之后都要回老家去，学校是一有机体，当然也要回老家去"[③]。从西北师院原院长李蒸在胜利前后的两种论述，即可知

---

① 陶秉礼主编：《西北工业大学校史》，西北工业大学出版社，1995 年版，第 24 页。

② 李蒸：《北平师大与西北师院毕业纪念册序（1944）》，李溪桥主编：《李蒸纪念文集》，中国社会科学出版社，1996 年版，第 155 页。

③ 李蒸：《今后教育建设之路》，李溪桥主编：《李蒸纪念文集》，中国社会科学出版社，1996 年版，第 212 页。

当事人员对于大学复员的基本态度。

从学校的角度出发，"复原"至关重要，一如北平师大复校的原则是"原名称、原地址、原任校长复职及本院师生全体返平"。从政府的立场考虑，战前高等教育集中在沿江沿海各都市的状况不能"复原"，必须改变。因此"复员"的重点是"一面注重全国文化重心之建设，一面顾及地理上之平衡发展，酌予调整，作合理之分布"。博弈之下，引发了北平大学、北平师范大学、北洋工学院各校的复校呼吁。由于各校影响力的大小强弱，产生了不同的结果。北平师大、北洋工学院因其悠久的历史和校友的力量，得以复校。而北平大学因其建校时间短暂、结构松散，兼以平大各院从自身的利益出发要求独立设置，分散了呼吁的力量。其中至为重要者，即平大改组所设的工、农、医等学院在西北建设中具有重要的作用，如果全部迁离，势必造成西北高等教育的凋落。因此虽然平大的工学院、医学院、农学院分别都有复院的呼吁，最终没能获得教育部的首肯，这也成为高等教育均衡化过程的具体表现。

至于改组后的西北各校，其初始用意即为"永留西北"，作为发展西北的教育力量。各校师生本是"不得已"而来，并受制于西北的社会环境，不利于学校进步和个人发展，因此战后积极谋求返回平津，尤其以北平师大和北洋工学院为著。由于西北各校的组织机构已定，所以复员过程中遇到的问题主要是校址的确定，最终留驻西北。但因为各校迁离造成的人才流失，导致了西北各校师资的缺额问题，阻碍了各校的长远发展。

结语　失踪者－流离者－扎根者

　　近代中国高等教育的辗转曲折,历经世界的动荡与内部的整合。"改革教育制度,学习西方先进技术,培养新式人才,成为19世纪后半期中国社会的迫切要求。而晚清西学东渐与西方近代高等教育制度的传入,则为传统高等教育制度的变革提供了重要参照。"①透过时空的变换与制度的更易,中国高等教育制度演进,既观照他者,又改造自身,形成了基于中国情境的发展路径。聚焦国立西北联合大学的前缘与后继,时空转移过程中的校际分合,自是呈现不同阶段的特殊面貌,表征出价值纷呈的教育取向:国立北平大学的创制,放眼世界,仿效法国,体现了自西向东的制度借鉴;国立西北联大的合组,流离坚守,弦歌不辍,洋溢救亡图存的家国情怀;国立西北五校的分设,立足国情,变更机构,呈现出自东向西的格局变动。短暂存世的国立西北联大,遭遇特殊的时代变故,融入中国高等教育发展的历史洪流,以其在不同时间节点的组织更易,标识出中国高等教育国际制度借鉴与国内区域分布的两大主题,贯穿着发展中国家高等教育摸

---

① 　刘海峰、史静寰主编:《高等教育史》,高等教育出版社,2010年版,第96页。

索前行的特殊轨迹。

一、失踪者——国立北平大学

短暂存世的国立北平大学，既是中国高等教育制度改革的表征，亦是中法文化互动的例证，凸显出中国社会在欧风美雨之间的制度采择与文化反思。始自 1873 年沈葆桢奏请分遣船政学堂学生赴法深究造船之方，后继李石曾、吴稚晖、蔡元培等人鼓吹旅欧教育运动，造就了仿日留美之外，向欧洲尤其是向法国学习的思想潮流。其历程，由浅而深，从游学到改制，掀起了教育制度层面的"大学区制"改革，国立北平大学即是这一改革的产物。

回顾这一历程，从国立北平大学的失踪，追溯引介法国文化的沉寂，其间消长，可以观照欧陆文化对中国社会的影响以及移植过程中的困境。鸦片战争以来的割地赔款，打碎了晚清"天朝上国"的迷梦；日本明治维新后的迅速崛起，提供了学习参照的范例。面对世界范围内不同的制度架构与文化资源，蜂拥赴日与庚款留美的知识分子群体，为中国的社会改革与文化教育提供了丰富的思想资源与人才支持。与之相应，欧洲文化的引介，程度更为深入，社会影响更为深远，其表征即为一战时期华工赴欧与勤工俭学运动。1915 年中国以劳工代替士兵的计划，与协约国建立联系，希图为战后维护自身利益奠定基础。其间 14 万中国劳工分赴英法等国，为战争的胜利付出沉重代价。虽然他们的贡献并没有得到充分的肯定，"然而，如果我们从中国寻求国际化和新的民族认同的角度来看'以工代兵'的策略，这些华工的旅程则有着划时代的历史意义。我们也可以从不同的角度肯定，这些中国劳工不但为战争作出了宝贵贡献，他们也对战后巴黎和会上中国代表对合约的拒签以及后来中国的发展道路产生了巨大影响"①。其中的影响之一,便是中国的知识精英对于劳工教育的关注,以及后来促成法国制度思想在国内的传播与深入。1915年6月,蔡元培、李石曾等人在巴黎组建留法勤工俭学会,目的就是与法国合作招募华工,并先后创办《华工杂志》与《旅欧周刊》,为华工提供实用信息,开展知识教育。1918年6月晏阳初亦抵达法国,面向华工开展识字教学,并通过编辑基督教青年会创办的《驻法华工周报》传播文化知识。"晏阳初在法国战地,与华工相处一年,有两项珍贵的大发现——①中国诚朴农民智慧高、能力强,只可惜缺乏读书求知的机会。②中国高级知识分子竟是这样愚昧无知,完全不认识自己多数同胞的'苦'与'力'!"②经此之后,晏阳初矢志投身平民教育运动。随着赴法人数的激增,利用法国制度文化培植优秀人才、改造中国社会的思想观念得以深入:"今人皆知高深之学问,非中国能所言。然欲造高深学问,必先养成学问家。欲养成学问家,舍留学莫济。然为高深之学问而择地,非法其谁乎? 就以上二端,研究比较,固可断言法国之教育为较宜,非绝对之词也。"③具体操作方面,1916年蔡元培、李石曾等创立华法教育会,其宗旨"在发展中法两国之交通,尤重以法国科学与精神之教育,图中国道德智识经济之发展",大力开展勤工俭学。另外还有吴稚晖关于海外大学创设之意见:"鄙意拟设之海外大学,最急为两处:一法国,一美

---

① 徐国琦:《一战中的华工》,潘星、强舸译,上海人民出版社,2018年版,第247页。

② 吴相湘:《晏阳初传》,岳麓书社,2000年版,第28页。

③ 《趋重法兰西教育之理由》,旅欧杂志社编,陈三井校订:《旅欧教育运动》,"中研院"近代史研究所,1996年版,第65页。

国。皆以其国体相同，物质而外，精神亦调和也。……所以先注意于巴黎者：欧洲学子，远不及赴美之盛，欲使欧美潮流，平均输灌，故先及巴黎。"[①]力图在引入多元思想的基础上培养高深学术人才。以上种种，皆为法国思想的深入传播提供了坚实的基础。

从域外到国中，偕国民党北伐拥有的军事实力与政治优势，以蔡元培、李石曾、吴稚晖等人在新政权的分工体系中专注文化教育事业，由此拉开以法国大学区制为榜样的制度改革，国立北平大学应运而生。此番引介外国制度推行教育改革的尝试，旨在针对政局动荡与教育腐败，努力追求"教育独立"。虽然蔡、李诸人的初衷良善，然而人际纷争兼以制度移植的不适，沉重打击了改革进程。其时，河北省党部向南京国民党中央执行委员会提交议案，指陈"大学区制，试行以来，已及二载。不揣国情之是否适合，不顾制度之有无流弊，勉强推行，致不特成效毫无，且弊害丛生，流祸滋烈"，列举"大学区创自法国，法与我国国情不同，抄袭成制，削足适履，违背环境之需要一也"，以及"大学区与分治合作之谬论，同为无政府派，破坏党治统一之阴谋八也"。[②]喧嚣声里，骤然合组设立的北平大学风潮不断，严重影响了北平高等教育秩序。"平大的经费确实不少，教部每月拨发平津的三十六万院校经费里，这校却占了一半。但是院各为政，既少建筑，又乏设备。……讲到该校的校风，尽可以为全国最劣者之代表，自从去年秋季到现在，该校没有一天不在风潮里。"[③]该言辞或许

---

① 吴稚晖：《海外中国大学末议》，吴稚晖：《吴稚晖先生全集（三）》，上海群众图书公司，1927年版，第7页。

② 《河北省党部电请取消北平大学区》，《河北民国日报》，1929年6月13日，第5版。

③ 谢和声：《国立北平大学介绍》，《学校生活》，1934年第78期，第8—9页。

激烈,但是对于合并北平国立各校的巨型学府,其组织整合的乏力与办学过程的动荡,严重影响到北平大学的办学实绩。虽然其间经教育部明令整顿,沈尹默、徐诵明等人尽力维持,但是由于平津动荡及日军威胁,北平大学已在风雨飘摇中,直至战时西迁,最终改组,常驻西北。

从留法勤工俭学的沉寂,到国立北平大学的消失,其中淡忘与遮蔽的是欧美文化均输在中国社会的起伏消长。立足中国高等教育制度借鉴的历史过程,其变动更涉及渗透中国的"异文化博弈":"总体而言,法国文化确实风格独具,其文明史价值无可低估,但一个国家的对外文化影响与扩张,不仅取决于文化本身的高度,也还受制于政治经济实力的总体能量。当美国经由一战已不可阻挡地崛起于世界,法国的对外文化政策传统虽然'夕阳无限好',但毕竟'只是近黄昏'。"[1]面对世界范围内政治文化中心的转移,大学的失踪,亦含有一种应对文化沉降的无奈。其改革成果的余绪,聚焦国立北平大学的存废,由欧陆至亚洲,从华北转西北,体现了历史的偶然与微妙。

二、流离者——国立西北联合大学

重估国立西北联合大学的历史意义与教育价值,必然要与国立西南联合大学加以对照。两所同时设立的联合大学,高下有别,命运迥异,其缘由归因亦众说纷纭。针对澄清西北联大成败得失的当下重释,陈平原指出:"漫天烽火中,各大学的分分合合,有很多不得已的因素,硬要往好的方面说,历史就变得一片

---

[1]　叶隽:《异文化博弈:中国现代留欧学人与西学东渐》,北京大学出版社,2009年版,第461页。

光明了。除了人事纠葛与利益纷争，还有两点不能忽略：一是战事发展，二是所在地物质供应能力。这些都不是大学本身所能控制的。在这个意义上，谈抗战中的中国大学，必须有更为宏阔的视野与胸襟。"①搁置价值判断，透过事实呈现，从"流离者"的角度观照西北联大的办学历程，结合空间的转移与机构的变动，它在艰难困苦的办学环境中，坚持文化抗战，打破文化区隔，建立起较为完整的高等教育学科体系，为提升西北地区的知识文化与科学研究水平创造了良好的基础。

战时大学西迁，从其立意而言，是保存国家文脉、培养建国人才的重大举措。紧迫的战争局势要求"全民皆兵"、实施"国防教育"，而"战时要当平时看"的教育方针则为文化教育的赓续提供了政策的支持和经济的援助。这场牵动整个中国社会的时代危机，对于高等教育的影响尤为深远。聚焦西北联大的流离分合，其迁设院校，先后关联国立北平大学、国立北平师范大学、国立北平研究院、国立北洋工学院、河北省立女子师范学院、国立西北农林专科学校、国立东北大学、国立河南大学、私立焦作工学院、国立西康技艺专科学校等院校；空间范围涵盖东北、华北、西北、西南等区域；学科专业则移入了文、理、法、商、工、医、师范等，从而在战争时期与复员之后，形成了以"西北联大"为纽带的院校网络与学术关系，不仅改变了高等院校的区域分布，同时也改写了科学研究的学术版图。较之胜利复员、仅存师范学院留驻昆明的西南联大，西北联大的改组与分散，无论出于何种动机，其院校机构的常驻，皆以其扎根西北的科学研究与持续不断的人才培养，为西北地区的高等教育事业注入了持续的生机与

① 陈平原：《序》，张在军：《西北联大》，金城出版社，2017年版，第Ⅱ页。

活力。

从西安临大到西北联大,由西安辗转汉中,联大师生以"陌生人"的身份迁入西北,通过校地之间的互动,思想观念与行为方式的差异触动了长期居于平津城市的师生意识,也影响到迁居地的民众观念与社会文化。"西安的学生已经整批下乡去,在农村中刻苦的做唤起民众的工作。"①为了应对日军轰炸,西安临大翻越秦岭,继续内迁至汉中办学,进一步深入到中国的内地,从而为保证教学秩序创造了相对稳定的环境。通过前期的宣传调查,联大师生发现汉中地区民众思想观念的落后,国家观念的淡薄。为了迅速改变当地的落后面貌,配合抗战建国的实际需要,根据教育部安排,迁居汉中的西北联大积极组织师生开展社会教育工作。

这种出于家国情怀的校地互动,虽然影响的范围与深度有限,但是通过民众宣传教育,为封闭僻远的内陆地区输送了民族国家的观念和反抗侵略的意识,加强了战时的民众团结与同仇敌忾的社会风气,具有朴素的启蒙意义。"教育性事件的历史是包含在一种文化史之中,包含在一种文化传递中,包含在智力和集体态度的形成和再生之中的。"②西北联大在汉中地区的社会教育努力,即在特殊的小环境中促成了乡村民智的开发和国家观念的形成。

作为流离者的西北联大,身处艰苦卓绝的抗战情境,其内部组织机构整合发挥的持续影响;校地互动产生的文化启蒙;以及弦歌不辍实现的人才培养,彰显了它的责任担当。无论是宏观

---

① 陆治:《西安今日》,《大公报(汉口)》,1937年11月29日,第3版。
② [俄]卡特林娅·萨里莫娃,[美]欧文·V.约翰宁迈耶编:《当代教育史研究与教学的主要趋势》,方晓东等译,教育科学出版社,2001年版,第54页。

的制度层面，还是微观的个体培养，作为联合而成的高等学府，历经战时的流离辗转，西北联大在中国高等教育发展历程中发挥了其应有的作用和价值。

三、扎根者——国立西北五校

一分为五的国立西北联大，与九校合一的国立北平大学，分别演绎了不同时代背景下经由政府主导的院校分合。经过两次改组，从华北迁入西北的联大子校，通过战争偶然性的触发，催生了中国高等教育区域分布格局的调整。战后随着外界威胁的消失，高校开始复员回迁，此前脆弱的高等教育格局迅速解体，进而再度造成内陆地区的教育真空。战后如云南之西南联大、贵州之浙江大学、四川之中央大学，无不搬迁复员，使得西南地区的高等教育再次陷入低谷。相比之下，西北联大改组造就的高等教育格局，一改战前西北地区无国立大学的局面，形成了以国立西北大学为综合大学，国立西北工学院、国立西北农学院、国立西北医学院（战后并入西北大学）和国立西北师范学院为专业性学院的高等教育体系，影响范围涵盖陕甘宁青新绥等省区，为西北高等教育的发展初步奠定基础。

观照这一调整的实施进程，并非一蹴而就。西北联大从改组之初就纷扰不断，只是由于战时情境的限制和爱国情怀的支撑才得以勉强推行。抗战胜利后，这种脆弱的格局受到原平津各校复员诉求的巨大冲击。北平大学、北平师大、北洋工学院群起抗争，要求回迁复建，恢复学校传统；政府用意则是趁机分散沿江沿海城市的高校，实现高等教育的合理布局。"复员"还是"复原"？随即成为抗战胜利之后大学发展的重要议题。

复员问题的激化，实为中国大学分布失衡导致的结果。战

前的推而不行、战时的畸形繁荣直至战后的迁留对立,集中体现
了国家的政策、地方的需要和学校的传统三者之间的冲突。对
于西北联大而言,不同的利益主体有着各异的现实诉求;各校的
实力强弱也直接影响到复校的最终结果。国家政策层面,国民
政府教育部致力于革除战前高等教育分布结构失衡、院系重复
设置的弊端,希望以此改善我国高等教育分布不均衡的状况,在
内陆地区建设文化教育中心;作为战略后方的内陆地区,大量接
纳受到战争威胁的高校师生,保存了抗战建国的有生力量,高等
教育落后的局面也得到改观,并希望战后继续保持其文教事业
的发展,对高校留驻寄予厚望;战时大学是战争破坏的受害者与
政策调整的承担者。作为学术教育机关,大学追求独立自主以
延续学校传统,虽然怀有对内地教育事业的同情之心,但不愿舍
弃学校的历史和传统。三种不同利益主体之间的"复员"取向,
导致格局调整过程中的许多波折。

国立西北五校的战后安置问题,纠合了学校、国家、地方三
者不同的利益诉求,体现了区域分布调整过程中的矛盾与分歧,
实质为政府调控与大学自治之间的冲突。国家从统筹规划的角
度,要求国立专科以上学校一部分迁回收复区,一部分留在后
方,另有一部分停顿学校予以恢复。大学则从其自身的历史延
续出发,要求完全恢复建制,返回原址复校。西南联大冯友兰撰
文指出:"在现在学术研究日趋精深的时候,一个大学是不能离
开它的校址底,因为它的研究的设备,大部分是不能随便迁移
底,一个离开它的校址的大学,好像一个离开了它的领土底流亡

政府,是不能永久存在的。"①他认为大学自有其传统和使命,建
设云南成为文化中心的目标需要教育部的切实努力,学校不应
该为此付出代价。而在西北,抗争与妥协的结果,表现为北平师
范大学与北洋工学院的回迁,西北大学、西北工学院、西北农学
院、西北医学院、西北师范学院的永驻,而北平大学则不予恢复,
成为教育史上的失踪者。此番博弈,既为西北地区保留了高等
教育力量,同时兼顾了平津各校的历史传统,并以优待方案解决
了驻守师生的后顾之忧,化解了复员与留驻之间的矛盾与冲突,
其影响惠泽于今。

　　总之,从高等教育区域分布均衡的长期酝酿,到全面抗战前
后的具体实施,无不在错综复杂的现实条件下取舍进退。其中
涵盖了国家发展的具体需要,也容纳了大学自治的独立要求,因
此需要在各方博弈的基础上达成妥协。西北联大的改组和定制
即是这一过程的显著例证。从华北到西北,平津高等教育机构
在战时的迁移,打破了政府与学校之间的改革僵局,使得双方统
一于抗战建国的旗帜之下,保证了人才培养,教育不辍:

　　　西北联大向陕甘的移布,取得了形成 505 名教授、1489
　　名员工的师资队伍、培养 9257 名学生、开创研究生教育、服
　　务西北、创新西北文化和奠定文、史、哲、经、法、社、数、理、
　　化、天、地、生、工、农、医的学术体系和教育体系的重大成
　　就。这有效地保证了中国高等教育现代化进程不致因战争
　　的破坏而中断,促进了教育事业和文化事业贫瘠落后地区

---

① 　冯友兰:《云南今后的学术与高等教育》,《民意日报》,1946 年 4 月 7 日。转
引自易社强:《战争与革命中的西南联大》,饶佳荣译,九州出版社,2012 年版,第 312
页。

教育现代化的起步和发展，激活、整合和提高了西北地区的教育实力，向西北偏远地区播撒了新的文明因素，实现了中国高等教育区域分布由"点""线"布局向"面"的布局演化的历史性转折。[①]

虽然改组的效果显著，但是这种脆弱的格局在战后受到高校复员的沉重打击，初步奠定的内地高等教育基础随着大学和师生的迁离陷于困境。为了稳定既有的区域教育格局，教育部在坚持建设内地文化中心的原则之上，适当允许历史悠久的高校复校，避免此类运动冲击西北地区高校的正常运作。经过关涉各方的利益调和与相互妥协，最终在华北与西北形成了相互关联的大学体系，且在高等教育匮乏的西北地区建立了综合大学和专门学院并举的高等教育结构，以"输血"的形式实现了华北地区高等教育向西北地区的转移和扎根。即便如此，这种均衡化的过程依然未能全面改善西北地区的教育事业。"这个巨大地理区域的资源被集中于作为地区主要中心的西安，以及作为次要中心的兰州。而幅员辽阔的地区如新疆、青海和宁夏的高等教育在这一时期的发展却十分缓慢"[②]，由此亦可明了高等教育均衡化进程的曲折和困难。但是，对比全面抗战前后西北地区高等教育格局的变化以及其对西北地区高等教育发展的影响，西北联大改组引发的高等教育区域结构调整深刻改变了西北地区的经济、文化与社会。在战时情境下，虽然"（20世纪）30年代日本发动的侵华战争对中国变革发生的影响已不是一般的

---

①　姚远：《国立西北联合大学的分合及其历史意义》，《西北大学学报（哲学社会科学版）》，2012年第3期，第23页。

②　[加]许美德：《中国大学1895—1995：一个文化冲突的世纪》，许洁英译，教育科学出版社，1999年版，第120页。

边缘化,而是把近 30 年来中国逐步推进的工业化—现代化进程完全打断"①,但是如果将"现代化"视为包含政治、经济、文化等方面的"各社会在科学技术革命的冲击下,业已经历或正在进行的转变过程"②,那么全面抗战时期以西北联大为代表的高等教育均衡化努力,体现了中国社会现代化进程在文化教育领域内的"转向发展"。彼时的高等教育均衡化改造,打破了积袭已久的"沿海"与"内陆"区隔,实现了高等教育数量的扩充和结构的调整,较为成功地达成了建设西北文化教育中心的政策意图,奠定了此后西北地区高等教育发展的基本格局。

---

① 罗荣渠:《现代化新论:世界与中国的现代化进程(增订本)》,商务印书馆,2009 年版,第 336 页。

② [美]罗兹曼主编:《中国的现代化》,国家社会科学基金"比较现代化"课题组译,江苏人民出版社,2003 年版,第 3 页。

参考文献

一、报刊

《北京大学日刊》《晨报》《大公报》《东方杂志》《国闻周报》《江苏教育》《教育杂志》《民国日报(上海版)》《申报》《世界日报》《西安临大校刊》《西北联大校刊》《西北师范学院校务汇报》《西京日报》《传记文学》

二、史料

《北京大学五十周年纪念特刊》，不详，1948年版。

《国立北京大学五十周年纪念一览》，北京大学出版部，1948年版。

《西北工业大学校史》编写组：《西北工业大学校史》，西北工业大学出版社，1995年版。

北京大学校史研究室编：《北京大学史料第一卷：1898—1911》，北京大学出版社，1993年版。

北京师范大学校史编写组编：《北京师范大学校史：1902—1982》，北京师范大学出版社，1982年版。

北洋大学－天津大学校史编辑室:《北洋大学－天津大学校史》,天津大学出版社,1990 年版。

陈明章编:《学府纪闻·国立北平师范大学》,南京出版有限公司,1981 年版。

陈明章编:《学府纪闻·国立西南联合大学》,南京出版有限公司,1981 年版。

陈明章编:《学府纪闻·国立北洋大学》,南京出版有限公司,1985 年版。

陈学恂、田正平编:《中国近代教育史资料汇编·留学教育》,上海教育出版社,2006 年版。

丁致聘编:《中国近七十年来教育记事》,商务印书馆,1935 年版。

关联芳主编:《西北农业大学校史(1934—1984)》,陕西人民出版社,1986 年版。

国立北平大学法学院:《国立北平大学法学院两年来事务报告》,北平聚兴印书局,1933 年版。

国立北平大学校长办公处:《国立北平大学一览》,北平震东印书馆,1932 年版。

国立北平大学医学院:《国立北平大学医学院二十周年纪念刊》,北平友联中西印字馆,1934 年版。

黄季陆主编:《革命文献·抗战前教育政策与改革(第 54辑)》,文物供应社,1971 年版。

黄季陆主编:《革命文献·抗战前教育概况与检讨(第 55辑)》,文物供应社,1971 年版。

教育部编:《中国国民党抗战建国纲领·庚 教育、战时各级教育实施方案纲要、各级教育实施方案》,出版地不详,1938

年版。

教育部高等教育司编:《全国高等教育概况简表》,1933年版。

教育部高等教育司编:《全国高等教育概况》,1939年版。

刘基等主编:《西北师范大学校史:1902—2012》,教育科学出版社,2012年版。

旅欧杂志社编,陈三井校订:《旅欧教育运动》,"中研院"近代史研究所,1996年版。

秦孝仪主编:《革命文献·抗战前国家建设史料:西北建设(一)(第88辑)》,文物供应社,1981年版。

秦孝仪主编:《革命文献·抗战前国家建设史料:西北建设(二)(第89辑)》,文物供应社,1981年版。

璩鑫圭、唐良炎编:《中国近代教育史资料汇编·学制演变》,上海教育出版社,2006年版。

全国政协文史资料委员会编:《文史资料存稿选编·教育》,中国文史出版社,2002年版。

舒新城编:《中国近代教育史资料(下册)》,人民教育出版社,1987年版。

宋恩荣、章咸编:《中华民国教育法规选编(修订版)》,江苏教育出版社,2005年版。

王汎森等主编:《傅斯年遗札(第一卷)》,"中研院"史语所,2011年版。

王建领主编:《国立西北联合大学档案史料选编(全2册)》,西北大学出版社,2018年版。

王世杰:《王世杰日记手稿本(第1册)》,"中研院"近代史研究所,1990年版。

王学珍、郭建荣主编：《北京大学史料第二卷：1912—1937（上册）》，北京大学出版社，2000年版。

西安医科大学校史编辑委员会编：《西安医科大学五十年》，内部资料，1987年版。

西北大学西北联大研究所编：《西北联大史料汇编》，西北大学出版社，2012年版。

西北大学校史编写组：《西北大学校史稿》，西北大学出版社，1987年版。

西北大学校史编写组：《西北大学校史资料汇编（第一辑）》，内部资料，1987年版。

萧继宗主编：《革命文献·中国国民党宣言集（第69辑）》，文物供应社，1976年版。

许寿裳等著，彭晓妍等编校：《许寿裳书简集》，"中研院"中国文哲研究所，2010年版。

杨恺龄：《吴稚晖先生纪念集续集（逝世十周年纪念特辑）》，文海出版社，1975年版。

中国第二历史档案馆编：《中华民国史档案资料汇编·第5辑·第1编·教育（一）》，凤凰出版社，1994年版。

中国第二历史档案馆编：《中华民国史档案资料汇编·第5辑·第2编·教育（一）》，凤凰出版社，1997年版。

中国农业大学档案馆编：《中国农业大学史料汇编（下卷）》，中国农业大学出版社，2005年版。

中国人民政治协商会议陕西省委员会文史资料研究委员会编：《陕西文史资料选辑·第3辑》，中国人民政治协商会议陕西省委员会文史资料研究委员会，1963年版。

中国人民政治协商会议西南地区文史资料协作会议编：《抗

战期间内迁西南的高等院校》，贵州民族出版社，1988年版。

中国社会科学院近代史研究所《近代史资料》编辑部、中国第二历史档案馆编：《抗战时期西北开发档案史料选编》，中国社会科学出版社，2009年版。

中国社会科学院近代史研究所中华民国史组编：《胡适来往书信选（中册）》，中华书局，1979年版。

中华民国教育部编：《第三次全国教育会议报告》，出版地不详，1939年版。

"中研院"近史所藏朱家骅档案。

左森主编：《回忆北洋大学》，天津大学出版社，1989年版。

三、专著

［俄］卡特林娅·萨里莫娃，［美］欧文·V.约翰宁迈耶编：《当代教育史研究与教学的主要趋势》，方晓东等译，教育科学出版社，2001年版。

［法］布罗代尔：《论历史》，刘北成、周立红译，北京大学出版社，2008年版。

［加］许美德：《中国大学1895—1995：一个文化冲突的世纪》，许洁英译，教育科学出版社，1999年版。

［美］阿特巴赫：《比较高等教育：知识，大学与发展》，人民教育出版社教育室译，人民教育出版社，2000年版。

［美］罗兹曼主编：《中国的现代化》，国家社会科学基金"比较现代化"课题组译，江苏人民出版社，2003年版。

［美］任达：《新政革命与日本：中国，1898—1912》，李仲贤译，江苏人民出版社，2006年版。

［美］魏定熙：《权力源自地位：北京大学、知识分子与中国政

治文化，1898—1929》，张蒙译，江苏人民出版社，2015 年版。

[美]叶维丽：《为中国寻找现代之路：中国留学生在美国：1900—1927》（第 2 版），周子平译，北京大学出版社，2017 年版。

[美]叶文心：《民国时期大学校园文化（1919—1937）》，冯根夏等译，中国人民大学出版社，2012 年版。

[美]詹姆斯·阿克斯特尔：《生产智慧：现代大学的兴起》，生活·读书·新知三联书店，2022 年版。

[美]伯顿·克拉克主编：《高等教育新论——多学科的研究》，王承绪等译，浙江教育出版社，2001 年版。

[美]费正清编：《剑桥中华民国史（1912—1949）》（上卷），杨品泉等译，中国社会科学出版社，1994 年版。

[美]易社强：《战争与革命中的西南联大》，饶佳荣译，九州出版社，2012 年版。

[日]实藤惠秀：《中国人留学日本史（修订译本）》，谭汝谦、林启彦译，北京大学出版社，2012 年版。

曹靖华：《曹靖华散文选》，陕西人民出版社，1983 年版。

曹聚仁：《我与我的世界》，人民文学出版社，1983 年版。

曹运耕：《维新运动与两湖教育》，湖北教育出版社，2003 年版。

陈赓雅：《西北视察记（下册）》，上海申报馆，1936 年版。

陈立夫：《战时教育方针》，正中书局，1939 年版。

陈立夫：《成败之鉴——陈立夫回忆录》，正中书局，1994 年版。

陈平原、夏晓虹编：《北大旧事》，北京大学出版社，2018 年版。

陈平原：《抗战烽火中的中国大学》，北京大学出版社，2015

年版。

迟玉华等主编:《西南联大研究论文索引》,云南人民出版社,2010年版。

迟玉华主编:《西南联大文库研究总揽》,云南人民出版社,2007年版。

崔玉平:《区域高等教育的经济学分析》,黑龙江人民出版社,2011年版。

崔志海编:《蔡元培自述》,河南人民出版社,2004年版。

戴季陶等编:《西北》,新亚细亚月刊社,1930年版。

戴季陶:《关于西北农林教育之所见》,新亚细亚学会,1934年版。

董宝良、熊贤君主编:《从湖北看中国教育近代化》,广东教育出版社,1996年版。

高平叔编:《蔡元培全集(第五卷)》,中华书局,1988年版。

高平叔编:《蔡元培教育论著选》,人民教育出版社,2017年版。

葛夫平:《中法文化教育合作事业研究(1912—1949)》,上海书店出版社,2010年版。

顾颉刚:《顾颉刚日记(第1卷:1913—1926)》,联经出版事业公司,2007年版。

顾颉刚:《顾颉刚自传》,北京大学出版社,2012年版。

郭廷以:《近代中国史纲》,格致出版社,2012年版。

国联教育考察团:《中国教育之改进》,国立编译馆译,国立编译馆,1932年版。

郝平:《北京大学创办史实考源(修订版)》,北京大学出版社,2008年版。

郝瑜、孙二军:《区域高等教育发展战略与政策保障:基于建设"高教强国"的视角》,社会科学文献出版社,2014 年版。

何睦:《象牙塔与摩登都市:近代天津的大学成长与城市发展》,社会科学文献出版社,2021 年版。

何兆武口述,文靖执笔:《上班记》,牛津大学出版社,2022 年版。

侯德础:《抗日战争时期中国高校内迁史略》,四川教育出版社,2001 年版。

侯外庐:《韧的追求》,生活·读书·新知三联书店,1985 年版。

胡汉民:《胡汉民自传》,传记文学出版社,1982 年版。

胡兆量、韩茂莉编著:《中国区域发展导论(第二版)》,北京大学出版社,2008 年版。

黄福庆:《近代中国高等教育研究:国立中山大学(1924—1937)》,"中研院"近代史研究所,1988 年版。

姜义华、张荣华编校:《康有为全集·第四集》,中国人民大学出版社,2007 年版。

蒋宝麟:《民国时期中央大学的学术与政治(1927—1949)》,南京大学出版社,2016 年版。

蒋梦麟:《西潮·新潮》,岳麓书社,2000 年版。

蒋廷黻:《蒋廷黻回忆录》,岳麓书社,2017 年版。

教育杂志社编:《教育独立问题之讨论》,商务印书馆,1925 年版。

金以林:《近代中国大学研究》,中央文献出版社,2000 年版。

开发西北协会:《开发西北协会第一届年会报告书》,国民印务局,1933 年版。

赖景瑚:《烟云思往录》,传记文学出版社,1980年版。

李琳琦:《徽商与明清徽州教育》,湖北教育出版社,2003年版。

李书华:《李书华自述》,湖南教育出版社,2009年版。

李溪桥主编:《李蒸纪念文集》,中国社会科学出版社,1996年版。

刘超:《学府与政府——清华大学与国民政府的冲突及合作(1928—1935)》,天津人民出版社,2015年版。

刘海峰、史静寰主编:《高等教育史》,高等教育出版社,2010年版。

刘季洪:《教育生涯漫谈》,台湾商务印书馆,1986年版。

刘述礼、黄延复编:《梅贻琦教育论著选》,人民教育出版社,1993年版。

鹿桥:《未央歌》,台湾商务印书馆,1984年版。

罗荣渠:《现代化新论:世界与中国的现代化进程(增订本)》,商务印书馆,2009年版。

吕芳上:《从学生运动到运动学生(民国八年至十八年)》,"中研院"近代史研究所,1994年版。

马镛:《外力冲击与上海教育》,湖北教育出版社,2003年版。

齐邦媛:《巨流河》,生活·读书·新知三联书店,2011年版。

钱穆:《八十忆双亲·师友杂忆》,九州出版社,2012年版。

钱能欣:《西南三千五百里》,商务印书馆,1939年版。

曲士培:《中国大学教育发展史》,山西教育出版社,1993年版。

瞿葆奎主编,张人杰选编:《教育学文集·法国教育改革》,人民教育出版社,1994年版。

全国教育会议议决,延陵缪仞言辑录:《第二次全国教育会议始末记》,上海江东书局,1930年版。

全国教育善后复员会议筹备委员会编:《全国教育善后复员会议报告》,出版地不详,1945年版。

任祥:《抗战时期云南高等教育的流变与绵延》,商务印书馆,2012年版。

单演义:《鲁迅讲学在西安》,长江文艺出版社,1957年版。

石慧霞:《抗战时期的厦门大学——民族危机中的大学认同》,厦门大学出版社,2012年版。

舒新城:《民国十四年中国教育指南》,商务印书馆,1926年版。

舒新城编:《近代中国教育思想史》,中华书局,1929年版。

苏云峰:《从清华学堂到清华大学(1911—1929)》,生活·读书·新知三联书店,2001年版。

苏云峰:《从清华学堂到清华大学(1928—1937)》,生活·读书·新知三联书店,2001年版。

孙文:《孙文学说》,华国印书局,1919年版。

孙文:《建国方略》,民智书局,1922年版。

田正平、商丽浩主编:《中国高等教育百年史论——制度变迁、财政运作与教师流动》,人民教育出版社,2006年版。

万仁元、方庆秋主编:《蒋介石年谱初稿》,档案出版社,1992年版。

汪向荣:《日本教习》,商务印书馆,2013年版。

王承绪主编:《发展中国家高等教育模式的国际移植比较研究》,浙江大学出版社,2009年版。

王春林:《地域与使命:民国时期东北大学的创办与流亡》,

社会科学文献出版社,2019 年版。

王东杰:《国家与学术的地方互动:四川大学国立化进程(1925—1939)》,生活·读书·新知三联书店,2005 年版。

王觉源编:《战时全国各大学鸟瞰》,独立出版社,1940 年版。

韦卓民著,高新民选编:《韦卓民学术论著选》,华中师范大学出版社,1997 年版。

吴宓著,吴学昭整理:《吴宓日记(第 6 册:1936—1938)》,生活·读书·新知三联书店,1998 年版。

吴相湘:《晏阳初传》,岳麓书社,2000 年版。

吴宣德:《中国区域教育发展概论》,湖北教育出版社,2001年版。

吴稚晖:《吴稚晖先生全集》,上海群众图书公司,1927 年版。

西南联合大学北京校友会编:《国立西南联合大学校史:一九三七至一九四六年的北大、清华、南开》,北京大学出版社,2006 年版。

新晨报丛书处编:《北平各大学的状况》,新晨报出版部,1930 年版。

徐国琦:《一战中的华工》,潘星、强舸译,上海人民出版社,2018 年版。

许小青:《政局与学府:从东南大学到中央大学(1919—1937)》,中国社会科学出版社,2009 年版。

杨德生主编:《西北大学教育理念文选》,西北大学出版社,2004 年版。

杨东平编著:《艰难的日出:中国现代教育的 20 世纪》,文汇出版社,2003 年版。

姚远:《衔命东来:话说西北联大》,西北大学出版社,2018

年版。

　　姚远:《西序弦歌:西北联大简史》,陕西人民出版社,2020年版。

　　叶隽:《异文化博弈:中国现代留欧学人与西学东渐》,北京大学出版社,2009年版。

　　佚名:《中国国民党第三次全国代表大会宣言及决议案》,上海大东书局,1929年版。

　　尹雪曼:《尹雪曼的文学世界:回头迢递便数驿》,楷达文化,2003年版。

　　余子侠、冉春:《中国近代西部教育开发史:以抗日战争时期为重心》,人民教育出版社,2007年版。

　　岳南:《南渡北归》,湖南文艺出版社,2011年版。

　　张彬:《从浙江看中国教育近代化》,广东教育出版社,1996年版。

　　张金锁、康凯:《区域经济学(第3版)》,天津大学出版社,2009年版。

　　张人鉴:《开发西北实业计划》,北平震东印书馆,1934年版。

　　张在军:《西北联大:抗战烽火中的一段传奇》,金城出版社,2017年版。

　　张在军:《西迁南渡北未归:抗战时期的西北联大》,西北大学出版社,2022年版。

　　张之洞:《劝学篇》,南菁书院重刊,1898年版。

　　中国国民党中央委员会党史委员会编:《李石曾先生文集(上、下册)》,中国国民党中央委员会党史委员会,1980年版。

　　中国国民党中央执行委员会宣传部:《抗战建国纲领浅说》,正中书局,1938年版。

中国学生社编辑:《全国大学图鉴》,良友图书印刷公司印行,1933年版。

周谷平等:《中国近代大学的现代转型:移植、调适与发展》,浙江大学出版社,2012年版。

周有光:《百岁新稿》,生活·读书·新知三联书店,2005年版。

庄泽宣:《陇蜀之游》,中华书局,1937年版。

宗璞:《野葫芦引(1—5卷)》,香港中和出版有限公司,2019年版。

四、期刊论文

白欣、张志华等:《国立北平大学历史地理遗迹探考——为西北大学110周年校庆而作》,《西北大学学报(自然科学版)》,2012年第1期。

陈文林:《抗战时期高校内迁韶关对粤北社会发展的影响》,《韶关学院学报(社会科学版)》,2021年第7期。

陈钊:《左右之争与大学校政:陈立夫、徐诵明与西北联大法商学院的整顿》,《抗日战争研究》,2018年第1期。

董泽芳、沈百福:《教育经济区域划分与高教投资差异分析》,《华中师范大学学报(人文社会科学版)》,2000年第3期。

方光华:《为什么要纪念西北联大》,《西北大学学报(哲学社会科学版)》,2012年第3期。

葛飞:《国难声中的西北开发》,《中州学刊》,2001年第1期。

谷雪艳:《鲜为人知的西北联合大学》,《文史精华》,2007年第3期。

韩成:《抗战时期内迁高校的地方化——以光华大学成都分

部为例》，《抗日战争研究》，2014 年第 3 期。

何方昱：《资源配置与权力之争：以战时浙江大学内迁贵州为中心》，《近代史研究》，2016 年第 1 期。

胡焕庸：《中国人口之分布》，《地理学报》，1935 年第 2 期。

季剑青：《20 世纪 30 年代北平"文化城"的历史建构》，《文化研究（第 14 辑）》，社会科学文献出版社，2013 年。

蒋宝麟：《"党国元老"、学界派系与校园政治——中央大学首任校长张乃燕辞职事件述论（1928—1930）》，《社会科学研究》，2013 年第 3 期。

蒋宝麟：《抗战时期中央大学的内迁与重建》，《抗日战争研究》，2012 年第 3 期。

李季谷：《北平大学文理学院生活片段》，《中学生》，1937 年第 76 期。

李木洲、刘海峰：《民国时期国立大学的设立与分布》，《高等教育研究》，2014 年第 4 期。

李硕豪、王婉玥：《我国中西部高等教育结构性差距指数分析》，《高等教育研究》，2020 年第 8 期。

李涛：《民国时期国立大学数量及区域分布变迁》，《华东师范大学学报（教育科学版）》，2014 年第 2 期。

梁严冰、方光华：《抗日战争与中国高等教育》，《高等教育研究》，2015 年第 10 期。

廖世承：《评国联考察团报告》，《中华教育界》，1933 年第 11 期。

刘国瑞：《我国高等教育空间布局的演进特征与发展趋势》，《高等教育研究》，2019 年第 9 期。

刘国瑞：《东北高等教育的现实困境：演进、致因与思考》，

《高等教育研究》,2021 年第 9 期。

刘韦:《近二十年来关于抗战期间我国高校内迁问题研究综述》,《河北理工大学学报(社会科学版)》,2008 年第 3 期。

刘晓:《李石曾与中华民国大学院》,《中国科技史杂志》,2008 年第 2 期。

刘薰宇:《中国教育的危机》,《教育杂志》,1927 年第 1 期。

卢晓中、陈先哲:《粤港澳大湾区高等教育集群发展:理论审思与实践策略》,《大学教育科学》,2021 年第 4 期。

梅贻琦:《大学一解》,《清华学报》,1941 年第 1 期。

纽芳怡、曾满超:《发达国家高校合并研究》,《教育发展研究》,2007 年 6A。

茹宁:《民国大学院与大学区制改革的价值重估》,《高等教育研究》,2013 年第 2 期。

石曾:《中法大学概况》,《中法大学半月刊》,1925 年第 1 期。

史继忠:《大夏大学对贵州文化教育的贡献和影响》,《贵州文史丛刊》,2020 年第 1 期。

宋争辉:《中国优质高等教育资源区域分布非均衡化的历史演变与现实思考》,《高等教育研究》,2012 年第 5 期。

孙邦华:《中国教育现代化运动中的中国化与美国化、欧洲化之争——1932 年国联教育考察团报告书〈中国教育之改进〉的文化价值观及其反响》,《教育研究》,2013 年第 7 期。

田正平、潘文鸯:《教育史研究中的"神话"现象——以蔡元培和国立西南联合大学为个案的考察》,《高等教育研究》,2017 年第 4 期。

汪冠洋:《新学制之批评(小学制)》,《中华教育界》,1913 年第 9 期,王奇生：《战时大学校园中的国民党：以西南联大为中心》，《历史研究》，2006 年第 4 期。

王姝珺：《我国高等教育区域发展不平衡的经济学分析》，《湖南师范大学教育科学学报》，2013 年第 5 期。

熊贤君：《被高估了的西南联合大学》，《河北师大学报（教育科学版）》，2022 年第 3 期。

徐国利、汪锋华：《近二十年抗战时期高校内迁研究述评》，《民国研究》，2016 年第 1 期。

许小青：《北伐前后北京的国立大学合并风潮》，《中山大学学报（社会科学版）》，2010 年第 1 期。

姚远：《西北大学对汉博望侯张骞墓的发掘与增修》，《西北大学学报（哲学社会科学版）》，2006 年第 6 期。

姚远等：《西北大学的两个历史源头》，《西北大学学报（哲学社会科学版）》，2000 年第 3 期。

叶青：《非常时期教育》，《教育杂志》，1936 年第 5 期。

伊继东、冯用军：《中国西南联大研究三十年（1978—2008）——一种词频计量分析》，《清华大学学报（哲学社会科学版）》，2009 年第 4 期。

余子侠：《抗战时期高校内迁及其历史意义》，《近代史研究》，1995 年第 6 期。

余子侠：《抗战时期高校联办的历史解析》，《河北师范大学学报（教育科学版）》，2015 年第 4 期。

余子侠、王海风：《抗日战争时期国民政府对入关东北学生的教育救济》，《华中师范大学学报（人文社会科学版）》，2017 年第 2 期。

张燕燕、王孙禺、王敏：《我国高等教育资源区域分布历史演

变驱动因素与作用机制分析》,《清华大学教育研究》,2013 年第
2 期。

周太玄:《我国教育之集中统一与独立》,《教育杂志》,1923
年第 11 期。

五、学位论文

党彦虹:《抗战时期高校内迁与陕西高等教育的发展》,西北
大学硕士学位论文,2004 年。

黄启兵:《我国高校设置变迁的制度分析》,南京师范大学博
士学位论文,2006 年。

李娟:《华西坝教会五大学联合办学研究》,西南大学硕士学
位论文,2010 年。

李莉:《抗日战争时期的国立东南联合大学:1941 年 12 月—
1943 年 7 月》,暨南大学硕士学位论文,2007 年。

刘峻:《同济大学内迁对李庄体育发展的影响研究》,成都体
育学院硕士学位论文,2019 年。

韦升鸿:《抗战时期高校迁桂研究(1937—1945)》,广西师范
大学硕士学位论文,2016 年。

朱雪文:《中国高等教育区域分布研究》,华东师范大学博士
学位论文,2002 年。

庄焜明:《抗战时期中国高等教育之研究》,中国文化学院博
士学位论文,1979 年。

六、英文著作

Hubert Freyn. *Chinese Education in the War*. Ch'eng Wen
Publishing Company, 1974.

Emily J. Levine. *Allies and Rivals*：*German-American Exchange and the Rise of the Modern Research University*，The University of Chicago Press，2021.

后　记

　　乙未年的上元节前,搭乘公交经过西安北大街,偶然瞥见通济坊的门牌,念及本书研究的西安临时大学曾在此处经停,于是百感交集。时空交错之中的相遇,当是历史过往的重构,亦存现实情境的关怀。当我置身其间,以史料的搜集、主题的寻觅、文本的呈现聚焦国立西北联合大学的起伏分合,梳理全面抗战前后高等教育之格局变迁,个中冷暖悲喜,见之于文、存乎于心。

　　返顾学术之路,于我而言恰如"未带地图的旅程"。二〇〇二年的夏天,当我走进陕西师范大学的古朴校园,站在肃穆的图书馆前,未可预料能在教育学的道路上行进多远。青涩之年,遭逢"非典",昧于学术,论学取友的日子也是转眼即逝。当骊歌响起,因为喜欢呆在图书馆的缘故,我只身南下,进入华南师范大学开启读研的历程。三年时光,业师董标教授勤学精研,予我学术之启蒙、人格之感召,并以"问题意识、专业视角、文法修辞"相示,希望吾辈可以在学术上有所心得。惜以自己散漫驽钝,有负先生瞩望,结业之日唯有"文法修辞略得改进",其余则无从说起。待到回归校园,已然两年之后。其间停汶川、行成都,参与灾后重建服务。日常从事,皆无关学术,唯持服务之心、略尽绵薄之力,进而体察世情种种、以免言虚蹈空。西子湖畔的浙江大学,为我新的归处与起点。学术共识下的机缘巧合,让我师事周谷平教授。老师秉性谦和温良,勤于史、长于论,时以陈学恂老先生的为人治学相告,寄望我们能以"历史梳理、经典阅读、现实关怀"为路径,开辟自己的学术天地。四年从学相随,师友皆言周师与我"亲""近"。我以为然,自忖亲在学术,近在性情。顺带提及学术行旅中的美好邂逅,是在台湾大学历史系的交流时光和华东师范大学教育系的访学历程。半路出家如我,未曾想结缘历史、穿行两岸,于故纸旧章中连缀战时大学变迁的点滴。过往的岁月里,那未带地图相遇的欣喜与曲折,志在学术、归于生活,无不一一浮现,久难释怀。

子曰:"三人行,必有我师。"辗转于途,幸有师长关爱提携、指点示教,方有自己点滴的进步。即以本书而论,选题初定之时,承蒙西北大学姚远教授、姚聪丽教授关照,有幸参加第一届"西北联大与中国高等教育发展论坛"。会议前后,并与西北大学李永森教授、天津大学王杰教授、厦门大学张亚群教授、华东师范大学黄书光教授、首都师范大学白欣教授、陕西理工大学陈海儒教授交流,获益良多。本书撰写之时,田正平教授、肖朗教授、商丽浩教授、赵卫平老师、叶志坚老师皆以其深厚的学养与犀利的洞见提出中肯建议,使其免于"校史"书写的窠臼,而有问题意识的凸显。华东师范大学杜成宪教授、陕西师范大学栗洪武教授、浙江大学陈新教授,拨冗指导,亦属难得。赴台期间,满怀敬仰之心,我并向张朋园先生、张广达先生、陈永发先生请益,虽然未及深谈,点滴之间亦有别样体会。先生关爱晚辈之坦诚,至今殊难忘怀。其他诸位,不能列举,但每一次倾谈、每一份关爱,后生谨当铭记。

"独学而无友，则孤陋而寡闻"。念及读博期间浙大教育学院的同学朋辈，不乏明智之士，亦多青年才俊。彼此之间的谈笑言欢、切磋琢磨，皆为求学之幸、读书之乐。同班诸位，鲜峰博雅、国瑞笃实、张寅勤勉、罗勇沉静，皆有可观；同学之中，君艳聪敏、媛媛专心、胡伟思密、云多坦诚、晨飞活泼，亦多可喜。西安、广州和成都等地的师长朋辈，虽然关山相隔，也时时予我生活的关心和学术的鼓励。个中情谊不得细数，惟有感念于心，为着此际的相逢，期待将来的重聚。

从求学到教书，身份角色的转变，意味着全新的挑战与适应。坎坷波折之间，学生的期待，同事的理解，成为勉力而行的依持。中国高等教育序列中的身份差异与资源多寡，在校际转换之间，感触尤甚。虽然庆幸避免了"非升即走"的困境，却不免陷入"势单力薄"的无奈，只是专业如中国教育史，无须昂贵的设备，不必团队的运作，当可依学术的价值与个人的兴趣，秉持"不容青史尽成灰"的初衷，开展"自由而无用"的研究，孜孜矻矻。

离家既久，一路的依持和动力，系于我的父母兄弟。当我忧心文章进展，母亲总会劝慰我："不怕慢，只怕站"；当我延期补助取消，父亲继续予我经济的支持和学业的督促。亲人的关爱，细润无声，却总以持久的暖意慰藉了自己的十年寒窗。倏然回顾，愧疚多于欣喜，因为我的任性，给他（她）们增添了许多的负担。"谁言寸草心，报得三春晖"，即便千言诉尽，亦难彰明其情，自己只有努力前行，方才不负其心其意。

感谢陕西学前师范学院教育科学学院领导及同仁的关爱与支持，为我创造了一个和谐融洽的工作环境，宽容着我的自由散漫。本书责编蔡帆兄，细致用心，出力甚勤。求学浙大的共同经历，增进了彼此的情谊。函电交驰之间，促成了本书的正式问世。限于本人的学力与识见,一方面避免与已有著作重复;另一面力求专业立场的凸显,采择之间的不足与遗憾,无可诿卸,文责自负。

是为记。

二〇一五年三月四日初稿成于西安未央区大明宫西
二〇一五年四月二十日定稿于杭州西湖区西子湖畔
二〇一五年五月十三日补记于广州天河区陶然庭苑
二〇二三年六月十五日终稿于西安长安区神禾塬上